行政·人事

工作全流程实战

王晓均◎编著

中国铁道出版社有限公司
CHINA RAILWAY PUBLISHING HOUSE CO., LTD.

内 容 简 介

本书主要以模块化的形式，详细介绍了行政人事工作的主要流程和内容。全书可以分为 2 个部分：第一部分介绍了行政岗位中各个模块的管理方法和流程，如流程制度管理、会务外联管理等；第二个部分介绍了企业人事岗位的各个模块的工作内容，如人力资源规划、招聘与配置、薪酬与福利管理等。

本书在行文过程中主要采用流程＋讲解＋模板的方式进行内容说明，并通过行政知识延伸＋人事认识延伸对知识进行补充。本书适合行政、人事相关新晋工作者进行参考使用。另外，具有一定行业经验的工作者也可通过本书提高自身工作能力和效率。

图书在版编目（CIP）数据

行政／人事工作全流程实战／王晓均编著 . —北京：中国铁道出版社有限公司，2020.3（2022.1 重印）

ISBN 978-7-113-26337-9

Ⅰ．①行… Ⅱ．①王… Ⅲ．①企业管理－行政管理②企业管理－人事管理 Ⅳ．① F272.9

中国版本图书馆 CIP 数据核字（2019）第 248509 号

书　　名：**行政／人事工作全流程实战**
作　　者：王晓均

责任编辑：王　佩　编辑部电话：（010）51873022　邮箱：505733396@qq.com
封面设计：宿　萌
责任印制：赵星辰

出版发行：中国铁道出版社有限公司（100054，北京市西城区右安门西街 8 号）
印　　刷：佳兴达印刷（天津）有限公司
版　　次：2020 年 3 月第 1 版　2022 年 1 月第 3 次印刷
开　　本：700mm×1000mm　1/16　印张：19.25　字数：241 千
书　　号：ISBN 978-7-113-26337-9
定　　价：55.00 元

前言

FOREWORD

　　无论是大企业，还是小公司，行政、人事部门都是必不可少的部门。但是相较于其他部门，行政、人事部门因其需要处理的事务较多，进而需要的花费更大，但又不直接为公司带来盈利，因此属于比较尴尬的存在。不过其重要性是十分明显的，它的各项具体工作与每一位员工息息相关，公司的人员后勤得不到保障，公司也就无法正常地运转。

　　但在实际的工作中，许多企业并未对行政、人事部门的工作引起重视，甚至还对其压缩费用。另外，对行政人事工作也没有进行规范，各种规定、标准以及流程杂乱，不统一，最终导致了行政人事工作没有发挥应有的效用，进而影响企业的良性发展。

　　通常情况下，企业是否能稳定发展与其内部的行政、人事管理工作质量的优劣息息相关。如今，不少企业内部存在制度不完善、各种流程不规范、责权不统一等问题，进而使企业表现出内部混乱的情况。本书主要从管理角度出发，对行政、人事工作各个模块的具体操作进行了详细介绍。

本书主要可以分为两部分，各部分的内容如下所示。

◎ 第一部分：行政模块

　　该部分主要从行政管理和工作流程角度出发，介绍了行政工作中涉及的各个方面。通过该部分内容的阅读，可以帮助读者全方位了解行政人员的主要工作，了解相关工作的具体流程、制度以及表单，以便让行政工作更轻松。

◎ 第二部分：人事模块

　　该部分主要介绍人事工作的具体内容，对人事工作中的人力资源规划、招聘与配置、人员培训与开发等进行了具体介绍。帮助人事工作者充分了解所处岗位的工作内容以及工作流程，从而获得提升。

　　本书从行政人事工作管理和流程的角度出发，将行政人事工作规范化、流程化。全书语言通俗易懂，内容精练，每个章节都通过图示的方式展示行政人事工作的具体流程。不仅如此，在行文过程中，还通过实用模板将涉及的表单、制度、方案和细则等进行了展示，并提供了相应的模板文件，供读者选择使用。本书适合于各类企业管理人员、行政人员、人事工作者以及高校相关专业大学生学习使用。

　　由于编者经验有限，加之时间仓促，书中难免会有疏漏和不足之处，恳请专家和读者不吝赐教。

　　为方便读者学习，书中配套的模板文件可扫描下列二维码或在浏览器输入网址：http://upload.m.crphdm.com/2019/1120/1574239268.zip 进行下载。

编　者

2019 年 9 月

目录

C O N T E N T S

上篇　行政模块全流程

第1章　流程制度管理

流程制度管理是行政管理的重要部分，流程和制度的管理使公司各项工作的进程有条不紊，同时也提高了行政管理工作者的工作效率。

第2章 会务外联管理

会议管理、文秘文控工作管理以及活动组织管理属于会务外联管理的范畴，同时也是行政工作中的重要组成部分。

第 3 章 采购资产管理

办公设备和办公用品是企业正常运行过程中不可或缺的原材料，因此行政管理人员要实时了解其库存情况、使用情况。加强办公用品和办公设备的采购和管理，合理分配相关物资。

第4章 档案资料管理

企业内部档案和文件是企业宝贵的财富，做好档案资料管理工作是一个企业健康发展的需要，档案资料管理工作是企业管理工作的一部分，是提高企业工作质量和工作效率的必要条件。

第5章 印章与证照管理

印章与证照是企业中的重要物品，行政管理人员应充分了解这些物品的重要性，并在日常工作中进行有效管理。

第6章 厨房餐厅管理

员工餐厅是企业为员工提供的餐饮保障，企业只有做好了员工餐厅管理工作，才能使员工全身心地投入工作中。

第 7 章　安全与总务管理

　　要保证企业安全就需要加强企业日常安全和消防安全管理，营造一个安全的环境让员工安心工作。同时，还要做好企业员工的后勤管理，解决员工的后顾之忧，才能让员工工作舒心。

第8章　网络信息管理

　　企业内部的信息是企业的宝贵财富，随着互联网发展日趋成熟，越来越多的企业信息变成了网络信息，因此，加强企业的网络信息管理能够保护企业机密，利于企业发展。

下篇　人事模块全流程

第9章　人力资源规划

　　通过人力资源规划，管理人员能够轻松了解企业的人员结构以及存在的问题，方便进行改进。合理的人力资源规划能够明确企业的发展方向，有利于创造人力资源综合平衡。

第10章 人才招聘与配置

企业的长期发展离不开人才招聘，而完成招聘工作并不是就万事大吉了，如何对人才进行合理分配与使用才是真正意义上促进企业发展的重要工作。

第11章 人才培训与开发

培训更多的是一种具有短期目标的行为，目的是使员工掌握岗位目前所需要的知识和技能；而开发则是一种具有长期目标的行为，目的是使员工掌握将来所需要的知识和技能，以应对将来的工作，培训和开发都是企业不可缺少的工作。

第 12 章 员工关系管理

员工关系管理是人事工作者的一个重要工作，另外积极的员工关系管理也是企业成功的重要因素。

第 13 章　员工绩效管理

绩效管理是人力资源管理中的重要组成部分，也是目前大多数企业都在实行的。人事工作者不仅要知道如何进行绩效考核，还要能处理绩效考核过程中出现的问题。

第14章　薪酬与福利管理

人力资源薪酬福利管理是补偿、激励员工的最有效手段之一，也是员工比较关注的问题。

上篇　行政模块全流程

```
                                           ┌──────────────┐
                                      ┌───▶│  流程制度管理  │
                                      │    └──────────────┘
                                      │
                                      │    ┌──────────────┐
                                      ├───▶│  会务外联管理  │
                                      │    └──────────────┘
                                      │
  ┌──────────────┐                    │    ┌──────────────┐
  │  人力资源规划  │◀───┐             ├───▶│  采购资产管理  │
  └──────────────┘    │             │    └──────────────┘
                      │             │
  ┌──────────────┐    │             │    ┌──────────────┐
  │ 人才招聘与配置 │◀───┤             ├───▶│  档案资料管理  │
  └──────────────┘    │  ┌─┐ ┌───┐ ┌─┐   └──────────────┘
                      │  │人│ │行 │ │行│
  ┌──────────────┐    │  │事│ │政 │ │政│  ┌──────────────┐
  │ 人才培训与开发 │◀───┤  │工│◀│人 │▶│工│──▶│  印章证照管理  │
  └──────────────┘    │  │作│ │事 │ │作│  └──────────────┘
                      │  │模│ │工 │ │模│
  ┌──────────────┐    │  │块│ │作 │ │块│  ┌──────────────┐
  │  员工关系管理  │◀───┤  └─┘ │模 │ └─┘──▶│  餐厅厨房管理  │
  └──────────────┘    │      │块 │       └──────────────┘
                      │      └───┘
  ┌──────────────┐    │             │    ┌──────────────┐
  │  员工绩效管理  │◀───┤             ├───▶│  安全总务管理  │
  └──────────────┘    │             │    └──────────────┘
                      │             │
  ┌──────────────┐    │             │    ┌──────────────┐
  │ 薪酬与福利管理 │◀───┘             └───▶│  网络信息管理  │
  └──────────────┘                        └──────────────┘
```

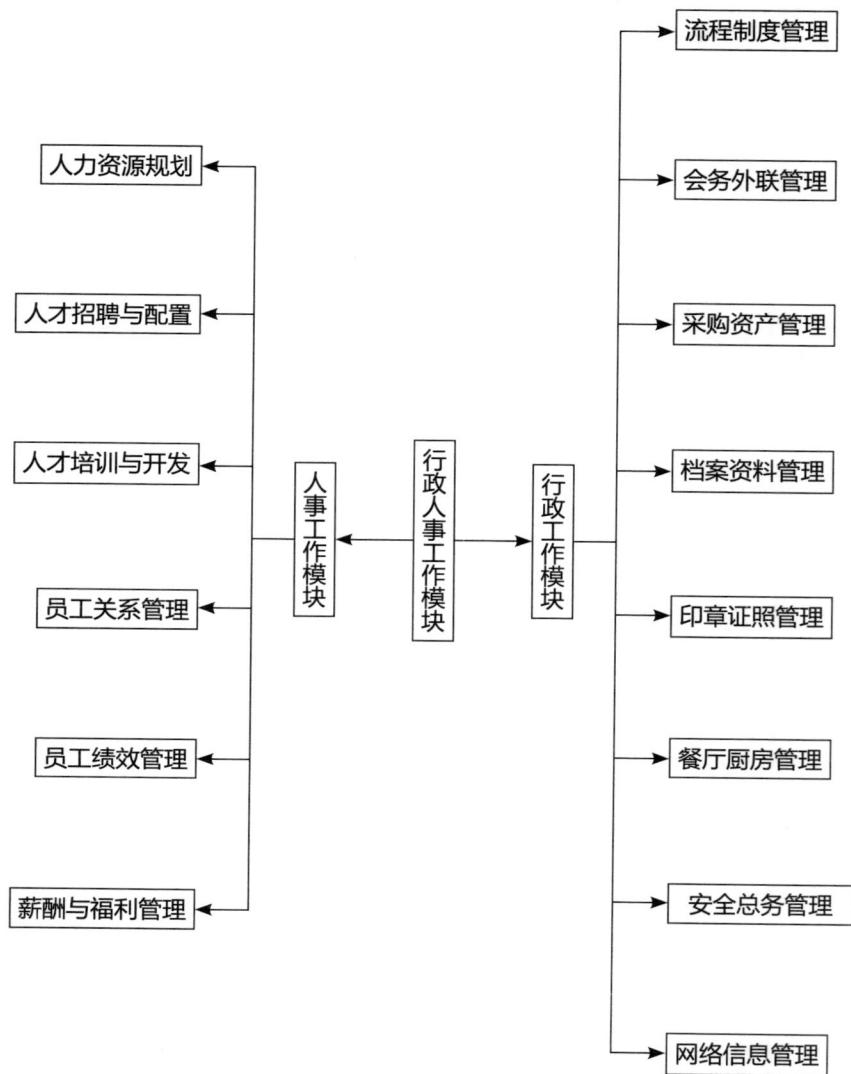

看图读懂行政人事工作模块

		食宿管理员	……主要负责员工餐厅的清洁卫生管理，餐厅食堂、原料采购、成本控制管理，员工宿舍安全、卫生以及人员流动管理等。
	后勤主管	卫生管理员	……主要负责对企业内部进行卫生检查，并安排保洁人员及时处理，负责监督保洁人员工作，负责保洁用品的使用监督。
		维修专员	……主要负责对企业内部出现故障或损坏的物品进行登记、维修，无法维修时，签署意见，申领新物品或设备。
		绿化专员	……主要负责检查企业内部的绿化情况，并做好记录，及时处理发现的问题，组织相关人员进行整体绿化，保护企业形象。
		行政前台	……主要负责转接总机电话，收发传真、信件和报刊；接待来访客人，并通报相关部门；承办员工考勤和外出登记等。
	总务主管	档案管理员	……主要负责严格执行档案资料保密制度；认真做好分类登记，对档案的分类应做到科学合理；按规定办理登记手续等。
		行政事务管理专员	……落实上级要求的各项任务；确保行政后勤管理的顺利进行；负责公司各类设备、设施维护，水、电、气等后勤保障工作。
行政经理	办公室主任	证照管理员	……负责保管企业的各种资质、证照；对资质和证照的借用和归还工作严格把关；规范证照使用流程。
		印章管理员	……负责保管企业的各种印章；对印章的借用和归还工作严格把关。
	保密主管	计算机安全保密员	……对本单位的主要计算机信息系统的资源配置、技术人员构成进行登记；负责检查、督促计算机信息系统安全体系的建设等。
		保密员	……对各部门保密工作进行指导、监督和检查；对涉密计算机、通信及办公自动化设备相关保密工作进行监督和管理等。
	物业主管	保安队长	……负责企业安保工作的展开，负责安排安保人员进行工作；负责控制进出企业的人员；对企业安全负责任。
		车队队长	……负责管理企业的车辆，包括车辆的使用、维修、事故处理、保养、协调以及车辆证照管理等。
	信息主管	网络管理员	……负责网络及其设备的维护、管理、故障排除等日常工作，确保公司网络日常的正常运作。
		系统维护专员	……负责解决全公司员工ERP系统使用中遇到的问题，提供相关技术支持；帮助完成公司员工桌面技术支持及办公网络维护等。
		数据分析师	……负责公司日报、周报、月报；通过数据分析，挖掘业务问题，提出建议；负责日常业务数据的提供，维护业务部门的业务数据库。

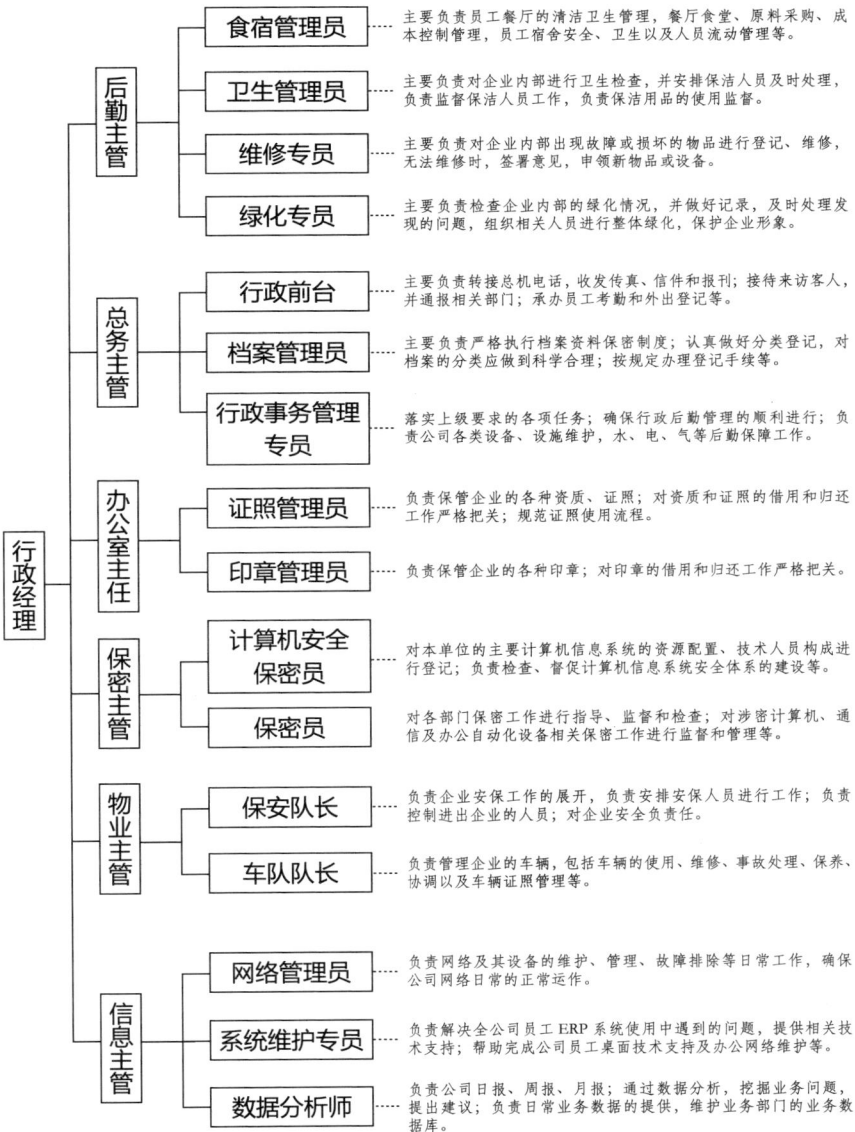

行政部岗位与职责逐个看

流程制度管理

　　流程制度管理是行政管理的重要部分，流程和制度的管理使公司各项工作的进程有条不紊，同时也提高了行政管理工作者的工作效率。本模块介绍了行政人事中的各种流程制度管理，除此之外，还包含企业文化建设的相关技巧和方案介绍，帮助行政工作者快速掌握企业文化的建设方法。

|1.1|
企业文化建设

企业文化是一个企业（组织）由其价值观、信念、仪式、符号及处事方式等组成特有的文化形象，简单而言，就是企业在日常运行中所表现出的各各方面。企业文化是企业个性化的根本体现，它是企业生存、竞争和发展的灵魂。

1.1.1 宣传企业文化的渠道有哪些

行政管理工作的一大重要事项就是宣传企业文化，那么宣传企业文化有什么用呢？优秀的企业文化往往蕴含着经营理念、经营方针和价值观念，能赋予员工使命感、责任感和归属感等。

在了解了企业文化的重要性后，行政管理工作者还需要了解如何宣传企业文化，哪些途径可以宣传企业文化。

◆ 内部小报、杂志

内部小报也就是通常所讲的内刊，可以根据公司规模大小和部门多少来设置，可以开设公司新闻、行业动态、技术交流、管理创新和员工活动等版面。每月、每两月或每季度出版一期。

内部杂志可以介绍更多公司的产品、服务、技术、市场拓展、现场管理和好人好事等，发放对象主要是公司的客户、供应商等。当然，内部可以每个部门发放一本，供员工随时取阅。

◆ 企业网站

一般来讲有业务或销售版块的企业才会开设网站。但是，为了更好地宣传公司，不管什么类型的企业都应当开设自己的网站。

任何愿意了解企业有关信息的客户、员工和应聘者等都可以通过企业官方网站了解企业文化。

◆ 会议、培训

公司、部门、班组等各级会议都可以有意讲讲公司企业文化中制度层面的内容，达到强化、提升、统一思想和要求的目的。

对员工进行培训时，可以巧妙地将公司企业文化有机融入培训中去，不用刻意只讲企业文化的内容，这样也能起到宣传作用。

◆ 陈列、张贴和广播

将公司在发展过程中收获的奖杯、锦旗、各种项目成果、先进事项以及优秀产品等进行陈列展示，向员工、客户和所有参观访问公司的人展示公司的点点滴滴。

企业文化所提倡和要求的内容，包括当年奋斗目标、企业宗旨、安全口号等都可以通过文字、图片的形式在公司范围内张贴，可以起到宣传的作用。

不少公司内部设置了广播系统、显示屏等，完全可以利用这些条件适时、大量地宣传公司的企业文化。

◆ 员工活动

员工活动，如技能比赛、体育运动和生日宴会等也是宣传企业文化的好时机。在活动中可以通过领导讲话、宣传标语、呐喊声、服装上的标识、获奖感言等体现出公司的企业文化精神或内涵，达到让员工了解、认同、宣传企业文化的目的。

行政知识延伸

除了前面介绍的几种途径外，员工外出办事也代表着企业，应当注意自己的着装、言行，可以融入企业文化，起到宣传作用。企业还可以参加一些社会公益事业，不但可以在相关的报刊杂志、媒体上宣传报道，还可以在捐资现场的讲话中给予适当展现，都可以提升公司知名度，宣传企业文化。

只有重视企业文化宣传才可能让企业在员工、客户和社会上更加有知名度，才能够让企业的经营更加如鱼得水，员工的利益才能够有保障和持续提高。

1.1.2　企业网站的建设

企业网站建设在文化建设中占主导地位，建设企业网站的目的不仅是营销还有展示企业文化，因此网站建设对企业的重要意义不言而喻。

下面一起来看看建设企业网站具体有哪些意义，如表 1-1 所示。

表 1-1　企业网站建设的意义

意　义	具体介绍
提升企业形象	企业可以向用户展示自身独特的企业文化、背景、概况、产品、售后服务品质和最新动态。通过企业形象的展示可以提升客户对自己的信任
降低企业的宣传成本	一个好的企业网站建设能够扩大自身的名气，扩展企业的销售范围，优点有成本低、效果好
提高产品品牌影响力	企业可以通过网站推广，被搜索引擎收录，进行排名，以此获得大量的客户源，为企业产品向国内、向世界推广打造坚实基础，不断提高企业产品的品牌形象
增加客户信息的反馈	企业网站可以通过在线客服解决客户问题或是通过邮件接受客户的反馈，方便企业迅速定位客户的问题，并及时进行解答

企业网站建设的好处如此之多，那么应当如何建设企业网站？具体的网站设计流程如图 1-1 所示。

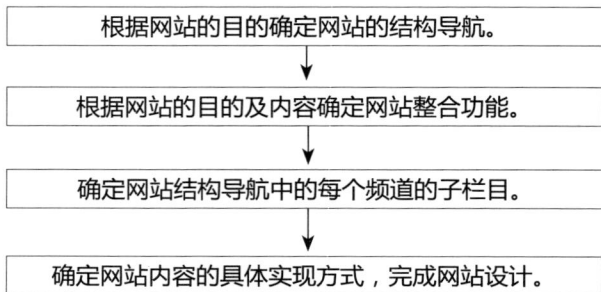

```
根据网站的目的确定网站的结构导航。

根据网站的目的及内容确定网站整合功能。

确定网站结构导航中的每个频道的子栏目。

确定网站内容的具体实现方式，完成网站设计。
```

图 1-1

下面分别对以上 4 个步骤的内容进行简单介绍。

◆ **导航结构**：一般企业型网站的导航结构包括公司简介、企业动态、产品介绍、客户服务、联系方式和在线留言等基本内容。以及其他附加内容如常见问题、营销网络、招贤纳士、在线论坛和英文版等。

◆ **整合功能**：通常应当包含会员系统、网上购物系统、问卷调查系统、在线支付、信息搜索查询系统和流量统计系统等。

◆ **子栏目**：以公司简介为例，可以包括总裁致词、发展历程、企业文化、核心优势、生产基地、科技研发、合作伙伴、主要客户和客户评价等；客户服务可以包括服务热线、服务宗旨和服务项目等。

◆ **实现方法**：如产品中心使用动态程序数据库还是静态页面；营销网络是采用列表方式还是地图展示。

1.1.3 企业文化建设方案设计

企业文化对一个企业有重要意义，要想企业健康持续的发展，必须有自己特色的企业文化作支撑。加强企业文化建设，要能够科学整合企业生产要素，引导企业形成共同价值观，增强企业凝聚力。

企业文化建设的内容主要包括物质层、行为层、制度层和核心层 4 个层次的文化。

◆ **物质文化**：企业生产的产品和提供的服务是企业生产经营的成果，是物质文化的首要内容。其次企业的生产环境、企业容貌、企业广告、产品包装与设计等也是构成企业物质文化的重要内容。

◆ **行为文化**：指企业经营、教育宣传、人际关系活动和文娱体育活动中产生的文化现象。

◆ **制度文化**：企业制度文化是企业为实现自身目标对员工的行为给予一定限制的文化,它具有共性和强有力的行为规范的要求。

◆ **核心文化**：包括企业精神、企业经营哲学、企业道德、企业价值观念和企业风貌等内容,是企业意识形态的总和。

【实用模板】企业文化建设方案

【模板】\行政模块1\企业文化建设方案.docx

企业文化建设方案

进入知识经济时代,企业之间的竞争,实际上是企业文化的竞争。企业文化,是企业综合实力的体现,是一个企业文明程度的反映,也是知识形态的生产力转化为物质形态生产力的源泉。公司创立二十多年来,积淀了较为深厚的文化底蕴,但面临新的形势、新的任务、新的机遇、新的挑战,要想在激烈的市场竞争中取胜,把企业做大做强,实现企业的跨越式发展,就必须树立"用文化管企业""以文化兴企业"的理念。为了进一步弘扬公司的企业文化,树立起公司正面形象,增强员工的归属感,推动公司企业文化建设持续健康发展,最终达到以文化管理企业的目的,结合公司实际情况,特制定公司××年企业文化建设方案。

一、指导思想

以先进的企业文化建设理论为基础,以培育员工社会公德、职业道德、家庭美德,提高企业知名度、文明度、美誉度,增强企业凝聚力、竞争力、生产力为目的,坚持以人为本、全力实施有我公司特色的企业文化建设,弘扬企业精神、实践企业价值观,实现企业文化发展战略与员工愿景有机统一,经营者理念与员工观念和谐,员工内心世界与外部环境同步改善,建设和谐企业,推动我公司"三个文明"建设协调发展。

二、年度工作目标

进一步挖掘和弘扬企业精神内涵,树立起公司正面形象,增强员工的归属感,推动公司企业文化建设持续健康发展。

三、企业文化建设应遵循和坚持的原则

1.系统性原则。

2.实效性原则。

3.以人为本原则。

4.坚持与时俱进原则。

四、具体实施办法

(一)员工思想导向宣传工作方面

1.成立公司企业文化建设小组,负责公司企业文化的推广。

2.创立公司内部刊物,具体方案如下。

(1)创刊理念：进一步弘扬公司员工企业文化,树立起公司正面形象,增强员工的归属感,推动公司企业文化建设持续健康发展。

(2)刊物形式：杂志。

(3)刊物规格：用A4纸进行双面彩色印刷。

(4)刊物的名字：在全公司内以有奖征集的形式进行征集,经过筛选,最后报总经理审批实行。

(5)出版周期：每一个季度出版一期。

(6)关于稿件：稿件以公司内部员工提供为主,稿件必须坚持"以科学的理论武装人、以正确的舆论引导人、以高尚的精神塑造人、以优秀的作品鼓舞人"的思想,建立宣传工作考核制度,对被刊登的稿件进行奖励,提高员工参与的积极性,形成一种积极向上的氛围。

(7)出版时间：计划4～5月份出版第一期。

3.在内部树立公司企业文化标识牌。

在公司门口两边的草地上和办公楼楼梯与楼梯间平台正面墙壁上树立如"公司经营理念""质量方针""环境方针""公

上述模板展示了某公司企业文化建设方案的部分内容，从中可以看出企业文化建设的具体方法和意义。

该模板首先介绍了文化建设的意义，如今企业之间的竞争实际上是企业文化的竞争，以及，合理健康的企业文化能促进企业发展。

指导思想：以培育员工社会公德、职业道德、家庭美德，提高企业知名度、文明度、美誉度，增强企业凝聚力、竞争力、生产力为目的，坚持以人为本，全力实施有我公司特色的企业文化建设，弘扬企业精神、实践企业价值观，实现企业发展战略与员工愿景有机统一。

具体实施办法：企业文化建设的具体方法主要分为 3 个部分，分别是员工思想导向宣传工作方面、开展活动方面和员工沟通方面。

1.1.4 如何开展企业文化培训活动

优秀的企业文化应当包含两个要素：一是核心理念是否正确、清晰与卓越；二是这种理念是否能够宣传贯彻下去，让每个员工认同并且体现在自己的实际工作中。

很多企业其实并不缺乏优秀的文化理念，只是在理念传达上存在问题。下面首先来看当前企业文化培训工作存在的问题。

◆ 很多企业在进行文化培训时，往往是想起来才做，或者是有了问题才做，也就是"救火式"的培训，没有系统规划。

◆ 没有针对不同层级和职能的人员，而是采用"大锅烩"式的企业文化培训。

◆ 培训形式过于单一，没有采取案例学习、研讨、活动等多种培训方式的综合运用，忽略了受训者的特性，而采用"学习式"的企业文化培训。

针对上述问题，企业可从内容、形式和组织 3 个方面入手进行企业文化培训体系的规划，具体如表 1-2 所示。

表 1-2　企业文化培训体系的规划方法

方面	具体介绍
内容要求层次性	1. 内容要求层次性。在进行企业文化培训时，需要针对不同层级和职能的人，设计不同的培训内容和形式。 2. 从企业的层级来看。不同层级的员工对企业文化的要求不同，可以分为高层、中层、基层和入职新员工分别进行培训。 3. 从企业职能来看。不同部门对企业文化的需求也不一样，因为每个部门具体的职责不同，所以需要根据不同的部门、岗位设置合理的文化培训方案，才更具针对性
形式要求生动性	企业文化培训与我们在学校里接受的教育有显著不同，一方面在于作为成年人，对单纯的知识教育兴趣度很低，吸收困难；另一方面在于企业培训讲求投回报率，即必须能够提升员工的能力和素质，对企业业绩有贡献
组织要求完整性	企业文化建设是个系统工程，不但需要企业上下对文化的内涵达成共识，还需要调用一定的人员和资源进行企业文化培训的组织和实施工作，系统完善的培训组织工作是培训效果的有力保证

【实用模板】企业文化培训方案

模板　\行政模块1\企业文化培训方案.docx

企业文化培训方案

一、培训宗旨

企业发展，人才为先。为提高公司的管理水平，优化公司人力资源配置，提升公司员工的综合素质及业务能力，全面推进企业健康快速发展，必须进行有效的培训。培训是帮助员工提高生存能力和岗位竞争能力的有效途径。针对新入职员工，公司设置了系统的培训体系。从企业文化的讲解，到行政规章制度及办事流程的介绍，再到专业产品技术的培训，市场营销技能及商务礼仪的培训，全方位加强人才的培养力度，以实现"人岗匹配、人尽其才"创造良好的学习氛围作为新入职员工培训的第一步——企业文化培训，公司尤为重视。加强入职前瞻性教育和培训，有利于员工尽快融入工作环境当中，早日成长为公司大家庭中军的一员。

二、企业文化培训计划

新员工每新招聘满5人为一批次进行入职前企业培训，由公司筹备部组织培训，培训时间不少于1小时，主要内容是公司简介、发展历程、战略规划、人才政策等。

培训时间	培训地点	培训内容	主持人
不定时	会议室	①公司简介，②发展历程，③战略规划，④企业理念，⑤人才策略	
培训用品准备		培训资料、笔记本电脑、投影仪、白板、水芯笔等	

三、培训方式

运用多媒体教学技术，结合板书，设置问答环节，提倡现场互动。力争PPT图文并茂，讲述生动、形象易懂，培训氛围活跃，富有鼓动性和感染力。

四、培训效果评估

培训的针对性和适用性必须经过有效的反馈机制才能得以突显。为此，建立起合理的评估方式有利于改进培训质量、提高培训效果、降低培训成本。

一是培训主管部门或有关部门管理人员可亲临课堂听课，现场观察学员的反应、培训场所的气氛和培训师的讲解组织水平。

二是统计分析评估原始资料。培训主管对培训结果调查表进行统计和分析，将收集到的问卷、访谈资料等进行统计分析整理合并，提出无效资料，同时得出相关结论。主要分为对培训内容本身的评估和对培训效果的评估两部分。

三是撰写培训评估报告。培训主管在分析以上调查表之后，再结合新员工的结业考核情况，对此次培训项目给出公正合理的评估报告。为今后有针对性地考虑对某些部分进行重新设计或调整，优化培训内容作参考。

附：《培训效果评估表》
《企业文化培训课件》

上述模板展示了某公司新员工入职培训时，关于企业文化培训的具体方案。从中可以看出一个企业文化培训活动方案具体需要具备哪些内容。

首先交代了公司培训的宗旨，通过企业文化培训希望新员工快速融入；然后对企业文化培训的具体计划进行介绍；然后讲明了培训方式，"运用多媒体教学技术，结合板书，设置问答环节，提倡现场互动。"最后是对培训效果评估进行了介绍，主要分为3个部分，分别是有关部门管理人员可亲临课堂听课、统计分析评估原始资料以及撰写培训评估报告。

|1.2|
行政管理制度建设

行政管理是运用国家权力对社会事务以及自身内部的一种管理活动。也可以泛指一切企业、事业单位的行政事务管理工作。行政管理制度则是对企业各项事务进行规范，这里主要介绍行政管理制度的建设方法。

1.2.1　行政管理制度的组成及内容

公司为了规范员工和公司的行为，维护双方的合法权益，往往需要结合公司的实际情况制订行政管理制度。一个完整、可操作的行政管理制度应包含以下3个要素。

◆ **制度基本内容**：基本内容应当包括制订的目的、制度适用范围以及如何进行考核等。

◆ **制度操作流程**：根据涉及的具体内容制作操作流程，可以借助相关的软件进行绘制。

◆ **制度操作表单**：制度基本流程和实际操作过程中涉及的表单通常可以使用 Word 和 Excel 进行绘制。

要建设适合公司当下具体情况的行政管理制度，首先需要了解行政管理制度的具体组成，才能够制订出符合规定的制度。不同行业或企业其行政管理制度可能不同，下面以常见的行政管理制度为例介绍组成和内容，如表 1-3 所示。

表 1-3 行政管理制度的组成及内容

组成部分	具体内容
企业文化	行政管理制度中对企业文化的管理，主要有企业文化管理机构、企业文化理念管理、企业文化手册的介绍、企业文化视觉形象管理、企业文化实施管理以及企业文化培训等。不是具体介绍企业文化的内涵，而是对企业文化的施行、管理等方面工作进行规范
保密管理	公司往往都有自己的机密事项或文件，相关工作人员接触到这类文件或项目时，则会涉及到保密。保密管理主要包括保密范围和密级确定、保密措施介绍以及责任与处罚等
公文管理	公文管理可以使公司公文处理工作更加科学、规范，从而提高办公效率。公文管理主要包括确定公文文种和格式、规范公文行文规则、公文处理办法以及公文立卷、归档和销毁
印章管理	印章管理可以规范公司印章管理工作，确保印章使用安全、有效。印章管理的主要内容包括印章的刻制和保管、印章使用规定以及违规处罚
档案管理	加强档案管理确保档案资料保存安全、完整，可以有效地保护和利用档案，维护公司合法权益。档案管理主要包括档案的分类及保管期限、归档要求、档案的借阅以及档案的销毁
车辆使用管理	规范公司车辆使用，提高车辆使用率，节约公司车辆使用的费用，使之规范化、秩序化。车辆使用管理内容主要包括制度的适用范围和管理权责、使用管理规定、车辆维修保养及保险、车辆使用费用以及违规与事故处理

组成部分	具体内容
办公用品管理	办公用品管理能够加强办公用品使用的规范，节约开支、避免浪费。办公用品管理主要包括办公用品分类、申领和采购流程设计以及发放管理

除上面介绍的常见 7 个组成部分外，有的企业可能还有其他的组成部分，例如办公电话管理、食堂管理、外宣及接待管理等。管理者在制作制度时，应当结合企业的具体情况制作行之有效的制度。

1.2.2 行政管理制度的编制程序

行政管理制度的编制不是凭空而来，而需要遵循一定的流程和方法进行设计，下面首先介绍行政管理制度的编制程序，如图 1-2 所示。

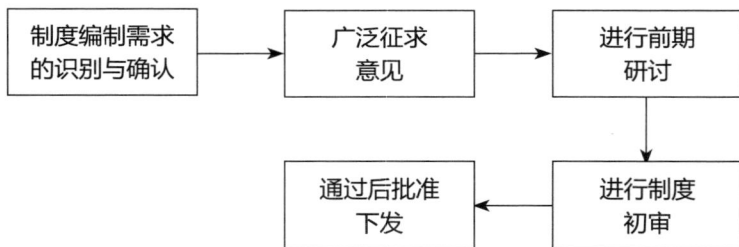

图 1-2

下面分别对各个程序进行介绍。

◆ 制度编制需求的识别与确认

行政管理人员要全面分析和识别制度编制的需求，了解相关法律法规、本部门有关职责、公司及各子公司目前相关制度建设和执行情况，尤其要找出目前存在的问题，并参考其他企业的同类制度，填写制度需求识别与征求意见单。

【实用模板】制度需求识别与征求意见单

模板 \行政模块1\制度需求识别与征求意见单.docx

<table>
<tr><td colspan="4" align="center">制度需求识别与征求意见单</td></tr>
<tr><td colspan="2" align="right">时间：</td><td></td><td></td></tr>
<tr><td>制度名称及
编号</td><td></td><td colspan="2">编制单位/
部门</td></tr>
<tr><td>首次编制</td><td colspan="3">是□　　　　否□</td></tr>
<tr><td>制度修改</td><td colspan="3">第_____次修订编制，日期：　　年　　月</td></tr>
<tr><td>制度废止</td><td colspan="3">是□　　　　否□</td></tr>
<tr><td>制度重要性的识别结果：</td><td colspan="3">很重要□　　　重要□　　　一般□</td></tr>
<tr><td rowspan="2">制度需求识别</td><td>编制及修订需求识别</td><td>1. 履行部门职责的需要（　）
2. 满足国家方针政策及法律法规要求（　）
3. 加强或完善管理的需要（　）
4. 原有制度已经不适应管理的要求（　）
5. 原制度一次修改在10处以上（　）
6. 制度某一条累计修改在5次以上（　）
7. 修订的主要条款：_____</td><td>需求识别说明</td></tr>
<tr><td>废止需求识别</td><td colspan="2">废止原因：</td></tr>
<tr><td rowspan="3">征求意见</td><td colspan="3">被征求意见单位：　　　　　反馈时限：</td></tr>
<tr><td colspan="3">反馈意见（可另附材料）：

主管领导签字：</td></tr>
<tr><td colspan="3">时间：　　年　　月　　日
编号：</td></tr>
</table>

◆　广泛征求意见

在制度初稿编制完成后，行政管理人员必须在公司范围内广泛征求意见，各单位主管领导必须在反馈意见单上签字，才能有效。

◆　进行前期研讨

为了方便开展工作、提高效率，行政管理人员可以组织与设计制度相关的部门开展研讨活动，以会议纪要的形式确认研讨结果，不再另行征求意见。

◆　进行制度初审

制度初审包括采纳反馈意见情况、与其他专业制度的衔接情况、制度重要程度的判定是否正确、制度编写格式是否规范、有无相应的流程与表单、有无检查计划和培训计划表、有无制度需求识别与征求意见单（或相应会议纪要）、有无制度履历表（如 1–3 左图所示，首次编制不需要）以及有无制度建设管理办法履历表（如 1–3 右图所示）等方面。

制度履历表

制度名称	编制时间	首次编制	换版编制	修订编制	编制人	编制单位	废止	编号
	说明：							
	说明：							

制度建设管理办法履历表

制度名称	编制时间	首次编制	换版编制	修订编制	编制人	编制单位	废止	编号
制度建设管理办法		√						
	说明：在此之前没有关于制度建设方面的制度，为了加强制度建设，规范管理，实现管理的制度化、表单化，特制定本制度。							
	说明：							

图 1–3

行政部制度审核人员要形成书面的审核意见，填写制度审核单（如图 1–4 所示）。

制度审核单

制度名称	
起草部门	
制度管理部门的审核意见	
	审核人：　审核时间：　审核单位主管领导：

图 1–4

◆ 通过后批准下发

通常审批后的等级有“很重要”“重要”和“一般”，“很重要”和“重要”等级的制度须经总经理批准后方可下发，属于“一般”等级的制度公司由相关主管领导审批方可下发。

1.2.3 行政管理制度编写的内容要求

了解了行政管理制度的编写程序后，还需要知道编写的内容要求。

行政管理制度的内容主要包含 3 部分内容，下面分别进行介绍。

第一章为总则。总则的内容包括当前制度的编制目的、适用范围、有关术语的定义以及职责分工等。

中间章节。中间章节是制度的主要内容，主要用来规定制度的步骤、方法以及管理要求等主体内容。

最后一章是附则。附则的内容包括该制度实施的有关要求，与该制度相关的其他专业管理制度、流程、表单名称、该制度的附件、与相关制度的关系等。

1.2.4　行政管理制度编写的格式要求

行政管理制度在格式方面与其他文档有所区别，对于行政管理制度编写的格式，行政管理人员最好作出明确的规定，避免制作出的文档格式五花八门，不符合实际需求。下面具体介绍常见的制度编写格式。

◆ 制度名称（仿宋小二、加粗，单倍行距，段前 0.5 行，段后 0 行）后空一行，行距为固定值 10 磅。

◆ 其中正文的"条"不分章、节，采用连续顺序号表示；正文的"条"下设"款"，款下设"目"。"款""目"分别用阿拉伯数字"1、2、3"和"（1）（2）（3）"表示；"目"下用阿拉伯数字"①、②、③"表示；再往后可以用英文字母"a、b、c"等表示。

◆ 页面设置为 A4 纵向，上边距 2.4cm，下边距 2.3cm，左边距 2.8cm，右边距 2.5cm，正文行间距一般为 1.5 倍行间距。

◆ 正文"章、节、条"的顺序号用 4 号仿宋加粗，正文的其他部分一律用 4 号标准仿宋字体；"附件 ×"用 4 号宋体加粗。

◆ 制度正文的每个段落，首行缩进两个字符；"第×章""第×条"后面空一个字符；"总则"和"附则"的两字之间均空一个字符；"附件×"在页面左端顶部顶格写，不空字符；"章、节"的标题以及表单、流程均居于页面中间，其他文字两端对齐。

【实用模板】行政管理制度

模板 \行政模块1\行政管理制度.docx

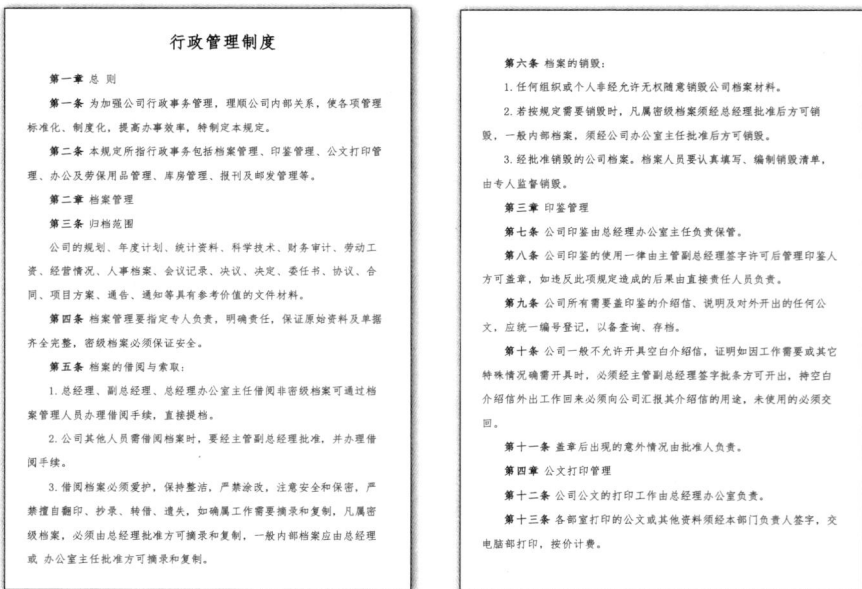

行政管理制度

第一章 总 则

第一条 为加强公司行政事务管理，理顺公司内部关系，使各项管理标准化、制度化，提高办事效率，特制定本规定。

第二条 本规定所指行政事务包括档案管理、印鉴管理、公文打印管理、办公及劳保用品管理、库房管理、报刊及邮发管理等。

第二章 档案管理

第三条 归档范围

公司的规划、年度计划、统计资料、科学技术、财务审计、劳动工资、经营情况、人事档案、会议记录、决议、决定、委任书、协议、合同、项目方案、通告、通知等具有参考价值的文件材料。

第四条 档案管理要指定专人负责，明确责任，保证原始资料及单据齐全完整，密级档案必须保证安全。

第五条 档案的借阅与索取：

1.总经理、副总经理、总经理办公室主任借阅非密级档案可通过档案管理人员办理借阅手续，直接提档。

2.公司其他人员需借阅档案时，要经主管副总经理批准，并办理借阅手续。

3.借阅档案必须爱护，保持整洁，严禁涂改，注意安全和保密，严禁私自翻印、抄录、转借、遗失，如确属工作需要摘录和复制，凡属密级档案，必须由总经理批准方可摘录和复制，一般内部档案应由总经理或 办公室主任批准方可摘录和复制。

第六条 档案的销毁：

1.任何组织或个人未经允许无权随意销毁公司档案材料。

2.若按规定需要销毁时，凡属密级档案须经总经理批准后方可销毁，一般内部档案，须经公司办公室主任批准后方可销毁。

3.经批准销毁的公司档案，档案人员要认真填写、编制销毁清单，由专人监督销毁。

第三章 印鉴管理

第七条 公司印鉴由总经理办公室主任负责保管。

第八条 公司印鉴的使用一律由主管副经理签字许可后管理印鉴人方可盖章，如违反此项规定造成的后果由直接使用人员负责。

第九条 公司所有需要盖印鉴的介绍信、说明及对外开出的任何公文，应统一编号登记，以备查询、存档。

第十条 公司一般不允许开具空白介绍信，证明如因工作需要或其它特殊情况确需开具时，必须经主管副经理签字批准方可开出，持空白介绍信外出工作回来必须向公司汇报其介绍信的用途，未使用的必须交回。

第十一条 盖章后出现的意外情况由批准人负责。

第四章 公文打印管理

第十二条 公司公文的打印工作由总经理办公室负责。

第十三条 各部室打印的公文或其他资料须经本部门负责人签字，交电脑部打印，按价计费。

上图所示为某公司的行政管理制度的部分内容，内容上完全符合行政管理制度结构，包含总则、内容和附则 3 部分；其格式是完全参照行政管理制度编写的格式要求进行编辑的。可供相关行政管理人员参考其格式和内容结构。

1.2.5 行政管理制度的修订流程

行政管理制度编制完成后，在使用过程中难免会发现制度存在不足的地方，这时就需要对制度进行修订，那么行政管理人员就需要了解制度修订的流程。

　　行政管理制度的修订流程如图 1-5 所示。

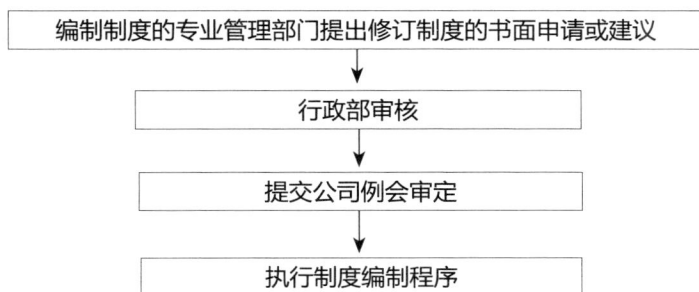

```
┌─────────────────────────────────────────┐
│  编制制度的专业管理部门提出修订制度的书面申请或建议  │
└─────────────────────────────────────────┘
                    ↓
        ┌───────────────────────┐
        │       行政部审核        │
        └───────────────────────┘
                    ↓
        ┌───────────────────────┐
        │      提交公司例会审定     │
        └───────────────────────┘
                    ↓
        ┌───────────────────────┐
        │      执行制度编制程序     │
        └───────────────────────┘
```

图 1-5

行政知识延伸

　　企业对原制度进行修订后，便需要废止原制度。对不能适应现实状况的制度进行废止，要按如下流程进行：制度编制部门（制度责任部门）提出废止制度的书面申请，并填写制度需求识别与征求意见单，然后提交行政部审核，之后提交经理办公会或公司例会审定，最后决定是否废止。

1.2.6　行政管理制度的督导执行

　　行政管理制度制作完成并下发后，并没有真正完成，行政管理人员还需要进行督导，使各员工遵守。

　　制度的贯彻。在公司制度下发一周内，相关部门要组织相关人员进行学习和贯彻执行。

　　制度的培训。制度下发前负责人编写培训教案和培训计划，在制度下发的 15 天内，行政部应会同制度责任部门对相关人员进行培训。

　　制度的执行。各级人员必须严格执行相关制度，各部门在检查制度的执行情况时，必须记录所有环节，且记录一定要真实、全面，将其作为检查、督导和明确责任的依据。

制度的督导检查。相关责任人在下发制度时，应附一年内制度执行情况的检查计划：前 3 个月，制度责任人每月都要对各相关部门制度执行情况进行全面检查；3 个月后，起草部门至少每 3 个月检查一次制度的落实情况，每次检查都要填写制度检查（制度评审）报告单或形成书面报告，交给制度管理部门的制度建设人员。

【实用模板】制度检查（制度评审）报告单

模板 \行政模块1\制度检查（制度评审）报告单.docx

制度检查（制度评审）报告单

编号：

	制度检查□		制度评审□	
制度名称			检查（评审）人	
起草部门			检查（评审）时间	
发布时间			检查（评审）方式	
检查（评审）意见	制度执行存在问题： 制度本身存在问题： 改进建议：			
评审结果	结论	1.建议继续使用_____； 2.建议修改后使用_____； 3.建议换版后使用_____； 4.建议废止_____； 5.建议配套编制实施细则后使用_____； 6.建议与_____制度归并； 7.其他建议。	评审人员签名：（签名） 时间：　年　月　日	
	确认	制度编制单位确认： 编制单位主管：_____ 时间：　年　月　日	企业管理不确认： 主管：_____ 时间：　年　月　日	

1.2.7　行政管理制度的评审

行政管理制度的评审主要可以分为两种，定期评审和不定期评审，下面分别进行介绍。

◆　定 期 评 审

定期评审是指企业规定在某一时间（例如每年年初），由行政部门组织公司各个管理部门对公司制度进行一次评审，并填制相应的检查报告单。

◆　不 定 期 评 审

不定期评审通常是在出现特殊情况时进行的，当发生以下情况时，需要进行评审。

①国家宏观经济政策调整、重要法律法规实施、竞争对手或竞争态势发生变化等影响公司经营环境发生改变时。

②公司资源配置、经营方向和领域、组织结构等发生重大变化时。

③对本公司的经营、管理策略进行重大调整时。

④其他改变公司外部或内部经营条件的事件发生时。

通过评审行政部门容易了解和掌握制度的现状，还可以反映公司现状，评审结果的运用方法如下。

◆　确定公司有关制度的培训、编制、修改、执行、中止、废止等事项，并确定公司制度管理、改进、创新的空间和实施措施。

◆　行政部应编制公司制度管理与建设的评价报告。

◆　制度评审的结果还可以作为公司各个部门进行年终评比的主要依据。

|1.3|
行政管理流程优化

行政管理流程并不是一成不变的，在实际操作过程中可以对其进行优化，使之更加符合实际工作的需要。

1.3.1 流程管理组织及职责

流程管理组织主要负责对管理流程进行审批、处理流程管理体系中存在的问题以及流程工作指导等。流程管理组织主要包括3个部分，具体介绍如表1-4所示。

表1-4 流程管理的组织及其具体职责

组织	具体职责
公司高层管理人员	①负责审批流程建设的设计和方案，并监督流程的执行；②处理流程管理体系中的各种问题；③负责流程优化后的审批工作；④当公司整体战略及组织结构发生变化时，负责流程梳理工作
流程管理的归口管理部门	①负责建立、健全和维护公司的流程管理体系，以及各类文档的审核、发布和归档；②提供流程管理规范、方法和工具；③负责组织跨部门流程的建立、实施和检查；④负责控制公司流程体系的运行情况；⑤负责培训、支持和辅导各部门进行流程管理，以及综合协调跨部门流程相关工作
流程管理的各部门	①负责本部门内流程以及跨部门流程的规划、建设、实施、监督检查、评估优化及持续改进；②负责建立本部门流程管理的基础资料；③负责组织相关人员开展对流程的培训学习和宣讲交流，以便推广相关流程

1.3.2　流程的新建或优化

流程管理部应于每年 12 月组织各部门编制下一年度公司流程建设计划，并将其纳入公司下一年的年度工作计划。

需要新建或优化但未列入年度工作计划的公司流程，首先应当提出流程新建或优化的申请，经流程部审核、公司领导批准后，再由流程部负责调整相应的工作计划。

【实用模板】流程制度编制更改审批表

模板 \行政模块1\流程制度编制更改审批表.docx

流程制度编制更改审批表

编号：

流程名称			流程编号	
编制部门		起稿人	文件页数	
主要内容				
相关部门传阅会签	部门	会签	日期	会签意见

部门负责人：　　　　　　流程管理部：　　　　　　签发人：

上述表单即流程制度编制更改审批表，在填制该表单时要填写清楚基本信息，如流程名称、流程编号以及主要内容等，如果涉及到跨部门的流程，则需要进行会签，最后经相关负责人签字。

流程文件一般由该流程主要执行主体或控制管理主体的业务部门

或岗位负责起草编制或组织优化，其他流程涉及部门配合协助。

1.3.3 流程文件的审核签发

流程设计起草完成后，经起草部门校对后，提交公司流程部门，由流程部门对内容进行审核，具体内容如下。

◆ 流程内容与公司现行相关流程或制度是否冲突或是存在矛盾和执行难点，如果要改变相关流程或制度内容，理由和依据是否充分，必要时可组织涉及该流程的相关部门或人员进行沟通。

◆ 流程文件的内容和格式是否符合公司发文规范要求。

对于不涉及其他部门的流程，流程管理部审核会签完后，报送公司领导签批，签发后的流程文件由流程管理部统一下发执行。

对于涉及不同部门的，还需提交涉及部门进行会签（对流程的合理性、有效性以及可操作性进行确认），无异议后报公司领导审批，签发后由流程部统一下发。

行政知识延伸　制度签发后就涉及到流程的实施，主要可以通过组织培训和宣讲的方式进行。针对重要的公司层面的跨部门或涉及多专业的流程，由人力资源部组织相关部门和人员集中学习，宣传工作由主导文件编制的业务部门负责，原则上文件编制人为宣讲人，确保相关流程参与者或文件使用者了解流程运作过程及执行要点。

1.3.4 流程运行的监控检查

流程下发开始施行后，需要对其进行监控和检查，确保流程正常，流程检查的主要内容如下。

◆ 流程是否按照流程文件规定得到切实有效的执行，流程需要的审批环节是否都有效，时限设置是否合理。

◆ 流程的环节是否完整，是否出现断裂或中止。

◆ 流程所需表单和文档是否完整并符合工作需要，流程配套制度是否完善，是否按照公司领导要求及时对流程进行优化和完善。

流程监控检查是保证流程正常运行的重要步骤，有以下3种方法。

◆ **日常监控**：流程管理部每月定期抽取一定数量的流程，组织相关部门填写流程执行情况记录表，收集流程执行数据信息。

◆ **日常执行反馈**：各部门在执行各类流程的过程中，应及时记录流程在日常运行中存在的问题，并收集、保存相关资料备查。

◆ **重点检查 / 年度检查**：流程管理部应根据公司管理需要组织相关部门开展重点或年度检查，组织填写流程执行情况调查表。

【实用模板】流程执行情况调查表

模板 \行政模块1\流程执行情况调查表.docx

流程执行情况调查表

日期：

流程名称		填制人	
环节反馈：随着公司发展，是否出现某环节需要优化调整？			
流程环节	问题	分析	建议
时限评价反馈：判断必要环节时间是否合理？是否有加减时限的需求？			
流程环节	问题	分析	建议
信息表单评价反馈：报告类表单的格式、内容框架是否需要统一？表单传递的信息是否完整？表单是否进行整理和存档？			
某表单的问题	描述	分析	你的建议
其他反馈意见：对现行相关文件调整的建议，对流程的作废、删减等意见。			

会务外联管理

会议管理、文秘文控工作管理以及活动组织管理属于会务外联管理的范畴，同时也是行政工作中的重要组成部分。加强会务外联管理能够让公司会议、活动更加高效，开展的更顺利，团结内部，让公司运转更流畅。

|2.1|
图解会务外联工作流程

2.1.1 图解展示发文工作流程

公文秘书	秘书主管	相关部门 / 人员	相关领导	相关制度 / 表单
		开始		
		拟稿		
否	审核 是			
编号、 缮印				
			审批 否 是	发文签批单
用印				印鉴使用 流程
		发出文件		
		办结		
归档				收文登记表
结束				

2.1.2 图解展示收文工作流程

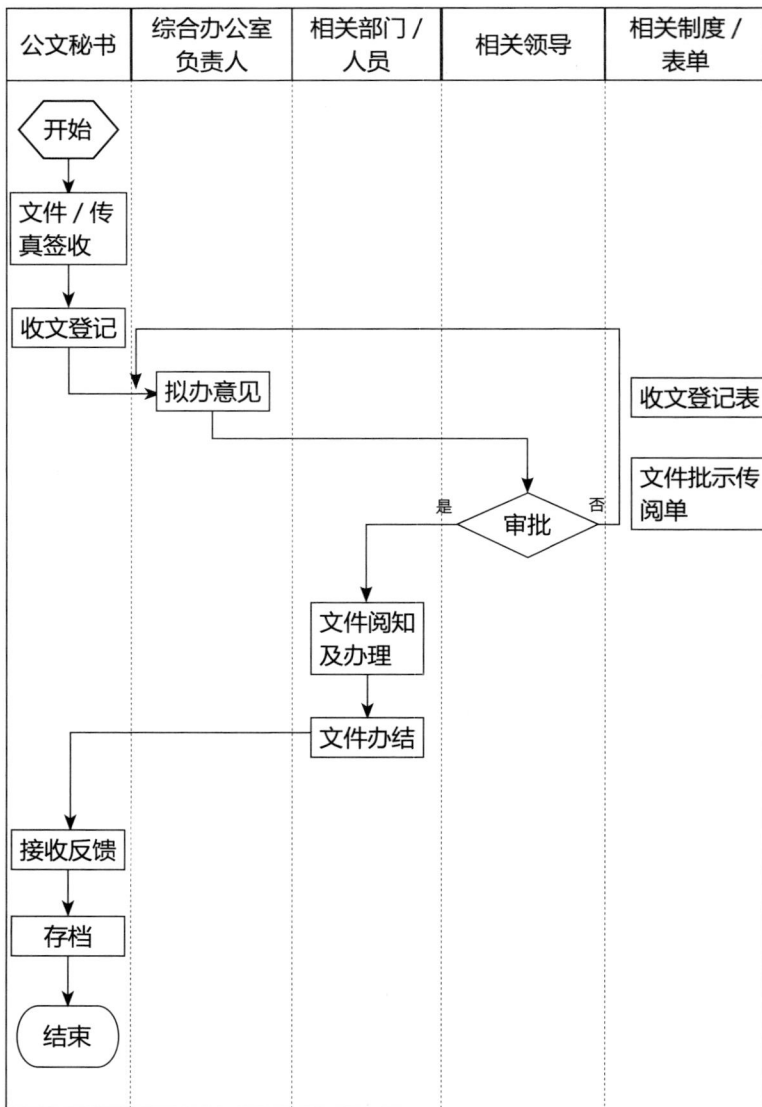

公文秘书	综合办公室负责人	相关部门 / 人员	相关领导	相关制度 / 表单
开始				
文件 / 传真签收				
收文登记				
	拟办意见			收文登记表
			审批 是/否	文件批示传阅单
		文件阅知及办理		
		文件办结		
接收反馈				
存档				
结束				

2.1.3　图解展示会议活动组织流程

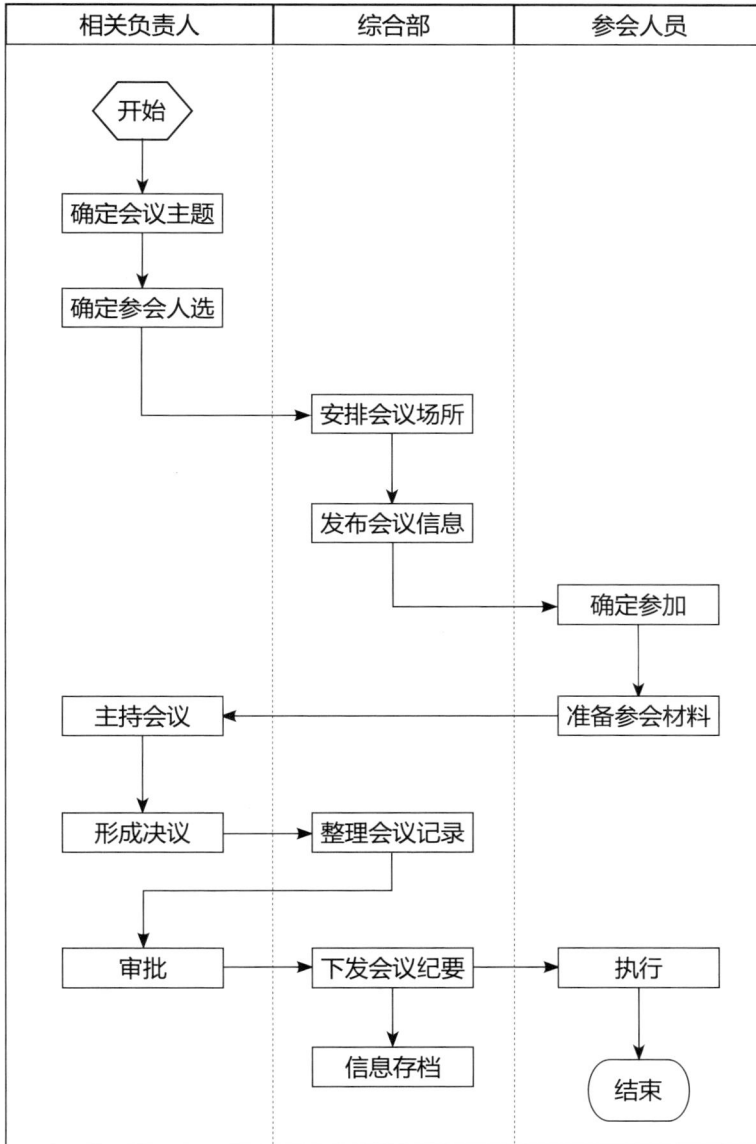

相关负责人	综合部	参会人员

```
相关负责人          综合部          参会人员

   ┌开始┐
      ↓
  确定会议主题
      ↓
  确定参会人选
      │
      └──────→  安排会议场所
                    ↓
                 发布会议信息
                    │
                    └──────→  确定参加
                                  ↓
  主持会议  ←──────────────  准备参会材料
      ↓
  形成决议  ──→  整理会议记录
      │
      └──↓
    审批  ──→  下发会议纪要  ──→  执行
                    ↓              ↓
                 信息存档         结束
```

2.1.4　图解展示活动组织流程

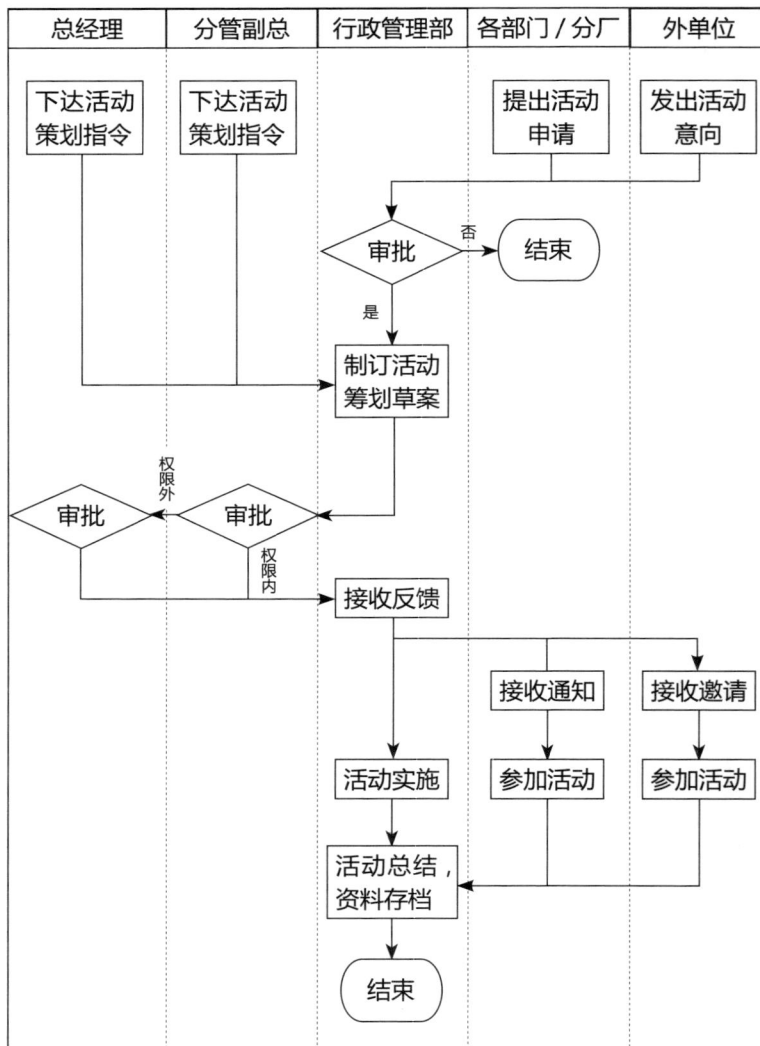

总经理	分管副总	行政管理部	各部门／分厂	外单位

下达活动策划指令　　下达活动策划指令　　　　　　　　提出活动申请　　发出活动意向

审批　否→结束

是

制订活动筹划草案

权限外

审批　←　审批　←

权限内

接收反馈

接收通知　　接收邀请

活动实施　　参加活动　　参加活动

活动总结，资料存档

结束

|2.2|
熟悉会议管理，开一场高效的会议

会议是企业（公司）不可缺少的一部分，常见的会议有股东大会、董事会、新闻发布会、座谈会、经验交流会以及年终表彰大会等。要想会议能够顺利进行，加强会议管理必不可少。

2.2.1　会前筹备需做什么

会前筹备工作是组织会议的第一步，需要准备的内容较多，下面分别进行介绍。

◆　确定会议议题

会议议题是会议需要商议研究的主题内容，一般由企业管理者确定，行政管理人员从旁协助。例如，"公司最近出现了哪些问题，这些问题应该如何解决"。

◆　制订会议方案

会议方案是指会议召开前制订的具体方案。大型的会议方案一般包括会议名称、会议内容、指导思想、任务要求、会议地点、出席人员、会议期限、日程安排、会议领导以及注意事项等内容。

◆　制订会议费用预算

行政管理人员在每次会议开始前的筹备阶段都应当对即将召开的会议进行费用预算，预计可能发生的每一笔费用，例如资料费用、会场费用、食宿费用等。

【实用模板】会议费用预算表

模板 \行政模块2\会议费用预算表.docx

会议费用预算表

编号：　　　　　　　　　　　　　　　　　　　　日期：

费用类型	项目	专项费用	单价	数量	小计
资料	设计				
	印刷				
	发行				
会场	专项费用				
	其他费用				
食宿	住宿				
	餐饮				
差旅费用					
礼品					
其他费用					
总计					

制表人：　　　　　　　　　　审核人：

上述模板是比较简单的会议费用预算表，并没有详细列出所有涉及到的项目。但是需要注意的是，在填写该表单时，应该如模板所示对所有预算项目进行分类汇总得到每一类的数据，然后再进行填写。

◆ 拟定会议议程

会议议程是指会议的程序表，会议议程应当包含的内容有会议议案、与会者姓名、会议时间和会议地点等内容。

假如议程中明示几时几分到几时几分用于探讨某一议案，则会议工作人员可以具体安排某些人晚些到场（即令某些人在他们的议案被讨论的前几分钟进入会场），也可以让某些人早些离场（即令某些人在他们的议案被讨论后离开会场）。

◆ 会议文书的印发

大多数情况下，会议文书在会议召开前就形成了，其准备工作通常与其他会前准备工作同时进行，会议文书的准备流程如图2-1所示。

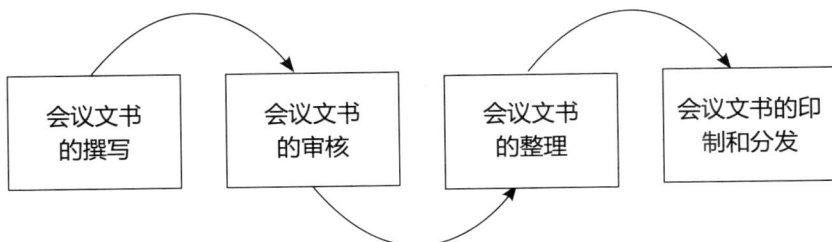

图 2-1

◆ 会议通知

行政部应按公司规定制作公司内部通知函，在制作公司内部通知函时，要根据会议的性质，慎重制作。会议通知一般采取书面形式，公司内部所发的书面通知要由当事人签名。

【实用模板】会议通知

模板\行政模块2\会议通知.docx

2.2.2 做好会议期间管理，保证会议顺利进行

在会议召开期间，行政管理人员要做好相应的安排、组织工作，保证会议顺利进行。

◆ 会议签到

为了保证会议质量，确保与会人员的出勤情况，在会议开始前，行政管理人员应组织到场人员进行签到。

【实用模板】会议签到表

模板 \行政模块2\会议签到表.docx

◆ 跟踪会议进程

当会议发生变动时要及时通知相关人员。例如议程发生变动，要及时通知每一位与会人员。对于无法处理的事，行政管理人员要及时和会议工作人员进行协调。

◆ 做好会议记录

会议记录是会议过程的真实凭证，是一种记叙性和介绍性的文件。会议记录的措辞要符合实际、简明扼要。必要时会议工作人员也可用录音笔先录下会议全过程，会议结束后再填写会议记录。

2.2.3 会后要处理的事务有哪些

会议结束后行政管理人员的工作其实还并未结束，会后的收尾工作还需要行政管理人员进行组织安排，具体如表 2-1 所示。

表 2-1　行政管理人员会后需处理的事务

事务	具体介绍
检查和清理会后现场	会议结束后，行政管理人员要督促工作人员检查会场，查看是否有遗漏文件或物品。可按设备清单核对携带的仪器是否齐全，然后回收相关设备，并及时对会议现场进行清理
会议评估	会议结束后行政管理人员要对会议质量进行评估，了解会议召开效果，可以借助《会议成果评估表》进行评估
归档立卷	会议结束后回收相关会议文件，整理后归入档案
落实会后事务	主要包括：①写报告；②改写会议文件；③代拟指示、批示文件；④会议议定事项的落实
会议费用报销	会议结束后组织工作人员汇总费用清单，按时递交财务部门

【实用模板】会议成果评估表

模板 \行政模块2\会议成果评估表.docx

会议成果评估表

编号：　　　　　　　　　　　　　　　　　　日期：		
会议成果评估内容		评估结果
1.会议是否如期开展？存在什么问题？		
2.会议的目的是什么？议题是否周全？		
3.会场布置及设备是否符合要求？		
4.会议必要的资料是否齐全？		
5.会议是否按计划进行？过程中存在什么问题？		
6.是否按预定时间进行？会议气氛是否热烈？		
7.是否有许多生动且有建设性的发言？发言是否积极？		
8.与会人员是否有所抱怨？		
记载事项		
制表人：		审核人：

2.2.4　有效控制会议成本的方法

会议成本是会议投资的总和，包括费用、时间、人力和物力等。

行政管理人员需要掌握会议成本控制的方法，具体如表2-2所示。

表2-2　会议成本控制的具体方法

方法	具体介绍
建立会议审批制度	要想做好企业会议成本控制工作，行政管理人员首先应协助企业管理者制订会议审批管理制度，明确公司允许举办的会议类型
精简会议数量	减少会议数量可以降低会议成本，可以采用其他方式代替会议
推行候会制度	指根据议题需要，召集有关人员参加会议并发表意见，当该项议题讨论完毕之后，这部分人员即可退出会议，节约人力成本
做好应急预算	把应急预算填入应急预算表中，如果与会人数或固定成本发生变化，那么可以对整个预算进行修改

【实用模板】会议审批制度

模板\行政模块2\会议审批制度.docx

会议审批制度

1. 目的

为规范公司各项会议及各类培训流程，统一会议管理模式，减少会议数量、缩短会议时间，提高会议质量，特制本制度。

2. 适用范围

适用于××有限公司所有会议，董事会、临时安排会议除外。

3. 职责

信息部负责会议的管理，所有会议须在信息部批准后方可召开。

4. 工作程序

4.1 公司级例会

4.1.1 周工作例会

此会议的举行时间为每周一13:00，会议由各部门领导参加，总结各部门上周工作，汇报下周工作重点及出现的疑难问题需由其他部门配合或公司领导协调解决事宜；由总经理传达公司的会议精神；部署下周公司的整体工作；会议要求各部门按顺序汇报。

每人时间为5~7分钟（大部门7分钟，小部门5分钟）

4.1.2 月工作例会

此会议的举行时间为每月第三周的周三9:00，会议由各部门领导参加，总结各部门上月工作，汇报下月工作重点及出现的疑难问题需由其他部门配合或公司领导协调解决事宜；由总经理传达公司的会议精神；部署下月公司的整体工作；会议要求各部门按顺序汇报。每人时间为10~12分钟（大部门12分钟，小部门10

4.2 部门级例会

部门例会由各部门自行安排，但会议时间、参加人等，不得与公司会议冲突。总结部门工作，并对下一阶段工作进行部署。各部门可以根据实际情况自行安排开会时间。如有固定时间，使用公司会议室的，应向信息部提出申请，信息部确认备案后，召开会议时即可不用再次提交会议申请。

4.3 其他会议安排

临时召开的会议，会议召集部门应在召开前1~2天向信息部提报会议申请，批准后方可召开。

4.4 凡公司已列入会议计划的会议，遇法定假日或遇特殊情况需临时安排其他会议的，时间将另行安排，由信息部或相关人员提前通知各部门。

未经信息部调整的，任何人（部门）不得随意调整正常会议计划。

4.5 会议安排的原则为：小会服从大会，局部服从整体，临时会议服从例会。各类会议的优先顺序为：公司级例会、公司级临时会议、部门会议。

因处置突发事件而召集的紧急会议不受此限。

4.6 会议一经确定，与会人员应预先做好各项工作安排，原则上不得请假缺席或迟到，遇特殊情况须提前向会议发起人请假，获得批准后方可指派专人代为参加，会后应主动询问会议内容及交办事项，确保会议部署的各项工作按时保质完成并对工作结果负责。

5. 会议的申请及准备

上述模板展示了某公司的会议审批制度，其中对各种类型的会议安排、申请等工作进行介绍。行政管理人员在工作中可以参考该制度制订适合所处公司的会议审批制度。

了解文控文秘工作，掌握方法更高效

文控文秘主要是指行政人事部办公室内的一些日常工作，岗位为文员，工作是文职工作，职位包括：前台、秘书、办公文员等。

2.3.1　四个方法让文秘工作更高效

文控文秘主要职责包括文件的控制和信息的传递，有形资料的整理、归档、查询，无形信息的记录、传递、落实等。要想更加高效的工作，文控文秘从业人员应该了解以下 4 点，如表 2-3 所示。

表 2-3　让文秘工作更高效的 4 个方法

方法	方法介绍
注重学习，提升素质	通过学习提高自身的政治理论思想素质，工作时，能从公司的大局出发，从公司整体利益出发，支持同事的工作，团结办公室全体人员，保持融洽的工作气氛，形成和谐、默契的工作环境
坚持做事和做人原则	每天提前到公司，安排好当日应该完成或准备完成的工作。做事不拖延，分清工作主次和轻重缓急；注意纸张文档、电子文档的整理；与其他各科室人员加强沟通，在工作上能做到主动补位
及时发现自身的不足	本职工作是否认真完成，是否能够严格要求自己，对日常分内工作的流程掌握是否充分，做事是否谨慎等都是文秘工作者应当反思的问题

续上表

方法	方法介绍
明确今后发展方向	注意多向领导、同事虚心学习工作方法和工作形式，多与大家进行工作中的协调、沟通工作，从大趋势、大格局中去思考、谋划，博采众长，提高自身的工作水平；爱岗敬业，勤劳奉献，不能为工作而工作；平时多注意锻炼自己的听知能力；注意培养自己的综合素质，把政治理论学习和业务学习结合起来，提高自身的政治素质和业务能力

2.3.2　文秘工作的时间控制

文秘主要是辅助特定的领导或其他人员工作的辅助人员。文秘工作特性使秘书的时间管理显得非常重要，可以说，秘书的时间管理是秘书最大的管理、最基本的管理。具体的管理方法如图 2-2 所示。

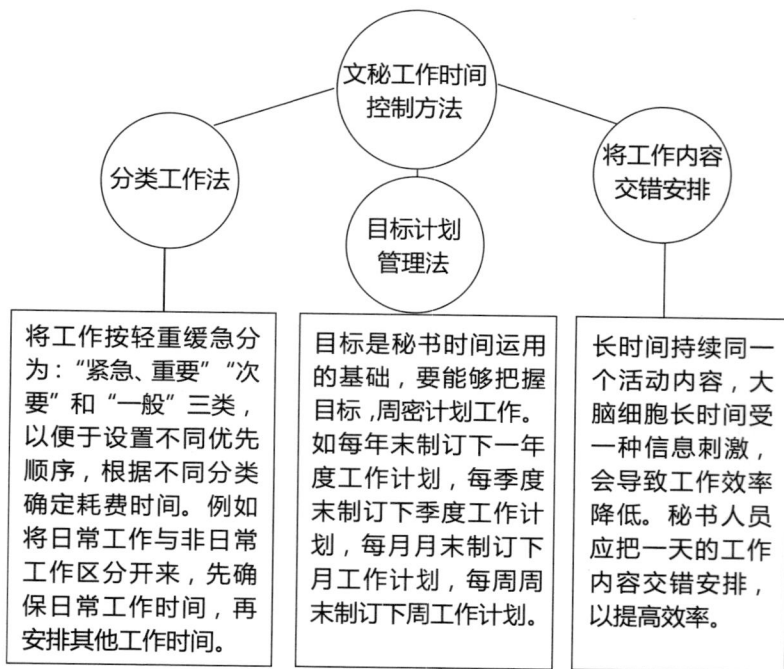

图 2-2

2.3.3　如何高效进行调研工作

调研工作多半是在领导交办的前提下开展的，调研工作往往不在文秘人员自身计划中，多为临时任务，因此需要文秘人员具备较好的随机应变能力以及敏锐的洞察力。高校调研的方法如表 2-4 所示。

表 2-4　高效调研的具体方法

方法	具体介绍
紧抓市场需求，加强调研意识	文秘人员在开展调研工作时需要紧抓市场需求，加强调研意识。这就要求文秘人员加强自身调研工作的专业技能与素养，充分认识调研工作的重要性。同时密切关注市场动向，以便及时发现问题，开展调研工作，多干实事少说空话
立足实际，科学开展调研工作	从企业的实际需求出发，科学开展调研工作，避免人力、物力、财力的浪费。文秘人员在开展调研工作时需要具备敢于发现问题的决心，全面、真实、科学地进行调查研究
根据实际情况，灵活变换调研方法	文秘人员在进行调研工作时应该根据实际情况，科学、灵活地变换调研方法，才能全面、真实地获取调研资料。可以通过灵活的语言、情感、思想交流，拉近与被调查者的距离，从而促进调查工作的顺利进行，如用心与基层群众沟通
改进调研习惯，多方面结合并用	文秘人员若想做好调研工作，需要养成边听、边问、边想和边记的调研习惯。文秘人员会对调研结果有一个初步的观点，通过调研对原有观点进行修正，确保调研工作的科学性

文秘人员的调研工作对企业的日常经营与发展具有十分重要的意义，因此需要加强对文秘人员调研工作的研究。文秘人员只有加强调研意识、科学开展调研、变换调研方法、改进调研习惯，才能做好日常调研工作，从而为企业的发展壮大提供数据支持。

行政知识延伸　按行政部门正常设置岗位分为：前台接待、办公文员和秘书。那么文秘文控从业人员如何晋升呢？文秘文控工作者主要有 3 个晋升方向，分别是秘书长、行政人事专员和文控主管，一些特殊行业的企业可能还会有其他的晋升方向。

2.3.4 文秘工作人员如何快速晋升

秘书的工作相当于助理，其工作繁琐且充满挑战，尤其现在对秘书的要求越来越高。秘书工作的范围广，会接触到社会的方方面面，秘书要使自己的文化素养、领导能力、交际应酬、智慧谋略、口才写作等多方面的综合素质得到完善。除此之外，还需要掌握一定的晋升策略。

注重方法明确目标。 要有明确的目标和坚强的毅力，没有明确的目标会影响自身潜力的发挥，无法获得满意的成绩。注重方法和技巧，在提高工作效率的同时感受自身的进步。事务处理过程中要果断、有原则，同时有一定的灵活性。

要把握住机遇。 对于每一个人来说，机会并不是常有的。要善于把握工作中的晋升机遇，不能过分安于现状，而应该抓住机遇，别让它溜走，以实现自己的人生理想。

建立良好的人际关系。 秘书在谋求职位升迁时，一定要注意赢得大多数成员的支持。这种支持是秘书获得晋升的可靠基础，这种支持分为下属的支持和同级秘书的支持，两者都很重要。

取得领导的信任。 领导对秘书的晋升往往有很重要的"话语权"。所以，秘书要得到升迁，必须要重视和处理好与领导的关系。经常为领导出谋划策、汇报工作以及对领导忠诚等都能够获得领导的青睐。

发挥潜能，在竞争中获胜。 只要把自己的能力加上自己尚未发挥的潜能，就会是一个成功的人。若要在竞争激烈的职场拔尖，你要懂得如何发挥自己的长处，凡事都得动脑筋，不但要在秘书这一本职工作上力争上游，在其他方面也要有一定表现并发挥一定的作用，才能稳步踏上成功的阶梯。

因此，文秘工作者在实际工作中要掌握一定的工作技巧，才能快速获得晋升。

|2.4|
开展活动，让企业获得更好的发展

开展企业活动，可以弘扬企业文化，丰富职工业余文化生活，有利于提高职工的工作积极性，增强职工凝聚力和向心力，同时还能够促进企业的发展。

2.4.1　了解活动的分类，做好准备工作

行政管理人员可以根据企业的实际情况安排员工活动，活动的类型也是多种多样，具体的活动种类如表 2-5 所示。

表 2-5　企业员工活动分类

类别	具体活动
娱乐类	①晚会：大型文艺活动、联欢活动、联谊活动、文艺大赛等；②舞会：篝火舞会、假面舞会、烛光舞会、圆型舞会等；③聚会：联谊会、座谈会、茶话会、聚餐等
竞技类	①棋类：围棋、中国象棋、国际象棋比赛等；②球类：乒乓球、羽毛球、排球、篮球、台球比赛等；③牌类：桥牌、"红五"比赛等；④运动会：田径运动会、专项运动会（拔河比赛）等；⑤专业竞技：车工竞赛、点钞比赛等
游戏类	①游园活动；②灯会（如猜谜）；③抽奖活动
休闲类	①观看影片；②度假 / 旅游 / 野餐；③参观：展览、纪念地、博物馆等

续上表

类别	具体活动
文艺类	①征文、征画、书法以及漫画比赛等；②电脑作品（如FLASH制作、网页设计）比赛；③科学制作、工艺品制作、废物利用制作等比赛；④智力问答比赛；⑤辩论赛

2.4.2 活动组织关键点的具体介绍

组织活动是行政管理人员需要掌握的一项技能，要组织好一场员工活动，需要把握好活动组织过程中的关键点，具体如下。

◆ 需求收集，明确预算

重点是高层和中层的需求，但根据活动目的的不同，有时候也可以收集部分员工需求。另外，部门负责人的意见以及一些意见领袖的意见也需要参考。

明确了活动需求之后，还有很重要的一点，那就是预算，一般按总体费用和人均费用来计算。

◆ 主要内容和形式

明确活动的主要内容，提出几个具体可行的方向，然后再组织投票选出具体的活动内容和形式即可。例如，某次活动刚开始有几个方向，分别是爬山、漂流、烧烤、玩水，最后通过讨论确定是漂流。

◆ 设计活动方案

活动方案是活动内容的具体策划，主要包含的内容有活动负责人、活动项目、活动开展时间以及分工安排等。其中活动时间应当提前进行通知。

◆ 活动的调整

活动过程中，总是会出现这样或者那样的问题，所以在活动的执行过程中，就需要组织者能够快速的根据实际情况做一些调整，这就要考验到行政管理人员的应变能力。

2.4.3　员工活动室的管理

除了户外活动外，室内活动也是员工活动中的重要部分。活动室是员工在工作之外的主要活动场所，行政管理人员必须管理好活动室，制订相关规定并督促员工遵守规定，以免活动室遭到破坏。

- ◆ 活动室一般只对公司在职员工开放，外来人员不得入内，公司员工出入活动室时应出示工作牌，经管理人员确认后方可进入。
- ◆ 行政管理人员应委派专人负责活动室的各项管理工作。
- ◆ 集体或个人使用活动室必须保证活动室内的物品完好无缺。
- ◆ 部门若需要借用活动室举办活动，应提前一周向行政经理提出申请并填写活动室使用申请表，经批准并与活动室的负责人协调后方可使用。

【实用模板】活动室使用申请表

模板 \行政模块2\活动室使用申请表.docx

活动室使用申请表

编号：　　　　　　　　　　　　　　　　　　　　　日期：

申请时间		申请部门	
申请人		申请人联系方式	
借用时间：	年　月　日　时　分至　　日　时　分		
活动主题			
活动内容			
部门意见		签名：	
行政经理意见		签名：	
备注			

制表人：　　　　　　　　　　　　　　审核人：

上述模板是一个活动室使用申请表，在填写该表单时需要具体填写申请的详细信息，包括申请人、活动主题以及活动时间，最后再由部门和行政主管进行审核并签字即可，审核通过即可在规定的时间内使用活动室。

2.4.4　进行员工活动意向调查

公司需要定期开展各项活动，为了吸引广大员工积极参加俱乐部的活动，行政管理人员需要了解员工的兴趣，对员工的活动意向进行调查。

员工活动意向调查主要是通过调查表单的形式进行信息收集。员工通过填写调查问卷表达出自己对公司活动的意见、意向及选择，以便行政管理人员调整活动内容。

无论问卷是企业自己设计还是请第三方咨询公司完成，确保问卷能够合理有效地收集到员工的意见是调研的关键。一个比较靠谱的问卷应具备以下几个特点。

◆ 问卷涉及的维度要全面，一般而言，活动意向调查应当包括员工活动的方方面面，例如对员工活动的看法、喜欢参与哪些活动等。

◆ 一般每个维度包含的题目应不少于3题，不然结果就会过于偏颇。可以根据公司活动的实际情况进行考量。

◆ 如果是使用第三方咨询公司的调研问卷，则应注意措辞上要进行个性化调整，应符合企业的文化、风格和沟通习惯。

◆ 在题目的设计上，应该包含几道开放题，让员工有更多机会表达自己的想法。

【实用模板】员工活动意向调查表

模板\行政模块2\员工活动意向调查表.docx

如上所示为一个员工活动意向调查表，从中可以看出行政管理部门想要了解员工的一些信息，同时也没有完全限制选项，员工可以表达自己的看法。行政管理人员可以借鉴此模板或是在此基础上设计符合自己所处公司的员工活动意向调查表。

员工意向调查后，行政管理人员还需要对调查结果进行汇总，根据汇总数据分析员工的活动意向，这样能够帮助行政管理人员设计出令大部分员工满意的活动。

采购资产管理

办公设备和办公用品是企业正常运行过程中不可或缺的原材料，因此行政管理人员要实时了解其库存情况、使用情况。加强办公用品和办公设备的采购和管理，合理分配相关物资。

|3.1|
图解资产管理工作流程

3.1.1　图解展示办公用品购买流程

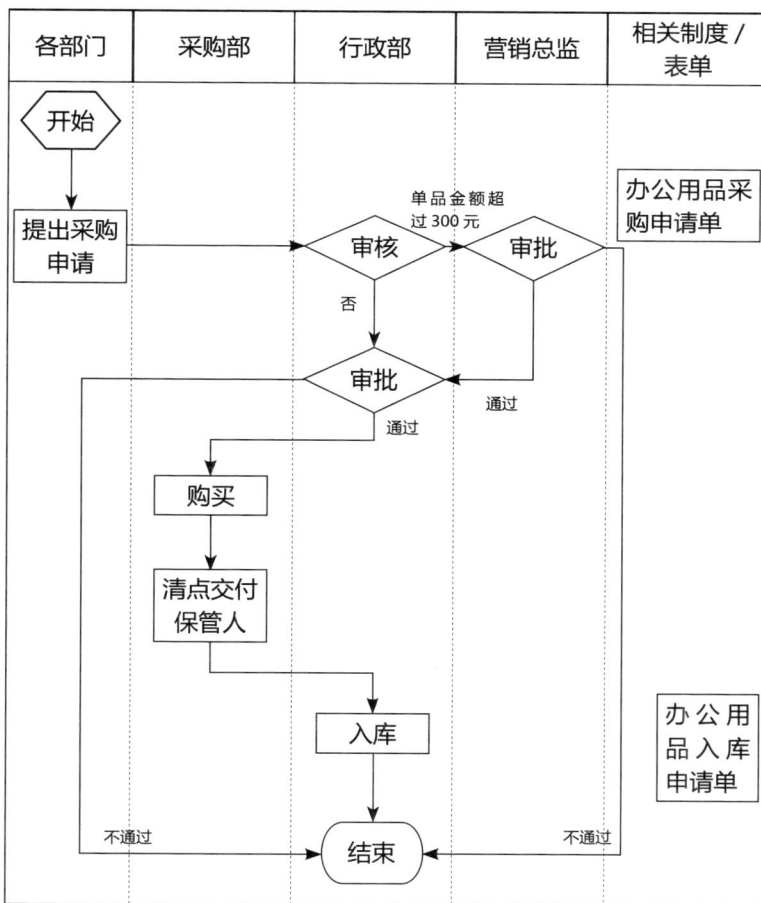

各部门	采购部	行政部	营销总监	相关制度 / 表单
开始				
提出采购申请	审核	审批（单品金额超过 300 元）		办公用品采购申请单
	审批			
	购买			
	清点交付保管人			
		入库		办公用品入库申请单
不通过		结束	不通过	

3.1.2 图解展示办公用品领用流程

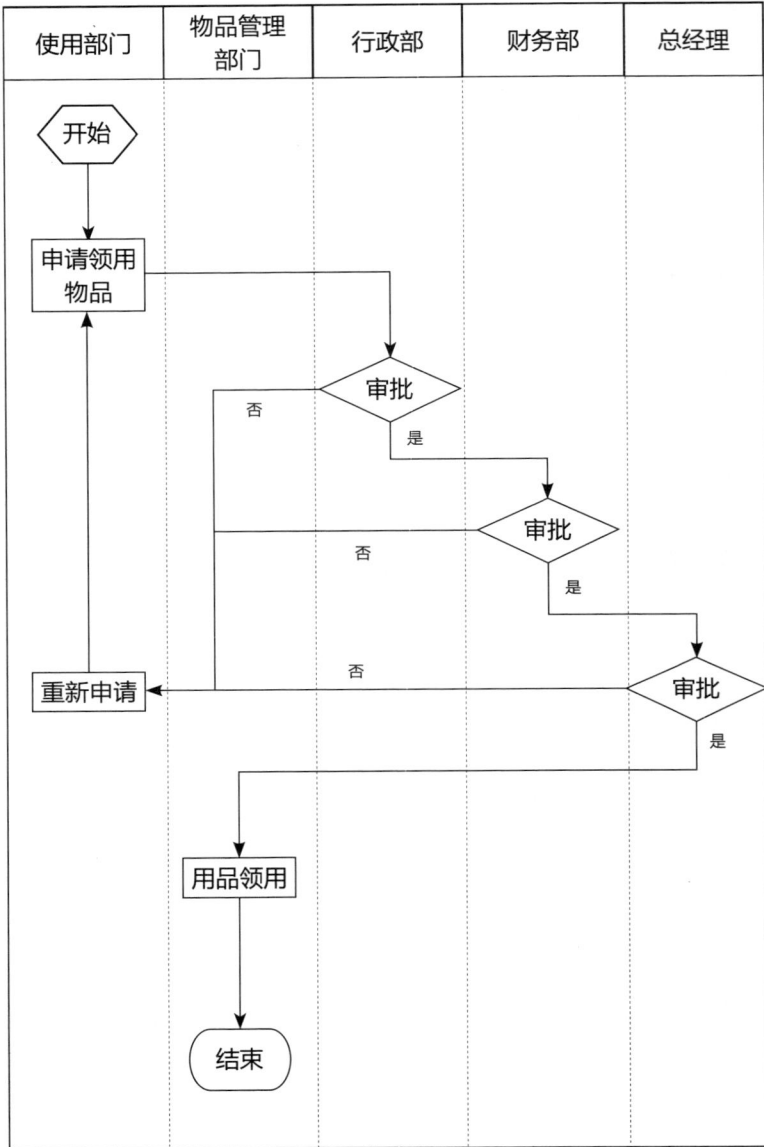

使用部门	物品管理部门	行政部	财务部	总经理
开始				
申请领用物品		审批	审批	审批
重新申请		否	否	否 是
用品领用				
结束				

3.1.3　图解展示办公设备维修流程

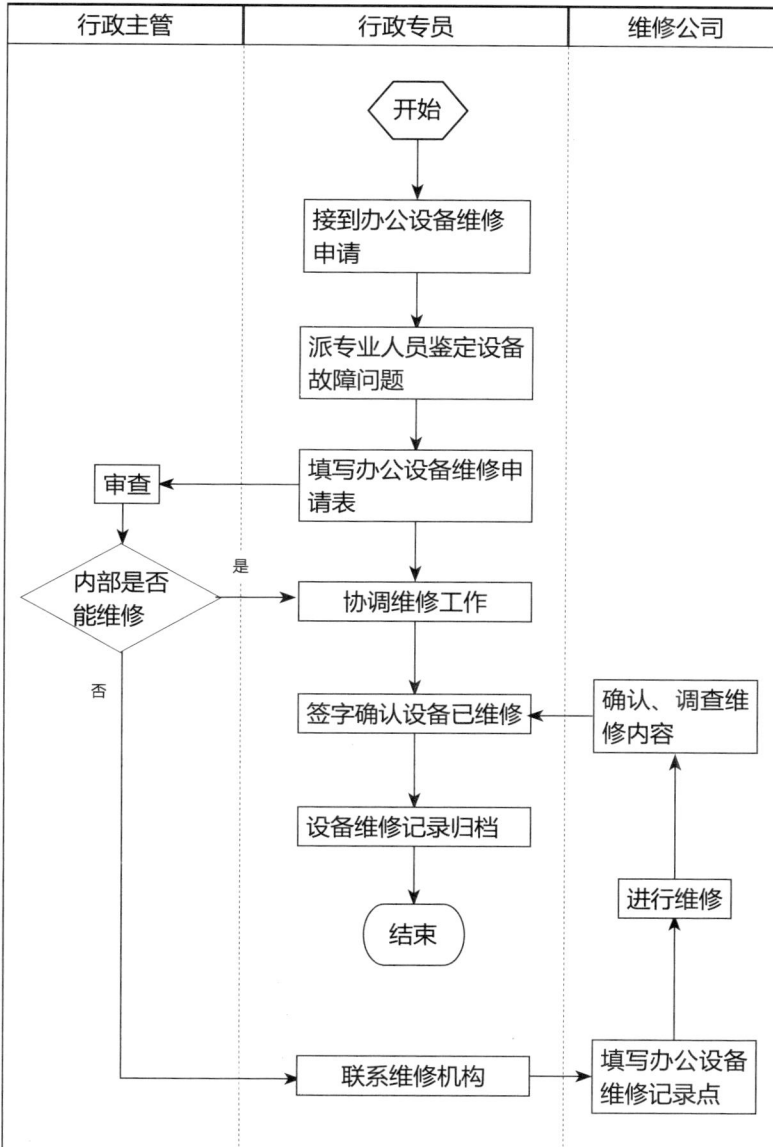

行政主管	行政专员	维修公司

```
                    ┌─────────┐
                    │  开始   │
                    └────┬────┘
                         │
                  ┌──────┴──────┐
                  │ 接到办公设备维修 │
                  │ 申请         │
                  └──────┬──────┘
                         │
                  ┌──────┴──────┐
                  │ 派专业人员鉴定设备 │
                  │ 故障问题     │
                  └──────┬──────┘
                         │
       ┌────┐     ┌──────┴──────┐
       │审查│◀────│ 填写办公设备维修申 │
       └─┬──┘     │ 请表        │
         │        └──────┬──────┘
    ┌────┴─────┐         │
    │ 内部是否  │  是     │
    │ 能维修    │────────▶│  协调维修工作
    └────┬─────┘         │
         │ 否      ┌──────┴──────┐    ┌──────────┐
         │        │ 签字确认设备已维修 │◀──│ 确认、调查维 │
         │        └──────┬──────┘    │ 修内容    │
         │               │           └─────▲────┘
         │        ┌──────┴──────┐          │
         │        │ 设备维修记录归档 │      ┌──┴───┐
         │        └──────┬──────┘      │ 进行维修 │
         │               │             └──▲───┘
         │          ┌────┴────┐           │
         │          │  结束   │           │
         │          └─────────┘           │
         │                                │
         │     ┌──────────┐    ┌──────────┐
         └────▶│ 联系维修机构 │──▶│ 填写办公设备 │
               └──────────┘    │ 维修记录点 │
                               └──────────┘
```

3.1.4 图解展示办公资产盘点工作流程

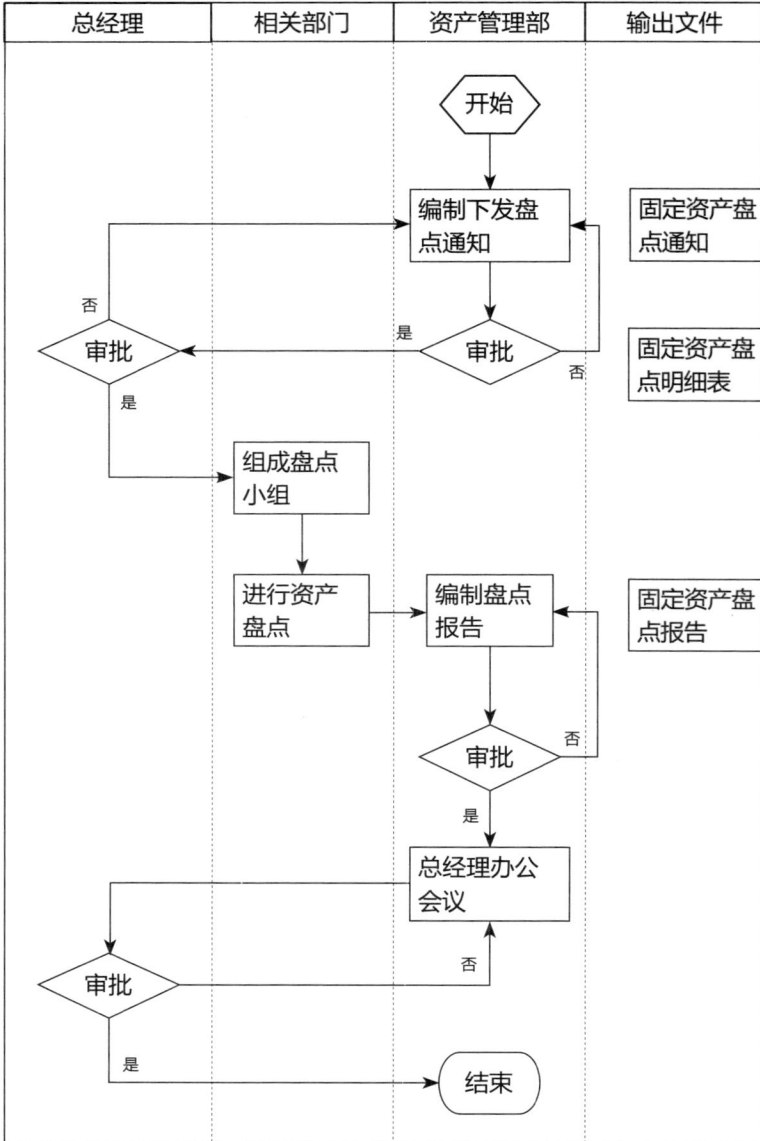

总经理	相关部门	资产管理部	输出文件

开始

编制下发盘点通知 → 固定资产盘点通知

审批（否／是）

固定资产盘点明细表

组成盘点小组

进行资产盘点 → 编制盘点报告 → 固定资产盘点报告

审批（否／是）

总经理办公会议

审批（否／是）

结束

|3.2|
办公用品的采购与日常管理

　　办公用品一般是公司员工在日常办公中必须要使用到的物品，且大多为消耗品，一旦耗尽可能会影响到正常工作。因此，行政管理人员要加强办公用品的管理，防止因缺少办公用品而影响日常工作。

3.2.1　提出办公用品采购申请

　　各部门员工在日常工作中如果出现办公用品不足的情况，应当及时向行政管理部门提交办公用品采购申请单。行政部人员也应当定期检查各种办公用品的剩余量，做到提前进行采购。

【实用模板】办公用品采购申请单

模板 \行政模块3\办公用品采购申请单.docx

上述模板展示的是办公用品采购申请单，在填写时要依次填写需要购买的办公物品的具体信息，包括数量、规格和金额。除此之外还需要填写采购原因，例如部门签字笔不足，库存没有，需要进行采购。

并不是填写了采购申请单并提交就可以了，往往还需要相应的负责人进行确认签字后才能生效。

3.2.2　制订办公用品需求计划

如果行政管理人员每收到一份办公用品采购申请单就组织进行一次办公用品采购，不仅会降低工作效率，也会给采购工作带来局限，不适合长期操作。

因此，行政管理人员应当要求相关部门在物品即将消耗完之前提前进行申请。行政管理人员在一段时间内收集多份采购申请，再制订办公用品需求计划，最后组织采购，可以在一定程度上减少工作量。

【实用模板】办公用品需求计划表

模板 \行政模块3\办公用品需求计划表.docx

3.2.3　办公用品采购技巧详解

采购办公用品是每个企业必须要做的工作，能够保证企业办公活动的正常进行。而且企业采购往往需要一次性购买大量的办公用品，所以采购的办公用品种类会非常多，数量也会很大。面对如此繁琐的工作，必须在有限的时间内做好，这就需要企业采购人员掌握一些采购办公用品的技巧。

确定种类和数量。通过办公用品需求计划表能清楚了解办公用品的种类和数量的需求，采购过多可能导致出现浪费的现象；采购过少可能会出现消耗过快的情况。

寻找稳定的办公用品供应商。企业采购人员可以把统计好的办公用品清单发给一些专业的办公用品公司报价，从中寻找一家专业的办公用品供应商合作。采购办公用品切忌经常换供应商，这样会浪费很多时间。

尽量统一采购。采购办公用品的项目本来就多，如果是分散采购，这样既会浪费时间，也会造成供应商成本高，导致无法长期合作。对于一些必须单独采购的应由多人组队同时采购。

办公用品的采购，还有许多需要注意的地方，也是影响办公用品采购的重要因素，下面主要介绍 3 点。

办公用品的环保健康问题。办公室健康是所有人都关心的问题，一些无良的厂商，为降低成本，在修正液、香味笔中，大量掺加易挥发的苯、甲醛等，长期使用就会导致白血病。对于孕妇，还会造成宝宝畸形或流产，因此，选择环保健康的品牌文具是非常重要的一件事情。

办公用品要新颖。单调不变的办公用品已不再受欢迎，设计新颖、创意独特的办公用品才符合我们对办公环境的追求。办公台上摆上一件让人赏心悦目的办公用品，不仅可以调节办公气氛，还会让人觉得格调高雅。

多比较价格和质量。发达的信息社会已经让办公用品的价格越来越稳定，我们可以通过电子商务渠道掌握更多的商品信息，从而买到更多物美价廉的商品，当然这需要多找多比较。

3.2.4　办公用品发放与领用登记

行政管理人员要建立发放和领用办公用品管理制度，严格掌握办公用品的发放范围，根据实际需要进行发放，避免浪费。

关于办公用品的领取应当遵循统一领取原则，员工不得私自领取物品，具体介绍如下。

◆ 所有办公用品皆以部门为最小申请单位，各部门设专人负责办公用品申报计划、统一领取以及控制使用等工作。

◆ 领用办公用品时须填写《办公用品领用表》。

◆ 通常在新员工到岗后为其配置一套办公用品，对每位员工进入公司后的办公用品领用情况进行管理，作为办公用品领用时发放的依据。

对经费已经超支的部门，行政管理人员要限制其领用数量。办公人员日常使用的办公用品一般实行定期定量发放，各使用人自行领用并进行登记。

【实用模板】办公用品领用登记表

模板 \行政模块3\办公用品领用登记表.docx

办公用品领用登记表

年　　　月

序号	日期	部门	物品名称	数量	用途	领用人	备注

制表人：　　　　　　　　　　　　　　审核人：

在领用非日常使用的用品时，工作人员应填报领物单或借用单，由行政人员审核批准，交保管人发放。

领物单应包括用品名称、请发数量、实发数量、用途、批准者、审核者和领物者等项目。发放办公用品时，保管人应备簿登记，每月统计一次并送行政管理人员处查阅，使之了解企业办公用品消耗情况，以便改进工作。

3.2.5　设专人保管办公用品

对于已经采购而没有被领用的办公用品，行政管理人员需要安排专门的保管员进行保管。

不仅如此，行政管理人员还需要对办公用品管理员的工作职责进行具体规范，防止管理人员因保管不当或监守自盗导致办公用品不足。

- ◆ 保管员应按照规格、数量、质量对采购员购入的办公用品进行验收，严把质量关，并进行登记、入账、入库和保管。
- ◆ 保管员要将库房内的物品合理摆放，不能乱堆乱放，导致物品损坏的由管理员赔偿。
- ◆ 保管员要定期检查库房内的用品，防止用品损坏、变质、变形，并对存货进行整理、整顿和修理。

◆ 管理员需要定期（季度或半年）清理库存，做到账物相符，还要根据库存和需求情况定期制订采购计划。

◆ 定期清理变质、过期的物品，保管员要注意防止物资积压，努力压缩库存、节约资金。

◆ 保管员应分开存放常使用与不常使用的办公用品，要方便日后拿取。

3.2.6　定期盘点办公用品

前面介绍了管理员需要定期清理库存，盘点库存状况，防止物品损坏，通常是一季度或半年盘点一次。那么在进行库存盘点时究竟需要注意些什么？常见的盘点方法有哪些呢？下面进行具体介绍。

◆ 比较现有存货量和过去存货量的差别，发现问题。若相差较大，行政管理人员需要调查存货被大量使用的具体原因。

◆ 行政管理人员主要可以通过办公用品盘点表来调查办公用品的存货量。

◆ 若办公用品是由办公用品负责人进行分配的，则办公用品负责人应定期比对、检查存货量与账簿上等级的数量是否相符。

◆ 若办公用品为日常用具和办公设备附件，则行政管理人员在盘点时需要检查其是否完好，并且明确办公用品的管理人员、使用部门等。

◆ 为了方便对办公用品进行盘点，办公用品负责人需要在各种办公用品上贴上管理标签，标明序号。

【实用模板】办公用品盘点表

模板 \行政模块3\办公用品盘点表.docx

办公用品盘点表

编号：　　　　　　　　　　　　盘点日期：　　　年　　月　　日

编号	名称	规格	单位	单价	上期结余		本期购进	本期发放	本期结余		备注
					数量	金额			数量	金额	

财务主管：　　　　　　　　　行政主管：　　　　　　　　保管员：

上述模板是办公用品盘点表，填制表单时除了填写办公用品的基本信息外，表单中还要求填写上期结余金额、数量和本期结余金额、数量，方便进行对照。

3.2.7　管理工作服、工号和工作证

行政管理人员应对工作服、工号和工作证的管理工作做出明确规定，如工作服的使用和发放标准以及故意损坏工作服的处罚措施。下面分别进行介绍。

（1）工作服管理

有的企业为了规范员工形象，往往会给员工发放工作服，工作服的管理也是行政人员的工作内容之一。

◆ 对于因工作原因发生意外损坏需要提前换发工作服的，员工应填写工作服领用申请表，写明情况，经行政部核实后提前换发。（属个人原因的，由个人支付费用）

◆ 离职时，员工须将工作牌和工作服一起交还，并按所领用的工作服的种类上交一定费用。

◆ 工作服的穿着情况纳入绩效考核，员工若未按要求穿工作服，

则会受到相应的处罚。

【实用模板】工作服领用申请表

模板 \行政模块3\工作服领用申请表.docx

工作服领用申请表					
			日期：	年 月	日
领用类别：	部门：			件数：	件
申请原因					
部门经理：		主管：		申请人	
经办人：			付款金额：		
确认领用：			行政部：		

（2）工号管理

公司通常会为员工编排工号，方便管理员工，行政管理人员在管理员工工号时可以从以下几个方面入手。

◆ 注意员工工号是否有异常工号、重复工号以及错误工号的情况。

◆ 不同公司的工号编排有所不同，例如由"部门缩写＋流水号"的形式组成，如"XZB0021"。

◆ 工号是公司员工在公司内的身份识别符号，员工不得擅自涂改、销毁，否则视同损坏公司形象。

（3）工作证管理

工作证是公司员工的身份识别证明，属于公司财产，员工不得擅自涂改、损毁或转借他人。工作牌分正反两面，正面用于记录员工的基本信息，包括员工的姓名、职务、部门、工号等；反面用于记录工作牌的使用规定，具体介绍如下。

◆ 工作牌属于公司财产，不属于员工个人，员工不得擅自涂改、损毁或转借他人。

◆ 员工离职时应当将工作牌交还行政部。

◆ 员工在工作过程中遗失工作牌，应当及时向行政部申请补办。

◆ 员工应当正确佩戴工作牌，不得随意遮挡或挂在其他位置，行政负责人应定期组织检查。

|3.3|
办公设备采购与管理

办公设备一般属于企业的固定资产，特点在于使用寿命较长，购买价值一般较高。因此，更需要加强对办公设备的管理，以便能够在合理的使用年限内发挥出最大的价值。

3.3.1　日常办公设备采购

公司规模增大、业务量增多或是出现办公设备损坏等情况都需要重新采购办公设备。

通常是由各部门负责人首先填写办公设备采购申请单，通过相关领导审核后，最后交由行政部门，再由行政部门督促采购人员进行采购。

【实用模板】办公设备采购申请单

模板　\行政模块3\办公设备采购申请单.docx

办公设备采购申请单

设备类型:	□计算机		□打印机		□其他_____
部门:	岗位:		职员:		申请时间:

需求描述					

购买设备明细	序号	设备名称	单位	数量	备注

确认栏	审核	审定	批准

除了填写清楚要采购设备的相关信息外，申请人还要对需求进行具体描述并如实填写，例如为了满足日常工作需要、完成某项特殊工作等。

对于采购回来的办公设备，行政部需要组织相关人员进行检查验收，根据办公设备类型的不同，其验收的具体细节会有所不同，但总的来说，验收的内容包括以下几点。

◆ 包装以及外观是否完好。

◆ 设备是否能正常使用。

◆ 设备所需配套材料、零部件数量是否完整。

◆ 设备相关使用说明书、图纸、合格证及其他有关资料是否齐全。

3.3.2　新旧设备交替采购

办公设备在长时间使用后会因磨损而发生故障，行政管理人员和设备使用者应时刻注意其使用时间是否过久，并酌情申请新旧设备交替采购。

新旧设备交替采购是一件复杂的工作，在交替采购的过程中有许多注意事项需要了解，如表 3-1 所示。

表 3-1　新旧设备交替采购的注意事项

注意事项	具体介绍
要了解旧设备价格	旧设备的价格是可查询的，虽然之前采购的金额很可能与现在不同，但行政管理人员可利用此价格与供应商交涉
不要随便更换供应商	在进行新旧设备交替采购时，企业应当首先考虑以前合作过的供应商，以节约供应商的选择时间
办理采购手续后及时入账	办理采购手续后，行政管理人员必须确认新设备是否与旧设备相符，并在办公设备财产目录表中删除旧设备记录，以免设备报废之后出现账实不符的情况
多征询使用者的意见	行政管理人员应在事前听取使用者的意见，了解旧设备在使用中常发生的问题，以作为采购新设备时的参考

3.3.3　制作办公设备管理卡

办公设备管理卡主要用来记录办公设备的详细信息，以及在使用过程中的问题，每台设备都应当有其对应的办公设备管理卡，就像人的病历卡一样。

行政部在购入办公设备时应将它们的相关资料登记在办公设备管理卡中，这也是一项重要资料。

【实用模板】办公设备管理卡

模板 \行政模块3\办公设备管理卡.docx

办公设备管理卡

编号：				日期：		
购入日期	部门编号	耐用年数	购入编号	启用日期：_____年____月___日		

办公设备编号（NO. ）		型号（NO. ）		购买厂商（NO. ）		
购买金额：		购买日期：		购入厂商地址和电话：		

				购买数量	耐用年数	折旧率（%）

	折旧年度	折旧金额	保留价格	记账人	保管修理日期	保管修理记录	负责人
折旧记录栏							

备注：			使用部门：		检验人	经办人

上述模板是办公设备管理卡，卡片编号要与设备一一对应，详细记录办公设备的具体生产信息、价格信息以及在使用过程中的折旧情况，以便展示设备的实际情况。

3.3.4　编制办公设备管理一览表

通常情况下，各种办公设备的信息是分散的，不方便管理人员对其进行管理。此时借助办公设备管理一览表就可以轻松进行管理。

【实用模板】办公设备管理一览表

模板 \行政模块3\办公设备管理一览表.docx

办公设备管理一览表

编号：					日期：	年 月 日	
管理编号				办公设备管理的名称（管理编号）	办公设备的型号	采购厂商	采购人
采购日期	部门编号	耐用年数	购入编号				
地址	厂商电话	采购金额	购入日期	管理部门名称		审核日期	审核印章

制表人： 　　　　　　　　　　　　　　　审核人：

3.3.5　建立故障维修机制

建立健全故障维修机制能够减少因设备故障给公司带来的损失，还能降低设备的损坏率，使公司运行更稳定，其主要内容如下。

◆ 办公设备负责人要制订修理制度，以便发现故障时联系维修人员。

◆ 对于出现故障可能对公司造成重大影响的设备，要定期进行检查和保养，以免发生故障。

◆ 办公设备负责人可以组织工作人员进行设备使用培训，使工作人员能有效利用办公设备。

【实用模板】办公设备维修制度

模板 \行政模块3\办公设备维修制度.docx

办公设备维修制度

1. 目的

为规范公司办公设备的使用，防止因设备故障造成的系统瘫痪、资料数据丢失、信息失密等情况的发生，保证办公设备的正常、安全运行，特制定本规定。

2. 适用范围

公司内部办公共用的计算机、打印机、复印机、传真机、碎纸机、电话等。

3. 权责单位

人事行政中心负责本管理办法的制定、修改、废止和起草。

4. 管理内容及使用程序

4.1 办公设备的管理规定

4.1.1 人事行政中心负责购买办公设备及相关耗材等；

4.1.2 办公设备属公司财产，使用时应爱惜和掌握正确使用方法，禁止暴力锤击或锐物刻划。

4.1.3 办公设备的日常维护遵循"谁使用、谁负责"的原则，用于公共用途的办公设备由使用部门指定专人负责，日常维护中发现的问题，应第一时间上报人事行政中心，并在技术人员的指导下解决。

4.1.4 如因办公设备的使用人员使用和保管不当，造成的损害将追究使用人员的责任，公司有权要求办公设备的使用人员对造成损害的物品进行经济赔偿，由人事行政中心填写《固定资产损坏丢失事故报告》上报公司，并决定处理意见。

4.1.5 办公设备使用人员，要严格遵守办公设备的操作规范。

4.1.6 办公设备出现问题时禁止带病运行，如因强制运行出现重大事故，公司有权追究使用人的责任，执行方法见4.1.4。

4.2 办公设备的申购流程

4.2.1 按照系统规划和工作需要，各运营公司和职能中心提出购置办公设备的申请，公司列入固定资产投资计划。申请人填写《行政事务需求申请》，经运营公司（副）总经理/职能中心总监（经理）同意，由人事行政中心审核，报顾问公司总经理批准后，人事行政中心填写《行政事务采购评估报告》进行采购评估方可采购。

4.2.2 到货后由人事行政中心进行验收，验收内容包括外形、性能、配件资料齐全等。

4.2.3 验收完毕后，由办公设备采购员填写入库单，具体使用人员到人事行政中心登记领用，并记入各自《固定资产配置账》中。使用人员领用办公设备后，办公设备的保管权将由人事行政中心转移给使用人员，使用人员应对办公设备尽到使用、保管、维护的责任。

4.2.4 办公设备入库后，由人事行政中心为其建立《办公设备存档案》，并根据情况为设备进行编码。办公设备要求一物一档一码，设备档案表存放于人事行政中心，如出现使用人变更或设备维修、维护时，应及时填写此表，设备编码应根据设备存放地的改变随时进行变更并记入设备档案。

4.2.5 办公设备的使用人员或地点变更时，变更前的使用人员有责任将设备的变更信息及时上报给人事行政中心，如未及时

上述模板展示了某公司的办公设备维修制度，从中可以看出其对申购流程、办公设备维修、办公设备操作规范等进行了具体规定。由于企业不同，所涉及的办公设备也会有所不同，行政管理人员和设备

负责人要根据企业实际情况制订合适的维修制度。

3.3.6　完善设备报修记录

完善设备报修是指当公司的办公设备出现故障，需要相关维修人员进行维修时，应当做好办公设备报修的记录工作，其作用如下。

◆ 通过记录可以用于该设备一年的成本核算，可以发现设备的故障率和老化倾向，便于改造。

◆ 由于人员调动可以通过记录查询该设备同一故障的处理方法，减少修理的时间。

◆ 可以快速查出该设备的主要部件型号及使用年限、消耗情况，便于及时补充和申报等。

【实用模板】设备报修记录表

模板 \行政模块3\设备报修记录表.docx

设备报修记录表

编号：　　　　　　　　　　　　　　　　　　　　时间：

设备名称	姓名	申报时间	故障现象	维修时间	维修项目	维修人员	解决时间	备注

制表人：　　　　　　　　　　　　　审核人：

3.3.7　处理办公设备报废事务

有些办公设备会因为超过使用年限或零部件损坏等原因导致不能再使用，对于此类办公设备就要进行报废管理，报废流程如图3-1所示。

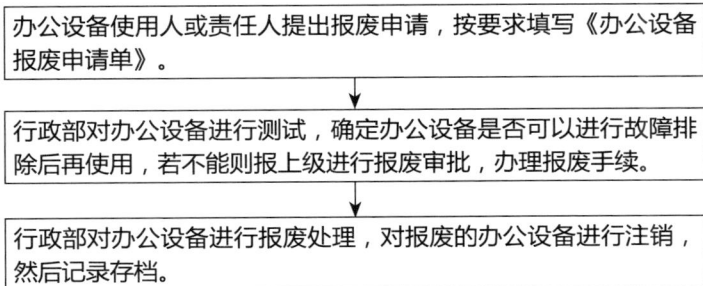

办公设备使用人或责任人提出报废申请，按要求填写《办公设备报废申请单》。

↓

行政部对办公设备进行测试，确定办公设备是否可以进行故障排除后再使用，若不能则报上级进行报废审批，办理报废手续。

↓

行政部对办公设备进行报废处理，对报废的办公设备进行注销，然后记录存档。

图 3-1

【实用模板】办公设备报废申请单

模板 \行政模块3\办公设备报废申请单.docx

办公设备报废申请单

申请部门：_____

设备名称		购买日期		申请人	
规格		保管部门		申请日期	
资产编码		保管人		报废日期	

报废原因：

处理意见	使用部门	行政部门	财务部门	总经理审核

备注：1.各部门负责人审批后，报总务部备档。
　　　2.此报废单作为使用部门申请办公用品的依据。

制表人：_____　　　　　　审核人：_____

档案资料管理

企业内部档案和文件是企业宝贵的财富，做好档案资料管理工作是一个企业健康发展的需要，档案资料管理工作是企业管理工作的一部分，是提高企业工作质量和工作效率的必要条件。规范企业文件的同时还能形成特色的企业文化。

|4.1|
图解档案资料管理工作流程

4.1.1　图解档案信息建立流程

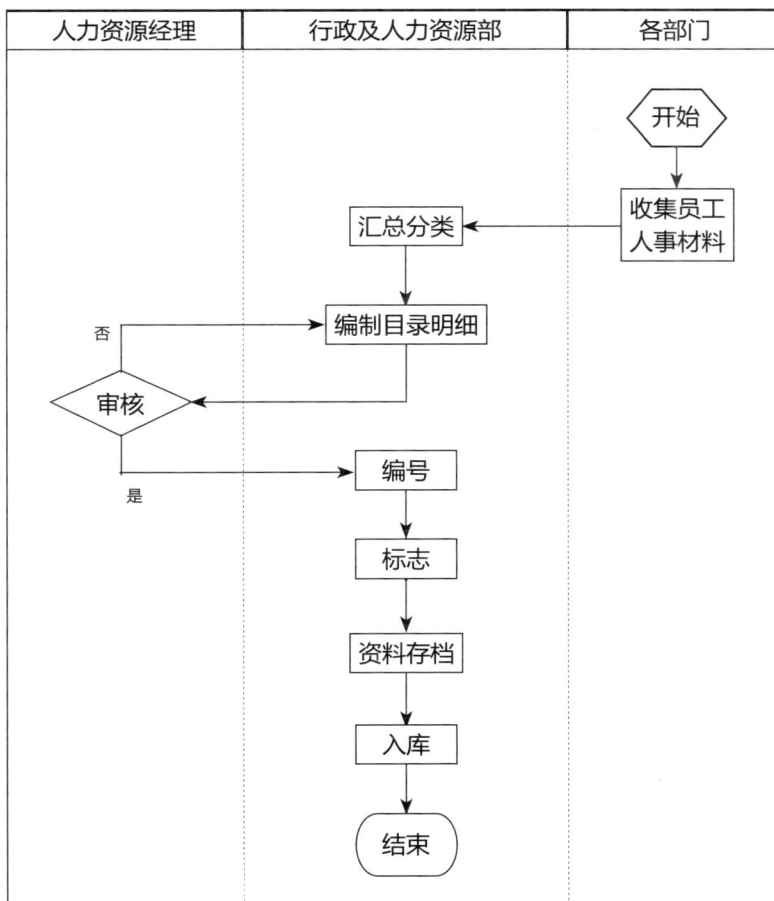

人力资源经理	行政及人力资源部	各部门
		开始
		↓
	汇总分类 ←	收集员工人事材料
否 →	编制目录明细	
审核 ←		
是 →	编号	
	标志	
	资料存档	
	入库	
	结束	

4.1.2 图解档案信息查阅流程

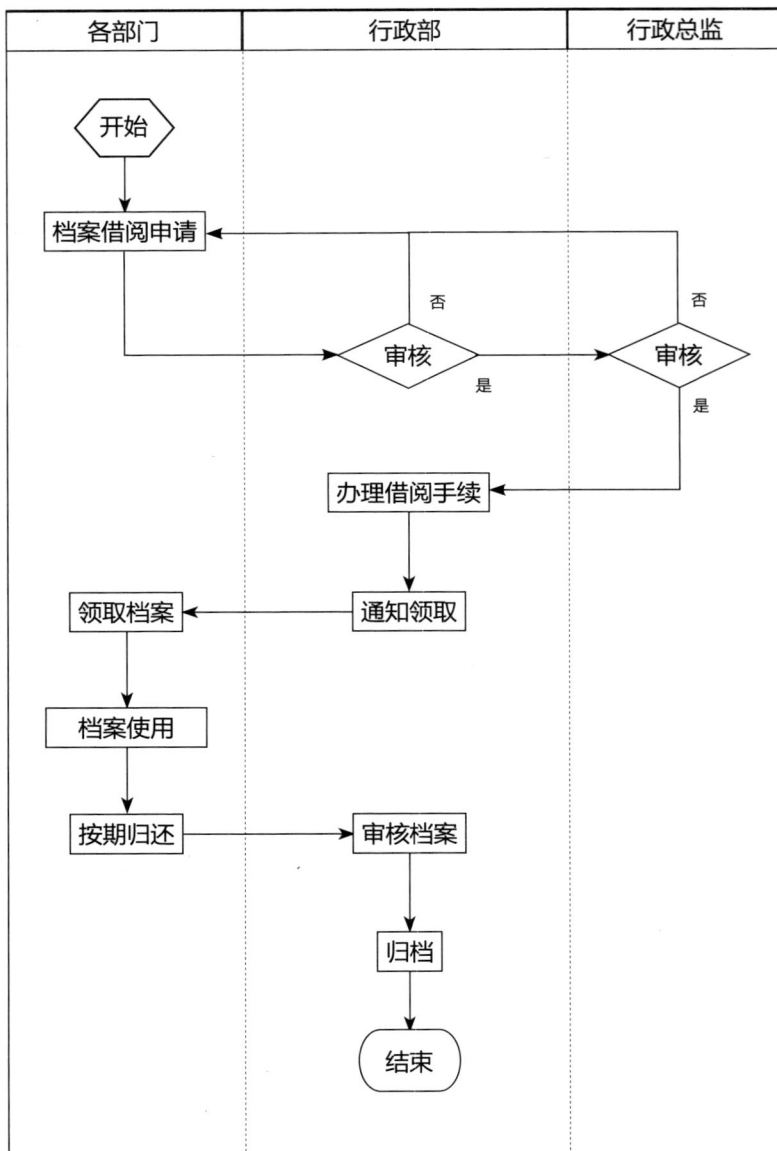

各部门	行政部	行政总监

开始

↓

档案借阅申请

否　　　　　否

审核　是　　审核　是

办理借阅手续

领取档案 ← 通知领取

↓

档案使用

↓

按期归还 → 审核档案

↓

归档

↓

结束

4.1.3 图解人事档案调出流程

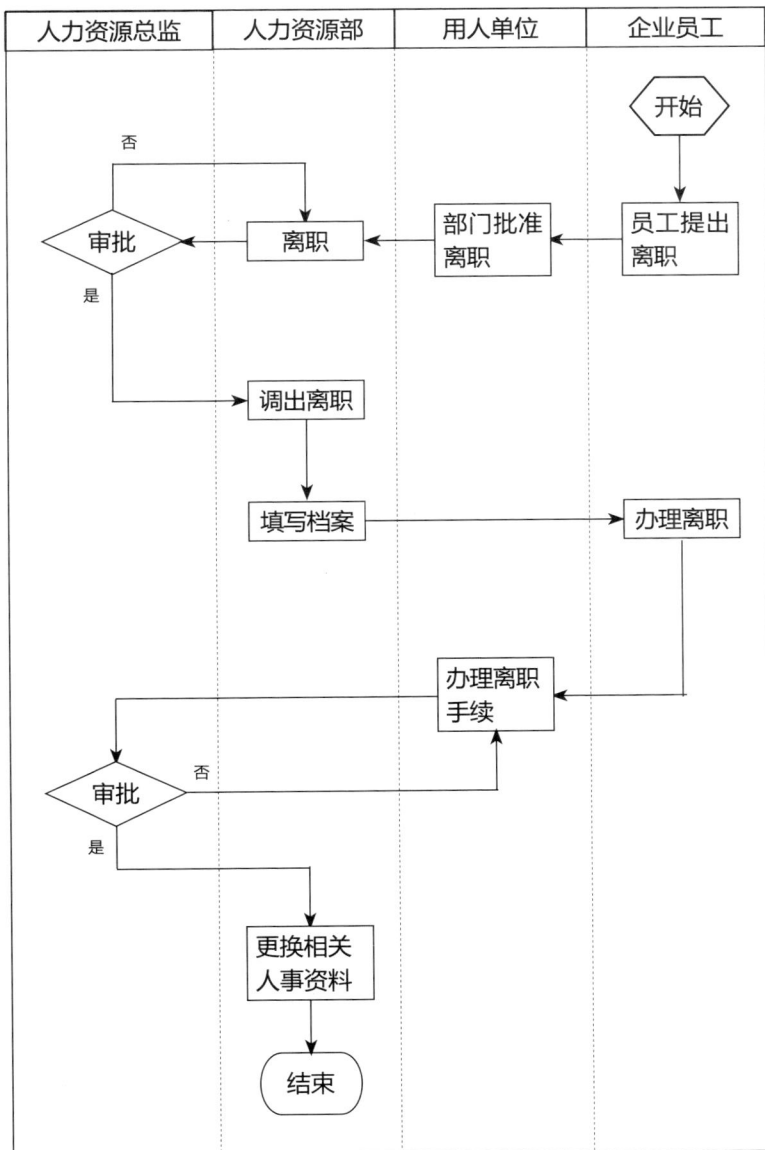

人力资源总监	人力资源部	用人单位	企业员工

否

开始

审批 ← 离职 ← 部门批准离职 ← 员工提出离职

是

调出离职

填写档案 → 办理离职

办理离职手续 ←

审批   否

是

更换相关人事资料

结束

4.1.4 图解报刊订阅管理流程

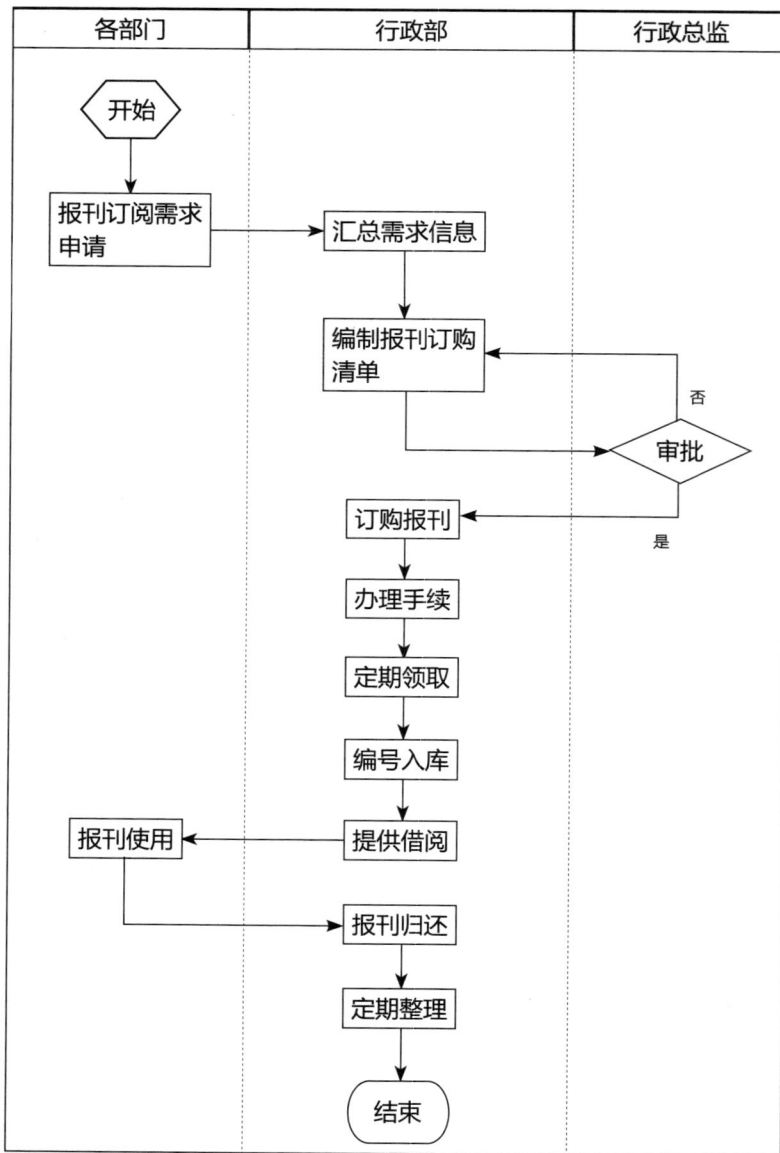

各部门	行政部	行政总监

```
        ⬡ 开始
          │
          ▼
  ┌──────────────┐      ┌──────────────┐
  │ 报刊订阅需求  │─────▶│ 汇总需求信息  │
  │ 申请         │      └──────────────┘
  └──────────────┘             │
                               ▼
                      ┌──────────────┐
                      │ 编制报刊订购  │◀─────────┐
                      │ 清单         │          │
                      └──────────────┘          │否
                               │                │
                               ▼            ┌─────────┐
                                            │  审批   │
                                            └─────────┘
                      ┌──────────────┐          │是
                      │ 订购报刊      │◀─────────┘
                      └──────────────┘
                               │
                               ▼
                      ┌──────────────┐
                      │ 办理手续      │
                      └──────────────┘
                               │
                               ▼
                      ┌──────────────┐
                      │ 定期领取      │
                      └──────────────┘
                               │
                               ▼
                      ┌──────────────┐
                      │ 编号入库      │
                      └──────────────┘
                               │
                               ▼
  ┌──────────────┐      ┌──────────────┐
  │ 报刊使用      │◀─────│ 提供借阅      │
  └──────────────┘      └──────────────┘
           │                   │
           └──────────────────▶┌──────────────┐
                      │ 报刊归还      │
                      └──────────────┘
                               │
                               ▼
                      ┌──────────────┐
                      │ 定期整理      │
                      └──────────────┘
                               │
                               ▼
                          ⬭ 结束
```

4.1.5　图解资料销毁管理流程

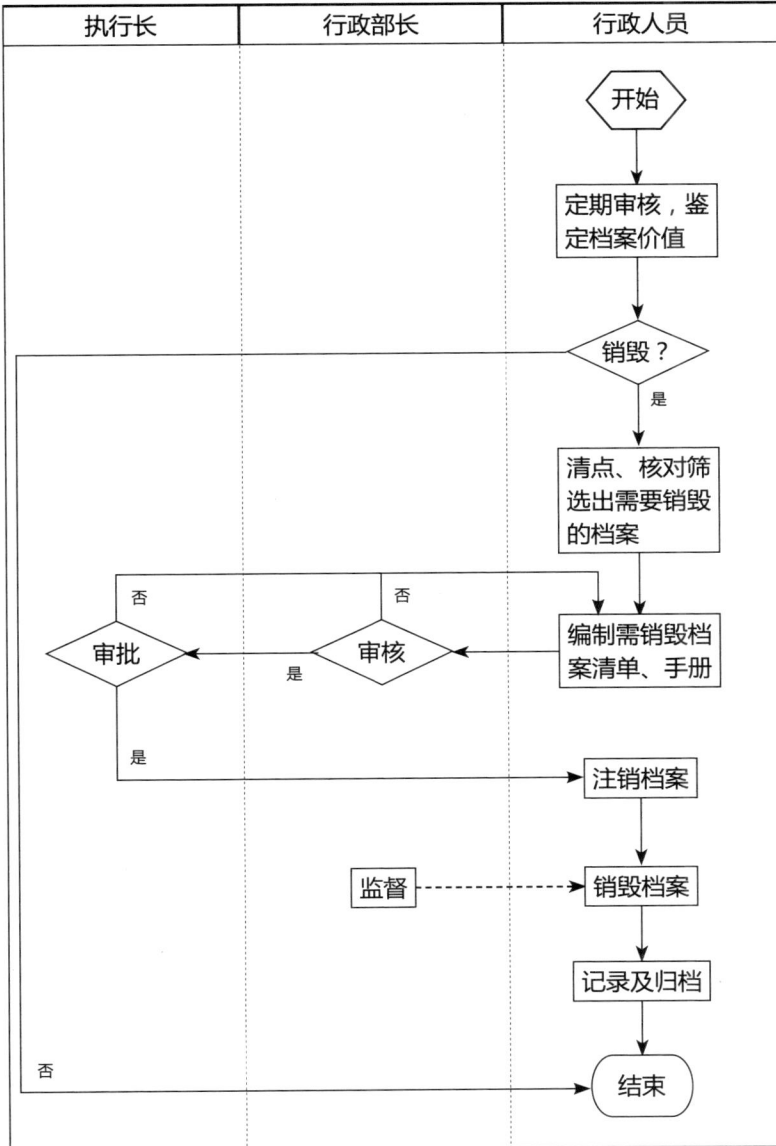

执行长	行政部长	行政人员

```
                              开始
                               │
                        ┌──────────────┐
                        │ 定期审核，鉴  │
                        │ 定档案价值    │
                        └──────────────┘
                               │
                            ◇ 销毁？ ◇
                               │ 是
                        ┌──────────────┐
                        │ 清点、核对筛  │
                        │ 选出需要销毁  │
                        │ 的档案        │
                        └──────────────┘
                               │
   否            否     ┌──────────────┐
  ◇审批◇ ←是─ ◇审核◇ ← │ 编制需销毁档  │
    │ 是                │ 案清单、手册  │
    │                   └──────────────┘
    └─────────────────→ 注销档案
                               │
        监督 - - - - - →    销毁档案
                               │
                          记录及归档
                               │
   否                       结束
```

|4.2|
文书的收发管理

在企业的日常经营中会产生大量的文件，这些文件可能反映了企业的经营状况或包含企业机密，对企业的运营发展有着非常重要的价值，因此行政人员需要重视纸质文件和电子文件的收发管理。

4.2.1　规范分类与登记

文件收发岗位工作人员在收到文件时，需要检查文书的质量问题，确认无误后再对其进行分类和登记，方便进行分发。

文件收发人员要先将急件和机密要件拣出，登记在保密文件登记表中，尽快递交给收件人。对于一般信件和报刊，也要随到随拣，按部门或收件人分类将信件分别存放在固定的柜格里，通知收件人前来拿取。

【实用模板】保密文件登记表

模板 \行政模块4\保密文件登记表.docx

保密文件登记表

编号：

收件日期	收件人	收件编号	保密级别	文件名称

制表人：　　　　　　　　　　　　　审核人：

完成文件的分类和分拣后，文件收发人员还需要对其中重要信件进行登记，防止重要信件遗失。在进行文件分类登记的过程中需要注意以下内容。

◆ 明确登记范围

收发人员应当了解，凡是办理了签收手续的文件都应进行登记，包括公私挂号邮件、包裹单、汇款单、机要信件等。有的文件虽未进行签收，但也须登记。

◆ 选择登记方法

企业的规模大小不同，分设的部门及信件数量也不同。规模大的企业，收到的信件较多，下设部门也较多，可以按信件的去向分设收件登记簿，即每个部门分别用一本收件登记簿；规模较小的企业可以采用综合性的收件登记簿，即只用一本收件登记簿，按收件部门的顺序进行登记，一个部门的信件登记在一起，以便转交。

◆ 确定登记项目

登记的项目一般包括收到时间（急件应注明具体时、分）、登记人姓名、发件单位、收件单位、封皮编号、文件号、件数、附件、办理情况、收件人签名以及备注等。登记时要逐行填写，字迹清晰、工整、易于辨认。

4.2.2 做好文件分发工作

对收到的各种文件，收发人员登记后要及时分发给各部门，不得出现延误或遗漏，在分发的过程中需要注意以下一些要求，如表 4-1 所示。

表 4-1　文件分发的要求

要求	具体说明
及时	收发人员对于领导已经批办或可按常规处理的文件，必须要及时处理，急事要立刻处理
分清主次	分发同类份数较多的文件时，要先保证单位领导、主管以及主管部门的需求，然后再分发给相关部门。 如果遇到特急件，可先将其送至业务主管部门，业务主管部门提出意见后再请示领导，或一边处理一边汇报
做好标注	对于应承办的文件，应附批办单并加盖"已处理"章；对于不需要登记的文件，需要注明领导或部门名称，防止放乱
登记管理	分发给领导的文件必须要设置专门的文件登记簿，并注明时间、名称、编号等；分发给各部门的文件，可在部门登记簿上注明相关信息
分发登记	分发人员要将分发的文件登记到文件分发登记表上，方便日后进行复查

【实用模板】文件分发登记表

模板 \行政模块4\文件分发登记表.docx

文件分发登记表

编号：

收件人			文件编号	
发放人			发放日期	
序号	收文部门	份数	签收人	签收日期	备注

制表人：　　　　　　　　　　　　　审核人：

　　上述模板展示的是文件分发登记表，文件收发人员对文件进行分发时需要详细登记接收文件的部门、份数、签收人以及签收日期等信息，保证在出现问题时有据可查，还可以有效避免出现重复发文或漏发文件的现象。

4.2.3　文件寄发管理

文件收发人员不仅需要负责文件的收发工作，还需要负责将公司内部需要寄发的文件按时寄发。

在寄发文件之前，收发人员首先需要汇集所有的待发文件，填好文件发送登记表。然后，文件收发人员需要在规定的时间期限内将待发文件发送出去。

另外，收发人员在文件寄发时，要根据文件的重要程度注意以下的一些事项。

- ◆ 对于普通文件，在各部门和相关人员封好之后，直接送交文秘人员统一寄发。
- ◆ 对于机密或亲启文件，文件收发人员需要加盖"绝密""机密"或"亲启"等字样的印章后发送，并给发件部门或发件者必要的回复。
- ◆ 对于其他重要文件或快递文件，文件收发人员必须加盖带有"专递""面呈"或"快递"等字样的印章，并且要给发件者必要的回复。

【实用模板】文件发送登记表

模板 \行政模块4\文件发送登记表.docx

文件发送登记表

编号：

序号	日期	文件名称	页数	接收单位	签字	备注

制表人：　　　　　　　　　　　　　审核人：

4.2.4 传真收发工作管理

传真的收发是企业中较为重要的工作，需要行政人员对收发人员的操作进行规范。发送传真的一般流程如图 4-1 所示。

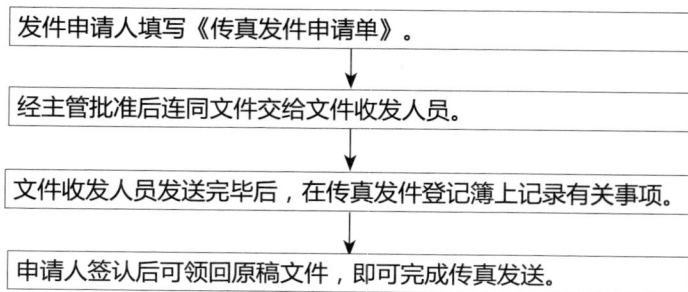

```
┌─────────────────────────────────────────┐
│ 发件申请人填写《传真发件申请单》。          │
└─────────────────────────────────────────┘
                    ↓
┌─────────────────────────────────────────┐
│ 经主管批准后连同文件交给文件收发人员。      │
└─────────────────────────────────────────┘
                    ↓
┌─────────────────────────────────────────┐
│ 文件收发人员发送完毕后，在传真发件登记簿上记录有关事项。│
└─────────────────────────────────────────┘
                    ↓
┌─────────────────────────────────────────┐
│ 申请人签认后可领回原稿文件，即可完成传真发送。│
└─────────────────────────────────────────┘
```

图 4-1

收到传真后，应先在传真收件登记簿上记录相关资料，之后再通知收件者领取文件并签字确认。收发过程的注意事项如下所示。

- 传出文件为一般信函时，要注意格式，应使用本公司专用的信函格式。
- 传出文件为一般资料时，文件首页须采用专用的信函格式。
- 传出文件为承接设计稿、产品广告等时，企划部美编设计人员应先确认格式，格式无误方可发出。
- 本公司传出的文件需要注明公司地址、电话、E-mail、传真人信息、公司全称、传真内容以及备注事项（若发往国外，则需加注英文）。

4.2.5 文件的归档立卷管理

文件的归档立卷是指文书部门将办理完毕的，具有考查和保存价值的文件材料，按照它们在形成过程中的联系和规律，组成案卷进行保存。

◆ 文件的整理

归档立卷之前需要收集、整理需要的所有文件。文件整理工作内容主要包括分类、组卷、卷内文件的整理、案卷封面的编目、案卷的装订、案卷的排列、案卷的编制等。

◆ 文件归档

文件归档是指将企业文件分类保存，行政管理人员需要做好督促和监督工作。进行归档操作时需要注意以下两点。

严禁私自占有资料。企业文件不是私人的资料，而是属于公司的共有资料，行政人员应组织妥善保管，严禁私自占有。

定期销毁。对于已经保存多年的无用文档资料，行政管理人员应组织销毁，以保持工作环境的整洁。

◆ 文件立卷

文件立卷是指按照一定的立卷原则或类目编制案卷的过程，在此过程中需要注意如下所示的内容。

编制案卷类目。编制案卷类目对立卷工作的完成是十分重要的，它可以保证文件的完整性，便于工作人员查找并利用文件。

确定立卷归档的范围。企业每年都要处理大量的文件和材料，但不能将所有的文件、材料都立卷。所以立卷时应以本单位形成的文件、材料为主。

在进行立卷工作时还需要掌握立卷的方法，以提高工作效率，如表4-2所示。

表 4-2 立卷的具体方法介绍

方法	具体说明
按主题特征立卷	指将主题性质相同的文件组成案卷，主题可以概括也可以具体。例如，按公司一年中不同的业务性质进行分类
按时间特性立卷	指按文件形成的时间或文件内容所针对的时间立卷，例如年度预算、季度计划、统计报表以及期刊等
按作者特征立卷	"作者"是指发件的个人或者部门，将同一个人或部门的文件组成案卷就是按作者特征立卷
按文件名称立卷	是指将统一名称的文件、材料组成案卷，如总结、报告、批复、简报以及通知等。一般情况下此种方式与按作者特征立卷相结合使用，通常不单独使用

完成立卷工作后还需要进行文件立卷调查，对案卷进行调整，使案卷更加规范。

◆ 复查案卷文件，确定保管期限

根据规定的立卷原则、规范与要求对卷内文件进行复查，删除不需要归档立卷的文件，修改不规范的内容，确定文件的保管期限。

◆ 对卷内文件进行排序

卷内文件的排序方法较多，可以按照时间、主题、地区以及作者等进行排列。其他的顺序还包括正文在前，附件在后；定稿在前，讨论修改稿在后等。

◆ 卷内文件编号

被列为永久保存或长期保管的案卷，行政人员都必须对其进行编号，编号时的注意事项如下所示。

①行政人员要依次为文件的每一张编号，而不是每一页，空白页不编号。

②卷内的小册子要与其他文件合在一起编号。

③左侧装订的在右上角编张号，右侧装订的在左上角编张号。

◆ 填写卷内目录和备考表

行政人员复查调整案卷后，在装订前应及时填写卷内目录。如果几份文件的内容均是针对某一个具体问题的，可以结合起来填写。卷内目录一般可填写两份，一份附在卷首，不编张号，另一份留以备查。

◆ 装订案卷

完成前面几步操作后就可以对案卷继续装订了，在装订过程中同样有些事项需要注意。

①修整文件，去掉文件上的所有金属物。

②对于不装订的案卷，不装订的一侧和下边要取齐，让案卷更美观。

③装订一侧的装订线外要留有一定余地，以免翻页时掉页。

④一般横排横写的文件在左侧装订；竖排竖写的文件在右侧装订。

◆ 填写案卷封面

行政人员应工整地填写案卷封面，填写的项目包括单位名称、案卷标题、卷内文件起止日期、卷内文件张数以及保管期限。

|4.3|
电子文件的管理

如今大多数的办公都是在电脑上进行，各种文件也都趋于电子化，那么面对越来越多的电子文件，究竟应当如何管理，才能让电子文件更加规范呢？

4.3.1 电子文件归档的要求与步骤

行政管理人员在对电子文件进行归档时首先需要了解电子文件归档有哪些要求以及其具体的步骤是怎样的。

（1）电子文件归档的要求

电子文档的归档要求如下所示。

◆ 纸质文件的归档方法对电子文档同样适用。

◆ 电子文件管理者应在存储电子文件的载体或装具上贴上标签，注明载体序号、档号、密级、存入日期等内容，应将归档后的电子文件载体设置成"禁止写"操作的状态。

◆ 电子文件管理者应将相应的电子文件与机读目录、相关软件以及其他说明等同时归档，并将电子文件的档案号录入电子文件登记表。

◆ 具有永久保存价值的文本或图形形式的电子档案，如没有纸质文件和其它拷贝件，必须制成纸质文件或缩微品等。归档时应同时保存文件的电子版本及相应支持软件、纸质版本或缩微品。

◆ 永久和定期保存的电子档案，应拷贝一式 3 套（一套封存保管，一套异地保管，一套提供利用）。

◆ 归档完毕后，电子文件形成部门应当将存有归档前电子文件的载体保存 1 年。

◆ 对需要长期保存的电子文件，电子文件管理者应将机读目录与相应的电子文件存储在同一载体中，同时应当确保载体中存储的归档文件名与机读目录名称一致。

（2）电子文件归档步骤

电子文件归档通常分为两个步骤，首先对电子文件进行逻辑归档，然后每隔半年进行一次物理归档。

◆　逻辑归档

对于具有稳定可靠的网络环境、严密的安全管理措施以及对内容重要的电子文件制作了纸质版本的部门，可以直接向档案室实施逻辑归档，基本要求如下。

①电子文件归档操作由具体经办人完成，办理完毕的电子文件要注明标识。档案室要会同各部门设定查询归档电子文件的权限。

②网络管理人员要把归档电子文件的物理地址存放于指定的计算机服务器上，对服务器必须采取双机备份等可靠的备份措施。

③局域网内部要有可靠的安全防范措施，并及时清除重复文件。

◆　物理归档

物理归档是指将逻辑归档的电子文件分类进行关盘制作，转换为物理形式，并制作相应的电子文件登记表。物理归档的基本要求如下。

①相关归档人员应根据归档范围，在电子文件产生时就对应归档电子文件标注一定的标记（文件题名、形成日期、编号等）。

②对于处理完毕的电子文件应进行逻辑归档，每半年进行物理归档，进行物理归档后的电子文件仍需要保留 1 年。

③对于特殊格式的电子文件，在进行归档时还需要在存储载体上同时备份查看软件等。

4.3.2　归档电子文件的移交与保管

各部门生成的电子文件应在公司制订的时间段提交并办理归档，数据库文档应当按季度向档案室移交归档。

（1）电子文件的移交

档案室对收到的来自各部门的已归档文件的每套载体及其技术环境进行检验，合格率必须达到100%，涉及的检验项目如下。

◆ 载体外观是否清洁，有无划痕，有无病毒。

◆ 核实电子文档的真实性、完整性、有效性检验及审核手续。

◆ 核实登记表、软件、说明资料是否齐全。

◆ 对于特殊文件，需检查对应的打开软件、版本、操作介绍是否齐全。

档案室验收合格后，应完成归档电子文件移交、接收检验登记表的填写、签字和盖章等环节。登记表一式两份，一份形成电子文件交部门，一份由档案室自存。

（2）归档文件的保管

在对归档文件进行保管时，除应当符合纸质档案的要求外，还应当符合下列条件。

◆ 归档载体应做防写处理,单片载体应盒装,竖立存放,避免挤压。

◆ 存放场所应远离磁场、热源，并与有害气体隔离。

◆ 环境温度的选定范围应为17℃～20℃；相对湿度的选定范围应为35%～45%。

◆ 在更新设备环境时，相关人员应当确认库存载体与新设备的兼容性；对于不兼容的，应当及时进行载体转换。

◆ 定期抽检，抽样率不低于10%(磁性载体每两年；光盘每4年)；对于磁性载体上的电子文件每4年转存一次。

◆ 档案室应在检验完成后将结果填入归档电子文件管理登记表，并进行保存。

【实用模板】归档电子文件管理登记表

模板 \行政模块4\归档电子文件管理登记表.docx

归档电子文件管理登记表							
序号	操作日期	操作人	设备检验	载体检验	兼容性检验	读取检验	转存

填表:　　　　填表日期:　　　审核:　　　　审核日期:

4.3.3　电子文件的迁移与利用

当系统设备更新或是需要更换存储介质时就需要对电子文件进行迁移。除此之外,本小节还会介绍如何利用电子文件。

（1）电子文件的迁移

电子文件的迁移实际上就是将电子文件换一个位置或存储介质进行存储。要完成电子文件的迁移,需要注意以下要求。

◆ 在系统设备更新、系统扩充、应用软件升级或者改变时,相关人员应当及时对归档电子文件进行迁移操作,并填写归档电子文件迁移登记表。

◆ 在数据迁移之前必须进行数据备份。

◆ 必须要保证数据迁移前后不发生改变,也就是数据迁移前后保持一致性。

【实用模板】归档电子文件迁移登记表

模板 \行政模块4\归档电子文件迁移登记表.docx

归档电子文件迁移登记表

源系统设备情况	硬件系统:	
	系统软件:	
	应用软件:	
	存储载体:	
目标系统设备情况	硬件系统:	
	系统软件:	
	应用软件:	
	存储载体:	
被迁移归档电子文件情况	记录数:	字节数:
	迁移时间:	操作者:
填表人: 填表日期:	审核人:	审核日期:

（2）电子文件的利用

电子文件属于企业的内部文件，应当对其使用进行严格规范，防止重要信息泄露。

◆ 归档电子文件的封存载体不外借。未经审批同意，任何单位或者个人不能擅自复制电子文件。

◆ 电子文件的原件不能使用，只能使用拷贝件。

◆ 相关人员在采用联网方式使用具有保密要求的电子文件时，应当遵守企业或有关部门的保密规定。

◆ 对电子文件的利用不得超出纸质文件相应的权限规定范围。

行政知识延伸

归档电子文件的鉴定销毁，参照纸质档案鉴定销毁的规定执行，并且应当在办理审批手续后实施。

对于属于保密范围内的归档电子文件，如果文件存储在不可擦除的载体上，相关人员应当连同存储载体一起销毁，并在网络中彻底清除；对于不属于保密范围内的归档电子文件，相关人员可进行逻辑删除。

|4.4|
企业资料管理工作标准

在了解了企业纸质文件和电子文件的相关管理内容后，下面将具体介绍企业资料管理的相关工作标准。

4.4.1　文件资料管理工作标准

前两节内容对企业的文件管理进行了具体介绍，在了解了相关文件管理的操作后，行政管理人员还应当制订详尽的文件资料管理工作标准，从制度的角度将文件管理工作进行规范。

制订文件资料管理工作标准主要可以从以下几个方面进行考虑。

◆　文件分类

要进行文件管理，首先需要进行文件分类，按照一定的标准将各种文件进行分类，方便以后进行归档立卷。常见的分类方法有按照时间分类、按照部门分类等。

◆　文件格式

公司文件的格式应当统一、确定，让员工在工作中生成的文档格式都符合公司标准。这样能够提高公司文档的标准度，也能规范公司文件形式。行政管理人员需要对文件纸质、标题、密级、字体字号等进行具体规范，对企业内部的机密文件还需要标注密级，如"绝密""机密""秘密"等。

◆ 收、发文规范

收、发文规范主要是对企业员工的收、发文操作进行规范，需要规范的内容包括收文标题、文书处理工作、发文拟稿、发文流程以及文件归档工作。

行政管理人员可以从以上几个方面着手，建立适合企业发展的文件资料管理工作标准。

【实用模板】公司文件资料管理制度

模板 \行政模块4\公司文件资料管理制度.docx

公司文件资料管理制度

1. 目的：为适应公司全方位规范化管理，做好公司文件管理工作，确保使用文件的统一性和有效性，使之规范化和制度化，特制定本制度。

2. 适用范围：本制度适用于公司所有文件的管理。

3. 定义：公司文件是传达方针政策，发布公司行政规章制度、指示、请示和答复问题、指导商洽工作、报告情况、交流信息的重要工具。

4. 文件处理程序：公司各部门都应坚持实事求是、尊重客观、理论联系实际、认真负责的工作作风，努力提高文件质量和处理效率。文件处理必须做到准确、及时、安全，严格按照规定的时限和要求完成。

4.1 总裁办负责公司行政文件的编制、发放、登记、存档、更改、回收、作废等管理工作。

4.2 公司各职能部门负责本部门的文件编制、编号、登记、存档、更改和专用文件的管理，发放文件必须在总裁办备份存档，并接受总裁办的检查与监督。

5. 文件分类

公司的公文主要可分为以下几类。

5.1 管理制度：适用于公司各部门的规范性程序的明确，包括条例、制度、规定、管理办法。"条例"一般应用于系统性制度汇编；"制度"一般应用于某一方面职能的明确；"规定"应用于一项具体工作的明确；"管理办法"一般是对条例、制度或规定的细化性操作程序中明确。

5.2 工作通知：适用于转发上级文件，批转下级文件，要求下级办理和需要共同执行的事项；

5.3 人事通知适用于公司人员录用、晋升、调动、降职、奖惩等事项的公布。

5.4 工作报告适用于下级向某项工作对上级进行汇报请示的行文。

5.5 会议纪要适用于公司各级会议进行的记录的文件。

5.6 对外发函适用于公司因某项事情对外部机构或个人发送的文件。

5.7 决定、决议：对重要事项或重大行动做出安排，用"决定"；经会议讨论通过并要求贯彻的事项，用"决议"。

5.8 通报：表彰先进，批评错误，传达重要信息。

5.9 请示：向上级请求批示与批准，用"请示"。

5.10 批复：答复请示事项用"批复"。

6. 文件格式

6.1 公司所有文件采用A4竖版模式，四周页边距设置为2.5CM，页脚设置为1.5CM，采用数字形式。

6.2 文件首页顶部添加公司徽标和中英文名称。

6.3 文件一般由标题、发文字号、签发人、密级、紧急程度、正文、附件、发文时间、印章、主题词、主送单位（部门）、抄报（送）单位（部门）等部分组成。

6.4 文件标题使用华文中宋体小二号，其他均使用宋体五号，1.5倍行距。标题与公司徽标之间空一行；标题下方靠右为发文编号；发文编号与正文之间可空一行；正文中小标题可使用粗体；

上述模板展示的是某公司的文件资料管理制度，该制度中对文件分类、文件格式以及文件的收发进行了具体的规定。根据企业对文件资料的管理要求不同，管理制度的制订也不相同。

本模板在介绍文件格式的时候，更加侧重介绍文件中的内容设置。

如"文件一般由标题、发文字号、签发人、密级、紧急程度、正文、附件、发文时间、印章、主题词、主送单位（部门）、抄报（送）单位（部门）等部分组成"。

4.4.2　报刊订阅管理工作标准

报刊订阅是企业中重要的工作内容，同时也会存在许多的管理漏洞和不规范。因此，行政管理人员需要制订报刊订阅管理制度，对报刊订阅和使用过程中可能存在的问题进行规范。

◆　明确报刊订阅原则

首先应当明确报刊订阅原则，各部门都可以申请订阅与工作相关的报刊，但是与工作无关的报刊应当禁止订阅，这就需要加强报刊订阅的审批工作。

同时，对于报刊的使用同样需要进行规范。行政管理人员需要监督各部门是否有效利用报刊开展工作，评估报刊的使用情况。

◆　明确报刊借阅流程

各部门负责管理本部门订阅的报刊，制订借阅的具体流程及相关制度，方便本部门员工和其他部门员工借阅。常见的报刊借阅流程如图 4-2 所示。

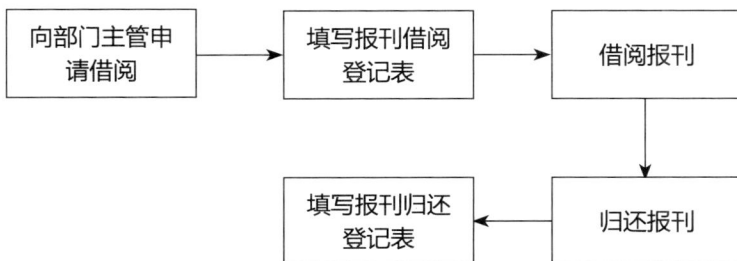

```
向部门主管申    →    填写报刊借阅    →    借阅报刊
请借阅                登记表                  │
                                             ↓
填写报刊归还    ←    归还报刊
登记表
```

图 4-2

◆ 备存报刊管理

备存报刊管理主要指将订阅的报刊定期进行备存，方便管理。例如，每一年度的最后各部门应将该年度所订报刊汇总成册，交综合部备存。

综合部对所有备存报刊进行统一管理，备存后的报刊如需借阅，请到综合部办理报刊借阅手续。各部门员工在借阅报刊时应当爱惜，如有损坏，照价赔偿。

【实用模板】公司报刊订阅管理标准

模板 \行政模块4\公司报刊订阅管理标准.docx

公司报刊订阅管理标准

第一章 总则

第一条 本规定对公司图书的购进、保管、整理、外借与归还等做出以下规定。

第二章 申购程序

第二条 各部门经理可根据业务实际需要，合理安排购买业务参考书籍，依公司规定的申购程序办理，否则，费用自理。

第三条 填写申购单——部门经理批准——办公室主任审核——申购单交财务部

第四条 购买——填写报销凭证——购买的书籍交办公室登记——办公室在报销凭证上盖已登记的印——财务审核——总经理签字——财务部报销

一次购买达500元以上，申购单需总经理签字同意。

第三章 分类

第五条 凡新购进的图书按图书分类科目进行分类整理与编号，贴上标签，输入图书管理系统。

第六条 办公室设图书保管员，对图书进行分类、整理与借阅工作。并通过计算机数据库管理与每册图书内附的借阅卡相结合，准确掌握公司图书的流转情况。

第四章 借阅

第七条 期限：普通图书借阅一月，专用工具书籍的借阅期限视具体情况限定。

第八条 续借：借阅图书到期，必须到办公室办理续借手续。

第九条 归还：如有破损、遗失情况，照价赔偿。

第五章 图书中的报刊管理

第十条 订阅：公司由办公室负责刊物的订阅，各部室可以部名义提出订阅刊物的需求，由办公室综合平衡并提交总经理审批后订阅。

第十一条 收发：办公室每日收取报刊，整理并置放在公共阅览资料架上供阅览。

第十二条 更换：阅览架上的报纸每星期更换一次，期刊每月更新一次。

第十三条 归档：每年年底将期刊装订成册，归档备用；报纸每季度处理一次。

上述模板展示的是某公司的报刊订阅管理标准，在该制度中首先明确了报刊申购的一般程序，需要根据实际需求情况合理购买业务参考书，然后分别介绍了申请流程和购买流程。

　　该制度与前面介绍的管理方法和要求有所不同，下面对不同之处进行介绍。

　　分类：要求对购买的图书进行分类管理、编号、输入图书管理系统，主要由图书保管员完成。

　　借阅：报刊借阅主要规范了借阅期限、延期和归还。

　　收发：办公室需要每日收取报刊，整理并放置在公共阅览资料架上供需要的员工阅览。

　　更换：阅览架上的报纸每星期更换一次，期刊每月更新一次。

行政知识延伸

　　各单位报刊的保管时间由取报日计算，一个月内不得乱放和丢失，要妥善保管好。各单位要设立报架，有条件的单位可设立读报栏，并且安排相关部门人员定期检查报刊状态。

印章与证照管理

印章与证照是企业中的重要物品，行政管理人员应充分了解这些物品的重要性，并在日常工作中进行有效管理，确保印章和证照得到正确的使用和保管。

|5.1|
图解印章与证照管理流程

5.1.1　图解印章使用流程

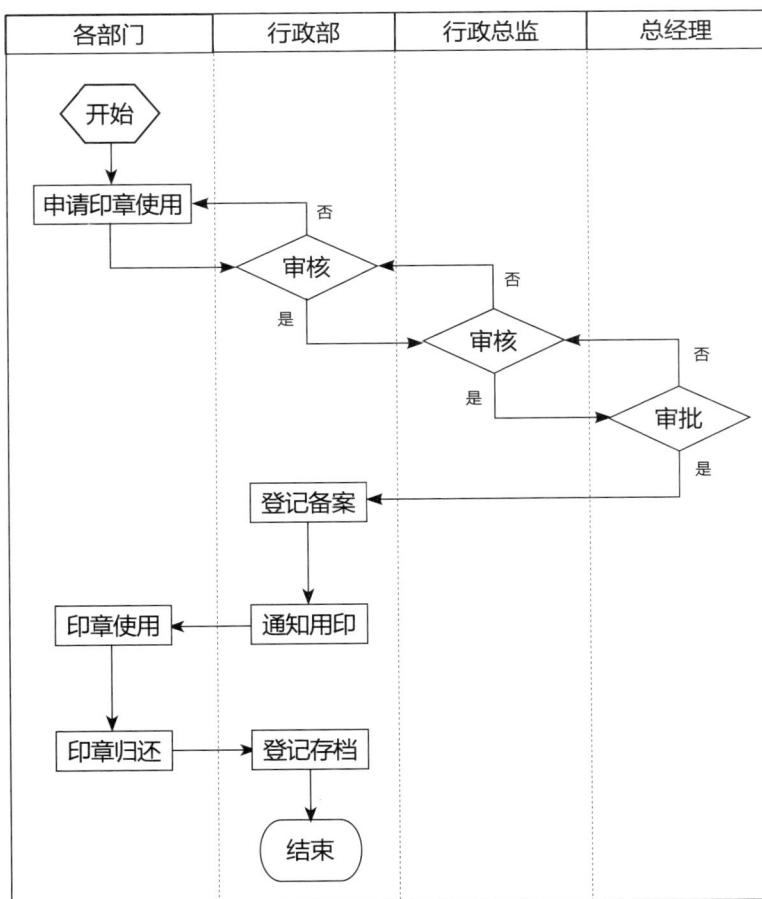

各部门	行政部	行政总监	总经理

开始

申请印章使用

审核　否

审核　是

审批

登记备案

通知用印

印章使用

印章归还

登记存档

结束

5.1.2 图解印章刻制流程

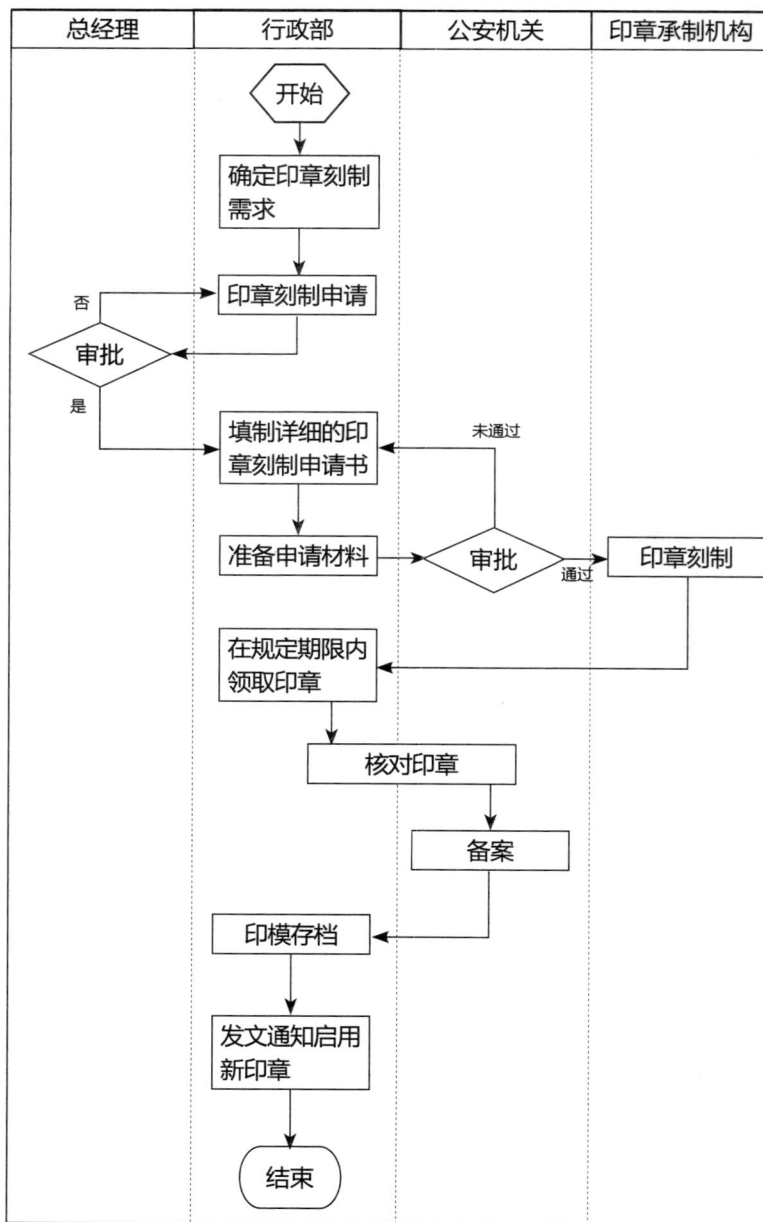

总经理	行政部	公安机关	印章承制机构

```
                    ⬡ 开始

              ┌──────────────┐
              │ 确定印章刻制   │
              │ 需求          │
              └──────────────┘

              ┌──────────────┐
        否    │ 印章刻制申请   │
     ◇────────└──────────────┘
     审批
        是

              ┌──────────────┐   未通过
              │ 填制详细的印   │◄────────
              │ 章刻制申请书   │
              └──────────────┘

              ┌──────────────┐        ┌──────────┐
              │ 准备申请材料   │──◇审批──│ 印章刻制  │
              └──────────────┘   通过   └──────────┘

              ┌──────────────┐
              │ 在规定期限内   │◄──────────
              │ 领取印章      │
              └──────────────┘

                   ┌──────────┐
                   │ 核对印章  │
                   └──────────┘

                   ┌──────────┐
                   │ 备案      │
                   └──────────┘

              ┌──────────┐
              │ 印模存档  │◄────────
              └──────────┘

              ┌──────────────┐
              │ 发文通知启用   │
              │ 新印章        │
              └──────────────┘

                  ( 结束 )
```

5.1.3 图解证照管理流程

总经理	行政部	部门负责人	证照使用申请人

```
开始
  ↓
确定证照使用需求
  ↓
原件？ ──是──┐
  ↓否         │
填写证照复印申请 ──→ 核准签字 ──→ 审核 ──权限外──→ 审批
                                      ↓权限内        │
                                   手续审查 ←────────┘
                                      ↓
                              证照复印并进行登记
                                      ↓
                              加盖有效期限和适用范围专用章 ──→ 领取复印件 ──→ 结束
```

```
填写证照原件使用申请 ──→ 核准签字 ──→ 审核 ──→ 审批
                                            ↓        │
                                       复核、审查 ←──┘
                                            ↓
登记并通知领取证照原件 ──→ 领取证照原件并签字
                                   ↓
                              使用证照原件
                                   ↓
检查证照、签字、登记 ←── 归还证照原件并签字
        ↓
      结束
```

|5.2|
印章如何管控

代表企业行为证明的物品有很多，印章就是其中十分重要的一部分，所以印章管理是十分重要的。但在实际工作中，有些企业的印章管理却比较混乱，长此以往容易引起很大的麻烦。

5.2.1　印章的刻制和启用

印章往往代表企业的权力和职责，相关人员在文书上加盖印章就标志着文书生效和对文书负责。印章的种类如表 5-1 所示。

表 5-1　不同种类印章的介绍

种类	具体说明
公章	用于公司对外事务处置，工商、税务、银行等外部事务处置时需要加盖公章
财务章	用于公司票据的出具，支票等在出具时需要加盖，通常称为银行大印鉴
法人章	具有特定的用处，公司出具票据时也要加盖此印章，通常称为银行小印鉴
合同专用章	通常在公司签署合同时需要加盖
发票专用章	在公司开具发票时需要加盖

◆　印章的刻制

印章刻制是印章管理中十分重要的一个环节，刻章单位无论刻制哪一级单位的印章，都要审核确认上级单位批准的成立该单位的正式公文，确认无误后才能刻制。

在刻制印章前，企业或部门必须填写印章刻制申请表，开具公函，并写明印章的名称、式样和规格。上级单位批准后，到企业所在地的公安部门办理登记手续。企业必须在持有公安部门颁发的特种行业营业执照的刻章单位制作印章。

需要注意的是，在印章刻制的过程中，所有人员都要严格保密。承担印章刻制工作的单位和刻制者一律不许留样和仿制，企业不许自行刻制企业印章。

【实用模板】印章刻制申请表

模板 \行政模块5\印章刻制申请表.docx

印章刻制申请表

编号：			日期：			
申请部门			申请人			
申请日期			要求领取时间			
申请印章全称						
印章申请原因	□新建 □更名 □更新	印章申请用途				
申请印章数量	枚	印章材质要求	□木质		□钢质	□胶质
印章样式						
部门主管意见			行政部经理意见			
总经理意见			董事长意见			
制表人：			审核人：			

上述模板是一个印章刻制申请表，在填制该表单时要标注清楚申请刻制的印章是新建印章、更名还是更新，并在印章样式文本区域填写清楚需要的样式，如方形印章还是圆形印章，以及印章中要包含的图案、文字、大小等信息。这样能够方便制章人员进行刻制，也能让审核人员更清楚的了解印章的样式和内容，方便通过审核。

◆ 印章的启用

在确定了印章启用时间后，企业应向相关单位发出正式启用印章的通知，注明正式启用日期，并附上印模，同时报上级单位备案。

颁发机关和使用机关、单位都要将关于启用时间的材料和印模立卷归案，永久保存。在启用日期之前，印章是无效的，只有在启用后，印章才能有效使用。

5.2.2 印章的保管和使用

印章启用后应当由专门的人员负责保管印章，避免出现印章滥用、私用或丢失的情况。

◆ 印章的保管

行政管理人员在选择印章保管人员时，应挑选责任感强、保密观念强、敢于坚持原则的人员，并与之签订印章保管委托表，以明确保管责任。

【实用模板】印章保管委托表

模板 \行政模块5\印章保管委托表.docx

印章保管委托表

时间：

印章名称			
印章保管委托人			
委托人职务			
委托保管期限			
接收委托保管人：	保管人职务：	身份证号：	有效联系方式：

分管领导：　　　　　　　部门负责人：　　　　　　　　经办人：

印章保管委托表只能委托相关人员管理印章，但是其中没有包含对印章管理人的约束条件及要求，所以显得不够完整。在实际工作中，印章管理人员可以结合印章保管责任书进行规范。

【实用模板】印章保管责任书

模板　\行政模块5\印章保管责任书.docx

印章保管责任书

对保管人员违反印章管理规定、遗失印章或未经审批私自刻制印章等行为给出公司造成损失的，公司将视情节轻重追究其法律责任。

印章保管责任书为了加强对印章的管理，公司授权（部门）（员工）负责保管××有限公司印章（详见附件），并负责该印章的施印工作。遵照公司印章管理规定的有关要求，特制定本责任书。

一、印章专管员应有较好的思想素质，忠于企业

1. 印章专管员应有较强的责任心、事业心，原则性强，办事有公心。

2. 印章专管员应认真学习和贯彻公司的印章证照管理制度，遵章守法，严格按国家有关法律法规和企业各项管理制度办事。

3. 印章专管员要自觉提高自己的业务能力。

二、印章专管员必须严格遵守以下具体规定

1. 必须认真保管好印章，确保印章不因保管不善而损坏和遗失。防止他人盗用、偏用。

2. 必须严格按照用印审批程序和领导审批权限用印。

3. 无相关权限领导批准，印章专管员不得委托他人代盖章，不得随意将印章带出办公室或交他人拿走使用。

4. 未经法人代表书面批准，不准在空白的函件、信签纸等空白纸张上施印。

5. 印章带出使用应由印章专管员本人书面报法人代表批准或授权后方可带出使用。

6. 印章专管员必须做到印章使用登记率100%，差错率为0。

三、印章专管员拥有的权利

1. 在施印时有权对所印文字的内容认真审阅（投标书除外），用章盖章位置要准确、恰当，印迹要端正清晰，印章的名称与用印件的落款要一致，不漏盖、不多盖。介绍信、便函、授权委托书要有存根，要在落款和骑缝处一并加盖印章。重要文件要留存用印后的复印件。

2. 对不符合审批程序或超越审批权限的用印需要，有权要求用印人重新办理有关审批手续。

四、印章专管员承担的责任

1. 因自身管理原因遗失、损坏印章应承担行政责任和相应的经济赔偿。

2. 未经权限领导或不按权限领导批示擅自用印，由印章专管员从全责，给企业造成经济和社会信誉损失的，承担相应的经济和法律责任。

五、保管责任人在施印过程中有不清楚的问题和特殊情况应及时向公司印章管理权限领导请示。

六、本责任书一式三份，公司印章管理部门、公司印章管理权限领导、保管责任人各执一份，签字后生效。

公司（盖章）：
公司印章管理执行副总经理（盖章）：
印章保管部门负责人（签字）：
印章保管责任书为确保印章使用的合法性、严肃性、安全性，

上述模板展示的是印章保管责任书，主要目的是妥善保管印章，以免给公司造成损失。行政管理人员在实际制订印章保管责任书时可以进行参考。

首先对管理人员的素质进行了规范，印章专管员应有较好的思想素质，忠于企业。接着介绍了印章管理人员需要遵守的相关规定、操作规范和印章使用流程等。最后具体说明印章管理人员所拥有的权利和应当承担的责任。

◆　印章的使用

印章管理是行政管理人员需要特别重视的，要求印章使用者应当

严格履行印章使用审批手续，并进行登记。印章管理人员在他人使用印章时应做好以下几个工作，如表 5-2 所示。

表 5-2 他人使用印章时管理人员需要做好的事项

事项	具体说明
检查批准签字	在他人使用印章前，印章管理人员应检查是否有相关负责人批准使用印章的签字。印章的使用应由企业的相关负责人批准
审阅使用印章的内容	印章管理人员不能不看内容就盲目盖印。除了要审核内容，印章管理人员还要检查留存材料是否交全。例如，对于协议书、合同，印章管理人员应保留一份文本
印章使用登记	企业员工每次使用印章时都必须进行登记，登记项目包括使用日期、印章编号等
加盖印章	对公文、函件经过上述审查、登记以后，印章管理人员即可按要求加盖印章
整理留存文件	印章管理人员应将留存材料进行编号整理、归档，对其中具有参考价值的，要在年终整理立卷时归档保存
正式印章使用规范	印章管理人员应将留存材料进行编号整理、归档，对其中具有参考价值的，要在年终整理立卷时归档保存；印章管理人员应保证不会出现盖有印章的空白凭证，否则将承担相应的责任

【实用模板】印章使用登记表

模板 \行政模块5\印章使用登记表.docx

印章使用登记表

编号：   日期：

印章名称	使用日期	使用部门	份数	印章用途	使用人	审核人	备注

制表人：   审核人：

5.2.3　旧印章的停用、存档和销毁

当印章使用了一定年限，或是因为某些原因需要停用或更新时，就需要了解相关操作和注意事项。

◆　印章的停用

若企业因名称变更、撤销等原因要停止使用印章，行政管理人员应该按照上级规定和要求，认真做好印章停用后的各项工作。

①行政管理人员要发文给有业务往来的单位，通知企业已停止使用印章，并说明停用的原因，标明停用的印模和停用的时间。

②行政管理人员要彻底清查所有的印章，不能在企业长期留存停用的印章，要将其及时送交颁发单位处理。

③当旧印章停用或作废并启用新印章时，行政部门要发布"旧章作废、启用新章"的通知。分别展示出作废的旧章印和启用的新章印。

行政知识延伸　　按规定，旧印章被停用后，便已失去原有的法人标志，不能作为现行企业职权和活动的凭证。当必须使用原企业名称时，也须使用新印章，不能使用旧印章。但相关人员可以到公证处进行公证，公证"××单位"就是"原××单位"。这样做既遵守了印章使用制度，又可顺利开展工作。

◆　旧印章的存档和销毁

旧印章停用后，行政管理人员应清查全部印章，并把清查结果报告企业领导，请领导审定旧印章的处理办法。

然后根据领导的批示，行政管理人员应将旧印章或者上缴颁发机构切角封存；或由印章作废单位填制作废印章卡片，连同作废印章一起交给当地档案馆（室）立卷备查，并将作废印章销毁。

5.2.4 建立印章管理工作制度规范

印章管理的工作十分复杂、繁琐，行政管理人员应当建立印章管理工作制度规范，将印章管理工作制度化。将管理过程中的责任进行明确，让印章管理工作变轻松。

◆ 了解印章管理制度的整体结构

印章管理制度应当全面包含印章管理的所有内容，其制度结构应为：目的→印章使用范围→印章使用→印章管理→印章保管→印章停用、销毁。

◆ 各部分的制作思路

了解了印章管理制度的结构后，还需要知道每一部分应当包含的内容及制作思路。

目的。简要说明制订原因及亟待规范事项。例如，从加强管理→规范程序→维护权益→保证秩序等方面扩展等。

印章使用范围。根据单位实际情况、侧重点以及使用频率等因素进行区分。行政公章使用场景→合同专用章→法人私章使用场景→财务用章→职能章。

印章使用。印章使用过程中的具体要求。使用登记审批→合同专用章依规执行→财务章专人审批→重大事项用印审批→携带外出审批。

印章管理。从明确权属与权责以及细节规范入手，公章管理机构→业务用章管理机构→法人私章管理机构→特殊事宜交接。

印章保管。着重明确存放环境安全现状，主要从登记备案→保管环境→交接与对接→责任权属→维护保养→遗失规定等几方面展开。

印章停用、销毁。明确旧印章如何停用、销毁，主要从印章停用

→印章更换→如何销毁等方面进行规范。

【实用模板】印章管理制度规范

模板　\行政模块5\印章管理制度规范.docx

<table>
<tr><td>

印章管理制度规范

1.总则

1.1 目的：为规范印章的管理和使用，确保印章管理的安全性、严肃性、有效性，特制定本制度。

1.2 适用范围：本制度适用于集团总部及各公司。

2.印章种类

2.1 法人印章：集团公司及具有独立法人资格的各公司公章。

2.2 专用印章：集团及具有独立法人资格的各公司履行某种特定职责和权力的印章（包括合同专用章、财务专用章、项目部章等）。

2.3 法定代表人印章：公司法定代表人用来行使权力的个人印章。

3.印章的归口管理

3.1 集团办公室为集团印章归口管理部门，负责集团总部和各公司各类印章的管理、使用监督、印章刻制的审批。

3.2 集团总部财务部是财务专用章的归口管理部门，负责集团总部及各公司财务印章的使用管理。

3.3 集团法定代表人印章由办公室和财务部各保管一枚。

4.印章的刻制

4.1 因公司新设或更名需刻制印章的，由集团办公室法律事务人员负责，严格按照工商行政部门的要求进行刻制，刻制完毕后交相应的印章管理人员并报上级印章管理部门备案。

4.2 因损坏或使用时间过长不能继续使用的印章，需由印章

</td><td>

管理部门提出申请，分管领导审批后，由集团办公室印章保管人员严格按照工商行政部门的要求进行刻制。印章管理部门需在印章更新后通报相关部门。

4.3 集团公司、各公司不允许私自刻制印章。

4.4 所有印章只能刻制一枚，不得重复刻制。

4.5 印章管理部门接收新刻印章后，应在《印章信息统计表》上拓具印模并标明经手人及接收时间，并妥善保存。

5.印章的保管

5.1 印章保管人员的选择应遵循下列原则：

（1）原则性强，办事稳妥；

（2）诚实可信，工作稳定；

（3）在公司有两年以上工作经历；

（4）无过往不良记录等。

5.2 印章保管人员的选择应由印章管理部门提名，人力资源管理部门考核，报总经理批准。保管人员一经选定，不得随意更换，如需更换，应按批准程序报批。

5.3 印章的存放应按集团统一规定，使用双锁保险柜。一旦发生印章丢失或异常情况，应保护好现场，及时报告保卫部门和有关领导，查明情况，妥善处理。

5.4 印章保管人员的钥匙应随身携带，不得随意放置。

5.5 财务专用章和法定代表人章必须分人保管。

5.6 印章保管人员须保持印章的清洁，确保其清晰。

5.7 印章管理部门应设立印章保管台账，并定期（每季度）对印章刻制、更名、注销情况汇总报相关领导。

</td></tr>
</table>

上述模板是某公司的印章管理制度规范，从中可以看出内容主要是对目的、印章使用范围、印章使用、印章管理以及印章停用、销毁等进行了介绍，符合常规印章管理规范的内容。除此之外，该制度还包含了印章种类介绍、印章加盖与外借等内容，行政管理人员可以参考。

|5.3|
证照管理流程与工作标准

各类证照是企业进行规范经营的重要依据，为明确证照申办、存档

管理及使用各环节中相关部门的责任，规范办理存档、使用以及借用流程，因此需要加强企业证照管理。

5.3.1　证照管理工作标准

证照管理是公司管理的重要工作，行政管理人员需要明确管理的工作标准以及证照管理的责任等。下面主要从 4 个方面介绍如何进行企业证照管理。

◆　证照管理的制度规范

管理制度首先需要明确证照种类，主要可以分为 4 类，分别是企业类（法人营业执照、组织机构代码证等）、资质类（行业经营许可证、相关资质证书、高新技术证书）、荣誉类（荣誉认证、著作权证、专利证书、版权证书）以及其他证件（房产证、土地证）。

其次是要明确相关责任，保管人员的责任是要妥善保管各类证照，做好防火、防盗、防损坏的工作。未经批准，不得将证照转借他人，严格按照制度使用证照，严格登记使用记录。

证照使用人不得擅自使用证照进行担保，不得擅自挪作他用，使用期间不得转借他人。

对一般违规的行为处以通报批评和经济处罚，严重违规的可以进行开除，情节严重的需要移交公安机关处理。

◆　证照的规范保管

首先是保管方式要规范，应由专人负责保管，还需要建立证照档案，编制证照备案登记表，严格按照保管要求进行保管。

证照管理的过程中可能出现的意外情况有证照丢失或损坏，证照管理人员要立即报告，并及时联系发证机关进行挂失或补办。

◆　明确使用规范

要使用证照，首先需要填写证照使用申请表，相关领导审批后，登记台账后方可使用。

需要注意的是，要使用原件必须经过总经理同意，使用复印件必须注明用途。

◆　做好后期相关事项的办理工作

除了以上的工作内容外，有的证照还需定期进行检验、续期或变更，具体介绍如表 5-3 所示。

表 5-3　证照管理后期工作

办理内容	具体说明
检验内容	检验内容主要是依据法律法规定期检验重新认定资格
续期内容	对于有效期限规定的证照，需要定期到发证机关进行续期
变更内容	企业的经营范围、服务内容、企业法人及注册资本等发生变更时要重新办理证照

5.3.2　证照管理制度的制订

建立健全企业的证照管理制度，能够加强对公司相关证照的管理，保证相关证照能够合理高效的使用，防止不必要的纠纷和损失。下面具体介绍制订证照管理制度需要注意的内容。

◆　明确证照的范围

公司的各项证照可以分为两类，分别是公司的各项证照和公司员工个人的各项证照。

公司的证照有《营业执照》《法人代码证》《税务登记证》《组

织机构代码证》等。对于一些特殊的行业，如建筑行业，还会涉及到公司员工个人的证书，如《建造师证》《消防施工员证》《九大员证》等，在进行管理时要注意区分。

◆ 证照的保管和使用

公司及所属单位的证照均由公司进行统一保管，任何个人不得擅自保管、截留公司证照。

公司证照原件应当在规定的时间内进行存放，实行专人专柜保管，并且需要定期对证照进行核对。

需要复印或使用公司证照的，需填写证照使用申请表，经过相关负责人签字批准后方可办理。如果使用人员需要携带证照原件外出，应当由更高级别的领导进行审批。

【实用模板】证照使用申请表

模板 \行政模块5\证照使用申请表.docx

证照使用申请表

编号：   日期：

申请单位		申请部门		申请人	
证照名称				申请时间	
证照类别	□原件借阅	□复印件	□电子档	份数	
用途					
使用时间			归还时间		
部门负责人			单位负责人		
证照保管部门登记	□已使用	□未使用	其他说明：		

经办人：   部门负责人：

◆ 明确证照变更及注销工作

证照管理部门及人员应及时办理证照的年检、审核，确保证照证件的有效。对丢失证照或逾期办理证照年检、变更、换证等，影响公司正常经营或造成经济损失的，将追究证照管理部门及证照管理人员责任。

【实用模板】公司证照管理制度

模板 \行政模块5\公司证照管理制度.docx

公司证照管理制度

一、目的

为加强公司的证照管理，确保证照在企业经营管理活动中安全、有效、合法地使用，服务好企业的经营管理工作，特制定本制度。

二、适用范围

适用于公司各类证照。

三、责权部门

行政部负责统筹组织、监督检查及协助各种公司证照的管理工作。

四、管理规定

4.1　证照种类

证照种类包括基础证照和专业证照两类。

4.1.1　基础证照是指各公司的营业执照、组织机构代码证、国税登记证、地税登记证、银行开户许可证等公司开业运营必须具备的证照。

4.1.2　专业证照是指各公司在经营中取得的专业类证照，如酒店的特种行业许可证、消防验收检查合格证、卫生许可证、烟酒类零售许可证；建设集团的资质证书、安全生产许可证、专项工程设计证书、质量体系认证证书、环境管理体系认证证书、职业健康安全管理体系认证证书，以及各类专业管理人员学历证、职称证、专业资格证等。

4.2　证照办理

4.2.1　办理部门。

1.营业执照、组织机构代码证由公司行政部统筹办理。

2.国税登记证、地税登记证、银行开户许可证由公司财务部统筹办理。

3.公司专业证照主要由行政部办理。

4.2.2　证照除正常的年审和换证外，凡涉及变更或注销的必须由董事会批准后方可办理。

4.2.3　证照的办理必须在规定期限内完成，如因超过规定期限未办理以致证照过期的，由经办人员负主要责任，经办人员的直接领导负连带责任，如被罚款的，所发款项全部由经办人及其直接领导共同承担。

4.2.4　所有证照办理完毕后，必须将复印件备案至行政部。

4.2.5　证照办理过程中产生的费用由经办人员凭票据办理报销手续。

4.3　证照保管及使用

4.3.1　公司所有证照原件由专人专柜负责保管，行政部登记、备案并保留复印件。

4.3.2　各公司行政部统一管理证照复印件，如因业务需要使用证照复印件的，由行政部同意提供，并做好登记，注明用途及有效期。

4.3.3　如因业务需要借用证照原件的，须填写"证照借用申请表"，由主管领导批准后，到保管员处借出，并在"证照借用登记表"上做好登记。

4.3.4　证照使用完毕后，必须立刻归还，并在登记表上注销。

　　上述模板是某公司的公司证照管理制度，从中可以看出内容主要是对证照种类、证照办理、证照遗失处理以及证照的保管和使用等进行了介绍，基本涵盖了证照管理的各项内容。

　　除此之外，该制度中还规定了证照办理、证照外借以及证照的检验、续期和变更等内容，行政管理人员可以参照该模板制订符合自身所处公司的管理制度。

厨房餐厅管理

员工餐厅是企业为员工提供的餐饮保障，企业只有做好了员工餐厅管理工作，才能使员工全身心地投入工作中。员工餐厅管理主要分为就餐员工管理和餐厅管理，这也是行政管理人员需要注意的两大部分。

图解主要厨房餐厅管理工作流程

6.1.1　图解餐厅管理工作流程

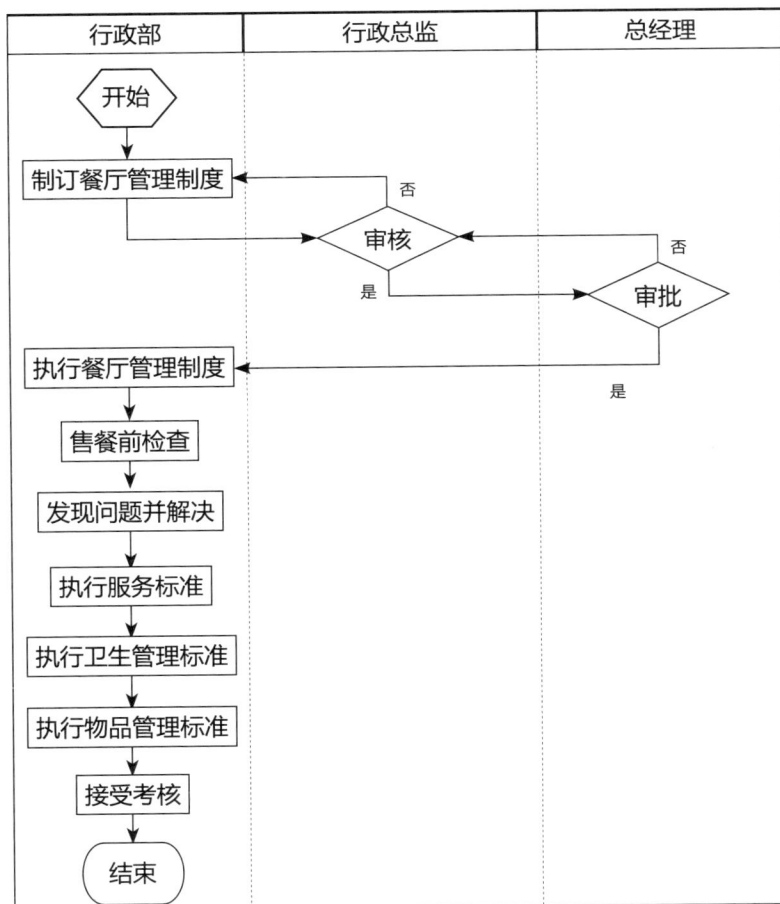

行政部	行政总监	总经理

开始

制订餐厅管理制度 ◄─── 否

审核

是

审批 ◄─── 否

执行餐厅管理制度 ◄───

是

售餐前检查

发现问题并解决

执行服务标准

执行卫生管理标准

执行物品管理标准

接受考核

结束

6.1.2 图解餐厅原料管理工作流程

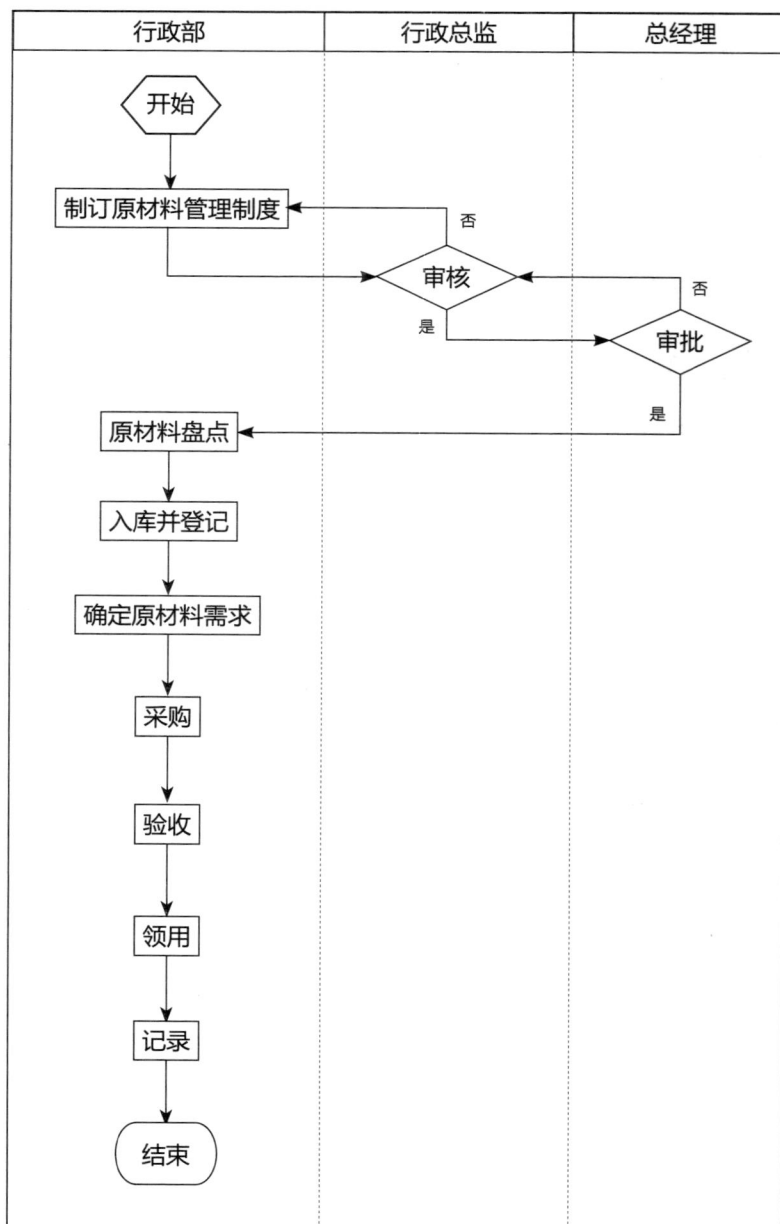

6.1.3　图解餐厅销售管理工作流程

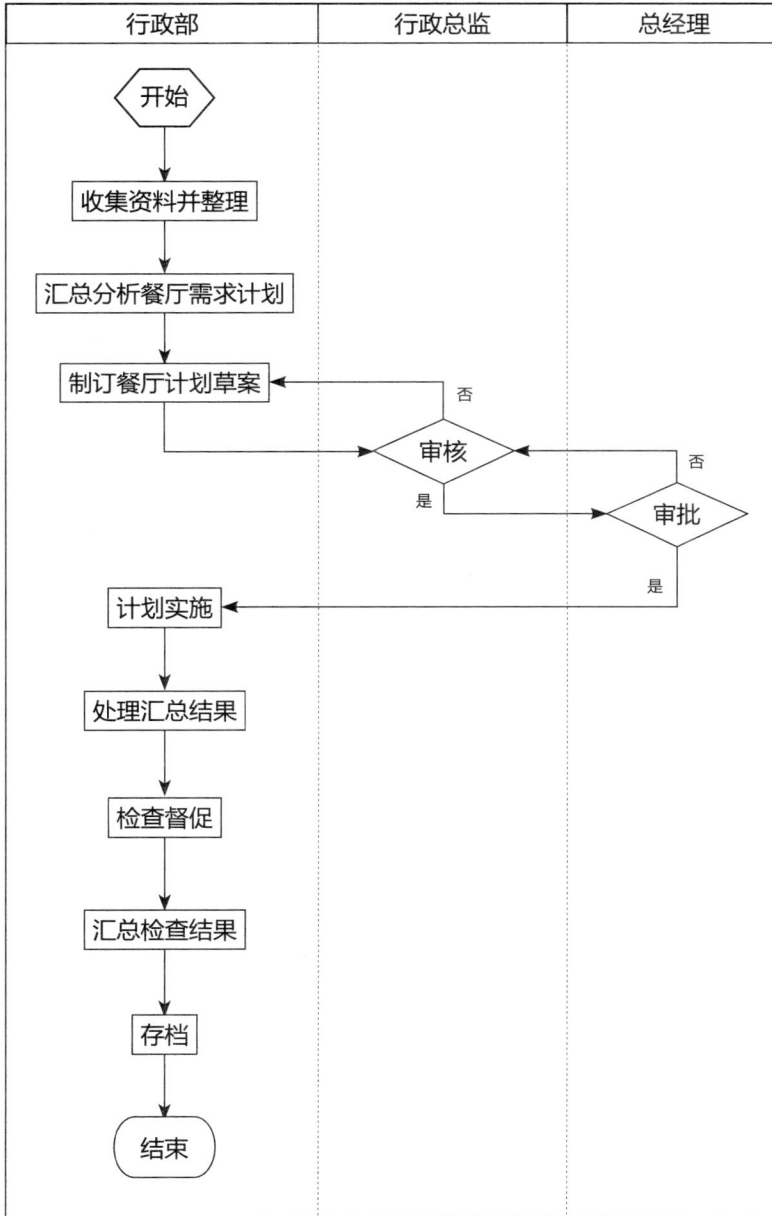

行政部	行政总监	总经理

```
                    开始
                     │
               收集资料并整理
                     │
            汇总分析餐厅需求计划
                     │
            制订餐厅计划草案 ◄─────────── 否
                     │                    │
                     └──────► 审核 ◄──────── 否
                              是 │          审批
                                 │          是 │
               计划实施 ◄─────────────────────┘
                     │
               处理汇总结果
                     │
               检查督促
                     │
               汇总检查结果
                     │
                   存档
                     │
                   结束
```

|6.2|
就餐管理，规范员工就餐

有的企业可能有自己的员工餐厅，能方便员工就餐。但由于管理不规范和制度不健全等问题，导致员工餐厅就餐混乱，甚至出现就餐冲突等问题。因此，行政管理人员需要加强就餐管理，规范员工就餐。

6.2.1　员工餐厅就餐的基本要求

员工是餐厅就餐的主要人员，其素质、工作、职位等各不相同，所以在餐厅就餐的方式、时间等也会有所不同，这样容易引发混乱，因此需要对员工就餐行为进行规范。

◆　就餐时间规范

行政管理人员应当对员工就餐时间进行规范，让员工在规定的时间到餐厅用餐，例如早餐：7:50 ～ 8:50；午餐：12:10 ～ 13:10。

如果存在因公外出的情况，应根据公司规定进行处理，例如让其自行解决；如果员工错过就餐时间，就不能再到餐厅，以免影响工作人员工作。

◆　就餐行为规范

就餐行为也侧面展示了员工的自身素质和企业形象，所以很有必要规范员工的就餐行为，主要可以从以下几个方面进行考虑，如表6-1所示。

表 6-1　员工就餐规范介绍

规范	具体介绍
员工购餐	员工购餐时必须排队，不能插队或是替他人购餐。必须要使用公司规定的饭票或饭卡购餐，不得使用现金、移动支付等。购餐以适量为宜，不得浪费
员工就餐	员工在就餐过程中要服从工作人员的安排，按需就餐，还要注意维护餐厅秩序；在餐厅内保持安静，不得大声喧哗；就餐人员应自觉维护餐厅就餐环境卫生，保持餐厅干净整洁
就餐结束	就餐结束后自行清理各自就餐区域的杂物，然后将就餐用具放回到指定的餐具收纳盒中，完成后有序离开餐厅，不得追逐、打闹

6.2.2　制订就餐规定，让就餐更有序

制订符合企业员工当前就餐状况的管理规定或制度，能够约束员工行为。除此之外，还可以安排相关人员进行监督、考核，发挥制度的作用。下面几项分别介绍如何制订就餐管理制度。

◆　明确目的和适用范围

首先需要明确制度制订的目的以及制度适用的范围，这样能够让制度更加具有针对性。例如，为了加强就餐管理，提高员工就餐效率，特制订本制度，本制度适用于公司全体员工。

◆　明确责任人

明确主要负责执行和监督的人员，将制度落到实处。例如当天的现场干部和企业管理部门负责执行和监督制度的实施。

◆　就餐规定

这是就餐管理制度的主要内容，主要包括就餐时间规定、如何购餐、如何就餐以及违反规定后要受到的处罚等。具体的内容需要行政管理人员根据实际情况进行制订。

【实用模板】员工就餐管理规定

模板 \行政模块6\员工就餐管理规定.docx

员工就餐管理规定

一、目的

为了加强员工就餐管理，维护食堂就餐秩序，营造良好的就餐环境，形成讲究秩序、文明就餐、勤俭节约的良好风气，特制定本规定。

二、适用范围

适用于公司的所有员工。

三、职责

3.1 后勤部

3.1.1 负责食堂日常管理。主要包括主食、副食原材料的进货渠道和价格管理与监督，对饭菜质量和食堂卫生环境进行管理与监督。

3.1.2 负责对就餐人员、人次的核对。

3.1.3 负责按月提供与发票数额相一致的员工就餐明细。

3.1.4 负责公司员工就餐用卡的日常管理。

3.2 财务部

3.2.1 因工作需要在食堂免费就餐，应另行规定，结算报表。

3.2.2 负责按月结算食堂就餐费用、付款。

3.3 综合管理部

3.3.1 负责食堂就餐人员确定。

3.3.2 负责按月报销食堂就餐费用。

3.3.3 办公室负责客饭审批，负责按月办理客饭结算手续。

四、基本规定

4.1 就餐时间及就餐费用

4.1.1 早餐7:30时至8:30时，午餐12:30时至13:30时，晚餐17:30时至18:30时。如有特殊情况，需提前通知后勤部服务室，由服务室与食堂落实。

4.1.2 公司以标准工时制的员工免费提供午餐，如发生加班用餐费用由公司承担，早餐、晚餐的费用由员工个人承担。

4.1.3 夜间值班、倒班人员，为其提供免费晚餐。

4.1.4 后勤部与餐饮公司每天认定就餐人数，每月末向综合管理部提供就餐数据，日就餐人数、日就餐明细和报销发票，由综合管理部办理报销手续。

4.2 员工就餐用卡管理

4.2.1 综合管理部向后勤部提供人员信息和员工就餐用卡授权信息，后勤部办理员工就餐用卡。后勤部负责就餐用卡的日常维护与管理。

4.2.2 员工就餐用卡首次办理由公司统一承担费用。

4.2.3 员工就餐用卡如果丢失、损坏或消磁，应立即向后勤部报失成损，同时取消其门禁和就餐权限，办理新卡补办手续。员工就餐用卡丢失补办费用由个人承担。

4.2.4 员工调出、退休、解除、终止劳动合同等，员工本人将员工卡交到后勤部，后勤部在《离职通知单》上签字。

4.2.5 公司内部调动人员及时提供、及时变更信息。

4.3 文明就餐

4.3.1 员工凭就餐用卡就餐，需要员工妥善保管。本卡仅限本人使用，不得转借任何人使用。

上述模板展示了某公司员工就餐管理规定的部分内容，从中可以看出该内容主要对制度制订的原因、制度适用范围、就餐具体规定进行了具体说明。不同的是，该制度并没有明确相关责任人，而是规定了对应的职权部门，包括后勤部、财务部和综合管理部。

除此之外，该制度在规定就餐的相关事宜时，并不只局限于规范员工行为，还包含其他一些方面的要求和约束。

1.文明就餐：员工就餐要体现公司文化，尊重自己，尊重他人。做到衣着整洁、按时有序排队打饭、不喧哗不吵闹。

2.就餐卡管理：员工凭就餐用卡就餐，需要员工妥善保管就餐卡。本卡仅限本人使用，不得转借任何人使用。

|6.3|
员工餐厅管理，保证就餐质量

除了对员工就餐进行管理外，同样需要对餐厅进行管理和规范，让餐厅的各方面条件都能够不断改善，让员工能获得较好的用餐体验。

6.3.1　员工餐厅日常管理与计划管理

员工餐厅日常管理与计划管理是餐厅管理的重要工作，也是最基础的工作。

（1）员工餐厅日常管理

员工餐厅日常管理工作包括确定餐厅的工作任务、合理配置工作人员、明确主管人员的工作职责。不同工作的内容和需要注意的事项也不同，下面将分别进行介绍。

首先需要明确餐厅的工作任务，员工餐厅是为员工服务的，因此，餐厅工作人员肩负的责任十分重大，其中涉及的工作事务也比较繁琐。具体工作任务如下所述。

◆ 主、辅料（米、菜、油、盐等）的采购、保管与质量保证。

◆ 组织厨房工作人员进行培训。

◆ 厨房饭菜供应的规划与调配。

◆ 饭菜卫生与餐厅环境的管理。

◆ 菜肴的调剂与改善。

然后还需要了解餐厅的人员配置和分工，行政管理人员应依照餐厅规模大小配备人员。规模较小的餐厅一般配有管理员、厨师、厨工、服务员等；规模较大的还需另外配备仓管、采购等人员。

人数越多的餐厅，分工应越细致，将责任明确到个人，以确保餐厅日常工作的顺利进行。

最后，餐厅主管人员的工作职责也需要进行明确规范。行政管理人员可为餐厅配备一名主管，以有效组织餐厅人员的日常工作，控制餐饮成本。同时，行政办公室应为餐厅主管制订明确的职责。餐厅主管人员的工作职责如下。

◆ 制订餐厅人员的日常管理要求标准，全面组织好餐厅的各项工作。

◆ 合理调动厨房人员，做好协调工作，保障员工按时就餐。

◆ 提高厨师的烹饪技术，增加菜式，保证餐饮质量。

◆ 严格把好食品采购、验收关，定期做市场调查，对不良食品提出处理意见。

◆ 修订每周菜谱，依照就餐人数计划开支，节约用量、减少浪费。

◆ 负责炊具用品的请购、验收与维护工作。

◆ 参加餐饮管理委员会成员例会，不断提升伙食标准。

◆ 监督餐厅的饮食卫生和环境卫生，杜绝食物中毒事件。

◆ 做好安全防范工作，定期消毒，确保无虫害。

（2）员工餐厅计划管理

行政管理人员应根据市场、季节和就餐者的需要，确定员工餐厅服务目标并进行科学合理的安排。通过制订、执行、检查和分析计划，组织餐厅服务活动，实施监督和调节，以有效地利用人力、物力，完成预定的目标。

员工餐厅计划管理的基本流程和具体介绍图 6-1 所示。

第1步：计划制订阶段

行政管理人员在制订计划前，应做好准备工作，如对历史情况进行调查分析，认真调查就餐人数的增减情况、公司的经济状况、消费需要及动向、市场价格以及变化趋势等；运用组织的力量，发挥集体的作用，采取专业预测与员工预测相结合、自上而下预测与自下而上预测相结合的办法正确制订餐厅计划。

第2步：计划执行阶段

在执行计划的过程中，管理者的主要任务是认真组织实施餐厅计划。行政管理人员可通过指标归口分管、责任层层分解的管理办法以及开展不同形式的劳动竞赛活动、深入班组岗位、及时检查督促等手段促进计划的实施。

第3步：计划检查和总结阶段

行政管理人员要及时了解计划是否落实并发现计划中存在的问题，以便采取措施加以解决；要抓住重点，运用多种方式检查计划，如进行日常检查、定期检查、全面检查和专项检查等。

图 6-1

6.3.2　餐饮原材料管理

为了提高饭菜质量，减少浪费，降低成本，行政管理人员应做好原材料的采购、保管、领用、加工等管理工作。

（1）原料采购管理

原料采购工作是员工餐厅十分重要的工作，原料的质量往往决定着菜品质量，因此需要特别重视。不仅体现在对采购工作的管理上，对采购人员也有特殊的要求。

◆ 公司餐厅在原材料的采购工作中要注重勤进快销，坚持比质、比价，择优进货。

◆ 相关人员应提前制订采购计划，既要保证餐厅食品加工工作的正常开展，又要控制成本。

◆ 提高采购员的业务知识水平，使他们都能达到公司要求的标准，即熟悉原材料的品名、品级和用途，熟悉原材料的产地、使用期限、本餐厅加工人员的技术水平和加工能力，通晓各种原材料质量的鉴别标准。

（2）原材料验收管理办法

完成食品原材料的采购后，还需要相关人员对采购的原材料进行验收，符合验收标准的才能入库存放和使用。

◆ 应规定由仓库保管员验收需要入库的原材料；直接交给厨房班组使用的原材料，应由厨师组长验收。

◆ 验收完毕后，相关人员要填写验收入库单，注明原材料的品名、规格、数量、单价和金额等。

【实用模板】验收入库单

模板 \行政模块6\验收入库单.docx

验收入库单

供货单位：　　　　　　　　　　　　　　　采购日期：
发票号：　　　　　　　　　　　　　　　　合同编号：

货物名称	单位	采购数量	实收数量	单位	金额

主管：　　　　　采购：　　　　　检验：　　　　　保管：

（3）原材料领用和定额消耗管理

行政管理人员应要求相关部门和人员严格执行领料手续，这对保证账物相符和正常核算饭菜成本具有重要作用。

相关人员应对照本期原材料的耗用量和加工出售的饭菜成品的数量，按照规定的规格、质量要求制订原材料的耗用定额。

在制订主要品种的原材料的耗用定额时，应侧重完成三项工作，即摸清供求规律，积累必要的资料；不断补充和完善原材料的耗用定额；定期进行考核。

【实用模板】材料领用单

模板 \行政模块6\材料领用单.docx

材料名称	用途	规格型号	数量			计划单位		备注
			请领	签核	实发	单价	总价	

材料领用单

领用单位：　　　　　　　　　　　　　　　　时间：

签发：　　　　　　发料：　　　　　　领用单位：　　　　　　领料：

上述模板展示了某公司的材料领用单，领用人在填写清楚相关领用信息后，由相关负责人签字即可领取。

需要注意的是，通常情况下材料领用单都是一式三联，其中一份交给领料仓库，一份交给财务，还有一份留给领料部门，即厨房。

6.3.3　三点轻松把控餐厅卫生

餐厅卫生主要由 3 个部分组成，分别是餐厅设施卫生、食品卫生以及员工个人卫生。行政管理人员在规范餐厅卫生时，可以从这3个方面着手进行要求。

（1）餐厅设施卫生管理

餐厅设施主要有排水系统、排气系统、工作台天花板和地面等可看到或触摸到的区域。餐厅的各项设施设备都应当保持卫生和整洁，下面进行具体介绍。

◆ 厨房应配有良好的供水系统与排水系统，能迅速排除污水，避免因污水囤积影响菜品质量。

◆ 餐厅厨房与厕所及其他不洁处要有隔离物，且厨房的门与窗均不得面对厕所。

◆ 设置排气系统，并妥善处理排气系统所排出的污油，避免直接喷泻，影响附近居民的正常生活。

◆ 公司所有餐厅的地面、天花板、墙壁和门窗均应牢固美观，无污渍。

◆ 采用铝质或不锈钢材质的工作厨台和橱柜。

◆ 注意清扫厨台及橱柜内侧及厨房死角，以免遗留物腐烂。

◆ 保持公司餐厅和厨房的卫生，厨房的清洁工作，一般每天至少做一次。清洁完毕后，集中处置清扫用具；杀菌剂、洗涤剂与杀虫剂等分别放置，有毒的物质在标明后应放在固定场所或指定专人管理。

（2）食品卫生管理

食品卫生是餐饮行业中的重中之重，对于企业餐厅而言更是如此。一旦出现食品安全问题，受到威胁的将是企业大多数员工，很有可能导致企业工作瘫痪，无法正常运转。

要确保餐厅食品安全，餐厅员工要做到以下事项。

◆ 工作人员一律在工作台上制作食物，并将生、熟食物分开处理。刀、砧板及抹布等工具应始终保持清洁。

◆ 食物应新鲜、干净。洗净食物后，厨房工作人员应使用塑胶袋将其分类并包紧，或装在有盖的容器内，然后分别储存在冰箱或冷冻室内。鱼和肉类要避免反复解冻，以免影响品质。

◆ 凡易腐的食品，均应储存在零摄氏度以下的冷藏容器内，生、熟食物须分开储存，以免串味。

◆ 调味品应使用容器盛装，使用后应立即加盖。器皿及菜肴不得与地面或脏物接触。

◆ 厨房应有密盖污物桶、厨余桶。厨余桶须当天倒干净，四周要经常清理，以保持干净整洁。

（3）员工个人卫生管理

这里的员工主要是指餐厅厨房的工作人员，他们常常会接触到食物，因此，如果他们的个人卫生不达标，那么可能也会对制作的菜品造成影响。

所以行政管理人员应规范餐厅员工个人卫生，具体内容如下。

◆ 在工作时，员工要穿戴整洁的工作衣帽，避免用手或身体其他部位直接接触食物。

◆ 厨房工作人员在工作前或如厕后应洗手。

◆ 厨房工作人员不得在食物或餐具附近抽烟、咳嗽、吐痰；若想打喷嚏，应背对食物并用手帕或卫生纸遮住口鼻，并随即洗手。

◆ 厨房工作人员不得在厨房内躺卧、晾挂衣服、放置鞋子或其他杂物。

◆ 厨房工作人员若生病，应留在家中休养治疗，以免影响他人健康。从业人员有发热、腹泻、皮肤伤口或感染、咽部炎症等有碍食品安全病症的，应立即脱离工作岗位，待查明原因并将有碍食品安全的病症治愈后，方可重新上岗。

◆ 凡患有痢疾、伤寒、甲型和戊型病毒性肝炎等消化道传染病，活动性肺结核，化脓性或者渗出性皮肤病以及其他有碍食品安全疾病的，不得从事接触直接入口食品的工作。

6.3.4　开展餐厅用餐满意度调查工作

行政管理人员应定期开展员工伙食意见调查工作，收集员工对餐厅伙食的意见，以便根据员工的意见督促餐厅改进伙食。这样才能让员工餐厅得到发展，以便长期运营。

【实用模板】餐厅用餐满意度调查问卷

模板 \行政模块6\餐厅用餐满意度调查问卷.docx

上述模板展示了某公司的餐厅用餐满意度调查问卷，主要用来调查在公司员工餐厅就餐的员工对餐厅的服务、菜品质量、环境等各方面的看法和建议，能够帮助餐厅改进和提高。该模板可供相关行政管理人员参考。

|6.4|
成本控制，避免不必要的开支

成本控制是一个永恒的话题，员工餐厅也需要基础盈利以维持员工餐厅的正常运营。那么就需要知道如何控制成本，避免一些不必要的开支，降低成本。因为降低了成本就相当于增加了收入。

6.4.1　工作流程中的成本控制

餐饮成本的控制可以从餐饮行业的一般工作流程进行展开，在各个流程中都存在可以降低成本的环节，需要相关管理人员了解。

下面分别从餐饮工作流程详细介绍成本控制的方法，具体介绍如表 6-2 所示。

表 6-2　在餐饮工作的流程中进行成本控制

工作流程	成本控制方法
采购	采购时，要做到货比三家，以最合理的价格购进品质优良的原料，同时要尽量就地采购，以减少运输等采购费用。制订采购审批程序。需要原料的部门必须填写申购单（一般情况下由厨师长审批后交采购部，如超过采购金额的最高限额，应报餐厅经理审批）

工作流程	成本控制方法
验收	验收人员必须检查购进的菜品原料是否符合原先规定的规格标准。对所有的菜品原料查点数量或复核重量，核对交货数量是否与请购数量、发票数量一致。购进原料的价格是否和所报价格一致。与上述标准不符的，应拒绝接受全部或部分原料，财务部门也应拒绝付款，并及时通知原料供应单位。如验收全部合格则填写验收单及进货日报表
库存管理	经常检查冷藏、冷冻设备的运转情况及各仓库的温度，搞好仓库的清洁卫生及防虫、鼠对库存菜品原料的危害和破坏。定期盘点仓库，对发生的盈亏情况必须经餐厅经理严格审核，原料的盈亏额与本月的发生金额之比不能超过 1%
原料发放	未经批准，不得随意从仓库领料。只准领取所需的菜品原料。餐厅必须健全领料制度，领料单一式四份，一份留厨房，一份交仓库保管员，一份交成本核算员，一份送交财务部。厨房应提前将领料要求通知仓库，以便仓库保管员早作准备
烹饪	在烹饪过程中，要严格执行调味品的成本规格，这不仅会使菜品质量较稳定，也可以精确成本。按照操作规程进行操作，掌握好烹饪时间及温度。合理投料，力求不出或少出废品，有效地控制烹饪过程中的菜品成本

需要注意的是，虽然是控制成本，但是也要在合理的范围内进行，不能为了控制成本就降低原料质量。这样不仅不能控制成本还可能导致员工出现抱怨或是向上级反映，反而影响餐厅长期稳定发展。

6.4.2　餐饮成本控制的 3 个关键点

除了从餐饮工作流程控制餐饮成本外，还可以通过 3 个关键点进行控制，分别是厨房成本控制、能源费用控制和利润率控制。

◆　厨房成本控制

一方面要及时出成本报表，分析成本的合理性，随时与管理人员沟通，对成本中出现的异常、用料的不合理等情况提出建议。

另一方面，要随时到厨房进行检查，对厨师操作过程中的浪费现象及时指出，比如食品边角料是否充分利用，调料使用是否考虑保质期等。垃圾箱也要作为重点检查的对象，看是否有浪费。

◆　能源费用控制

能源开支是餐饮中非常大的一个支出项目。餐饮的能源费用支出往往高达营业总额的 10% 左右。而每个员工的行为都会影响到能源费用的高低。

寻求节能新方法。在采购、使用设备过程中要考虑节能的因素，还要寻求新型节能设备，降低能源成本。

制订节能措施。通过对整个餐厅水、电、燃料的使用情况进行调查，找出能够节能的具体措施。如下班要关空调，根据温度来决定开空调的时间。

对节能措施进行检查。成立专门的检查小组，对工作人员在工作中的节能情况进行例行检查和突击检查，指出存在的问题。

◆　利润率控制

餐厅虽然是以盈利为目标，但是员工餐厅还是应当考虑长远发展，所以应当在合理的范围内降低餐厅的利润率，提高餐厅的菜品质量，得到就餐员工的认可。只有这样才能让员工餐厅得到长期的发展，获得更多的收益。

安全与总务管理

要保证企业安全就需要加强企业日常安全和消防安全管理，营造一个安全的环境让员工安心工作。同时，还要做好企业员工的后勤管理，解决员工的后顾之忧，才能让员工工作舒心。

|7.1|
图解安全与总务管理工作流程

7.1.1　图解卫生检查管理工作流程

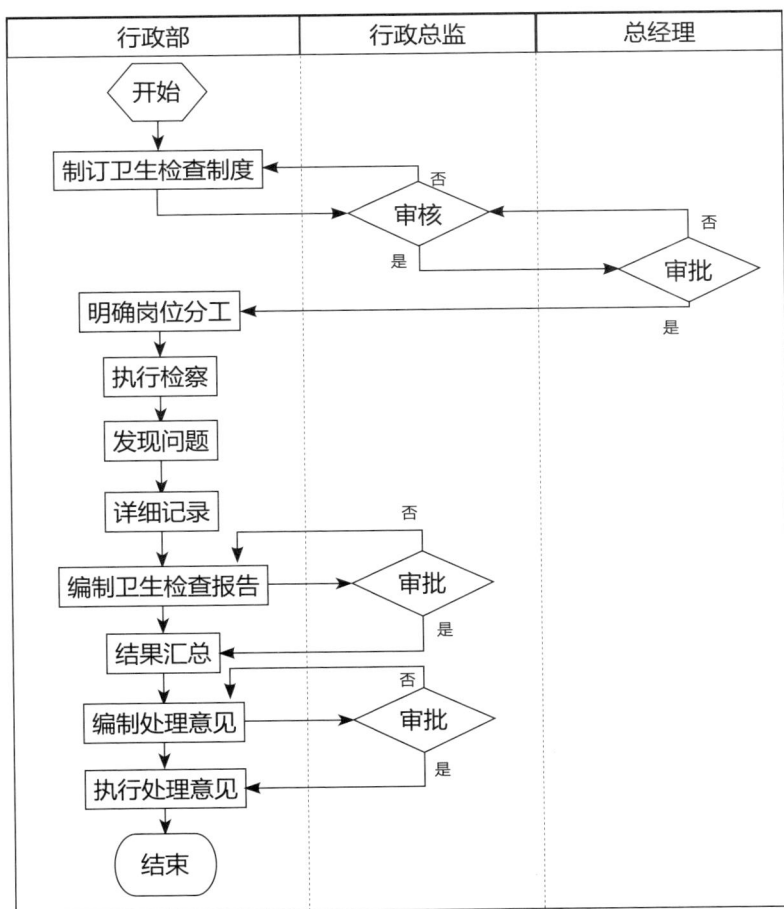

行政部	行政总监	总经理

```
                    开始
                     ↓
           制订卫生检查制度 ←——————   否
                 ↓                审核 ——————→ 否
                 └————→         是      审批
                                          ↓ 是
           明确岗位分工 ←————————————————┘
                 ↓
             执行检察
                 ↓
             发现问题
                 ↓
             详细记录              否
                 ↓
         编制卫生检查报告 ——→   审批
                 ↓          是
             结果汇总 ←————————┘
                 ↓              否
           编制处理意见 ——→   审批
                 ↓          是
           执行处理意见 ←————————┘
                 ↓
               结束
```

7.1.2 图解消防安全管理工作流程

消防队	行政部	行政总监	总经理

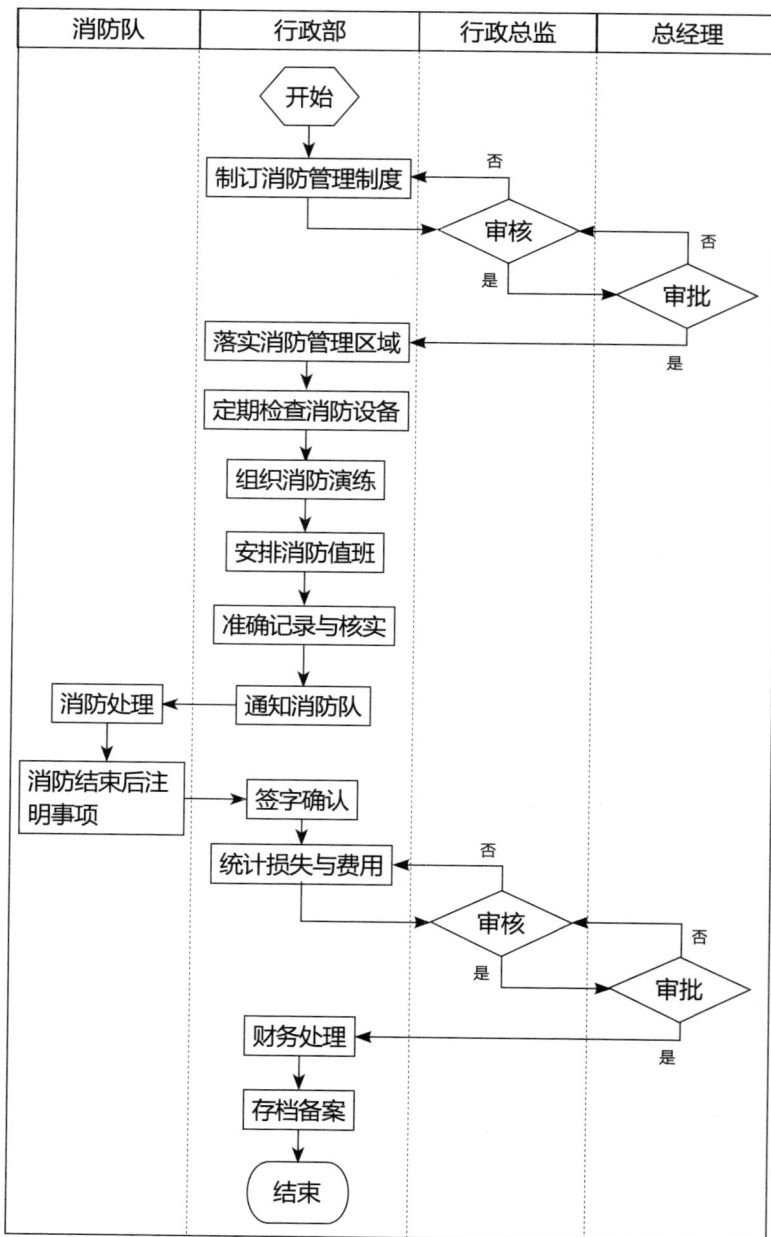

7.1.3　图解安全检查管理工作流程

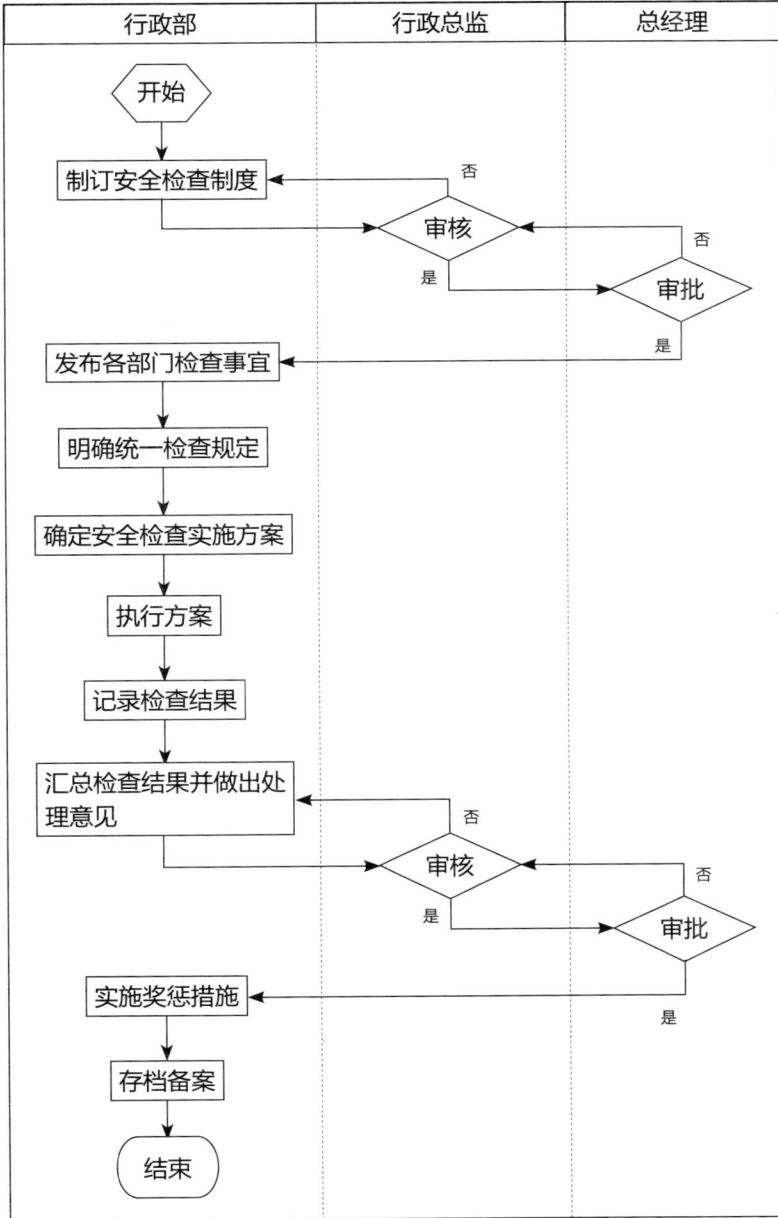

行政部	行政总监	总经理

开始

制订安全检查制度　　否

审核　　是

审批　　否

发布各部门检查事宜

明确统一检查规定

确定安全检查实施方案

执行方案

记录检查结果

汇总检查结果并做出处理意见　　否

审核　　是

审批　　否

实施奖惩措施　　是

存档备案

结束

7.1.4 图解突发事件处理流程

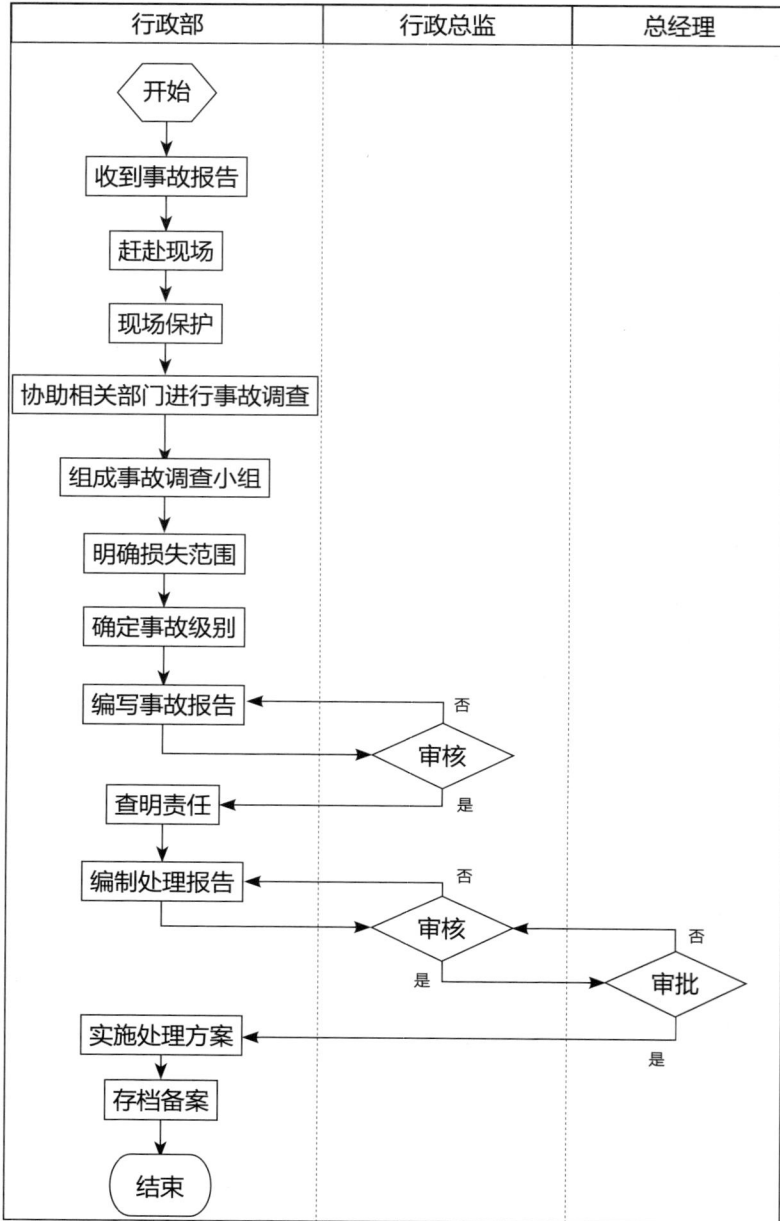

行政部	行政总监	总经理

```
                    ┌─────────┐
                    │  开始   │
                    └────┬────┘
                         ↓
                  ┌─────────────┐
                  │ 收到事故报告 │
                  └──────┬──────┘
                         ↓
                    ┌─────────┐
                    │ 赶赴现场 │
                    └────┬────┘
                         ↓
                    ┌─────────┐
                    │ 现场保护 │
                    └────┬────┘
                         ↓
          ┌──────────────────────────┐
          │ 协助相关部门进行事故调查   │
          └────────────┬─────────────┘
                       ↓
             ┌──────────────────┐
             │  组成事故调查小组  │
             └────────┬─────────┘
                      ↓
                ┌─────────────┐
                │ 明确损失范围 │
                └──────┬──────┘
                       ↓
                ┌─────────────┐
                │ 确定事故级别 │
                └──────┬──────┘
                       ↓
                ┌─────────────┐        否  ◇──────◇
                │ 编写事故报告 │◄──────────│ 审核 │
                └──────┬──────┘           ◇──────◇
                       │                     │ 是
                ┌─────────────┐
                │  查明责任    │
                └──────┬──────┘
                       ↓
                ┌─────────────┐        否  ◇──────◇       否
                │ 编制处理报告 │◄──────────│ 审核 │◄──────────◇──────◇
                └──────┬──────┘           ◇──────◇           │ 审批 │
                       │                     │ 是            ◇──────◇
                ┌─────────────┐                                │ 是
                │ 实施处理方案 │◄───────────────────────────────┘
                └──────┬──────┘
                       ↓
                ┌─────────────┐
                │  存档备案    │
                └──────┬──────┘
                       ↓
                    ┌─────────┐
                    │  结束   │
                    └─────────┘
```

7.1.5 图解车辆使用管理工作流程

各部门	行政部	行政总监

开始

车辆使用申请 ← 否

审核

是

办理车辆使用手续 ← 否

审核

是

查询车辆使用信息

车辆调配

驾驶员安排

车况确认

确定车辆状况 ← 提供车辆

车辆使用

车辆使用完毕 → 登记信息

结束

7.1.6 图解车辆肇事处理工作流程

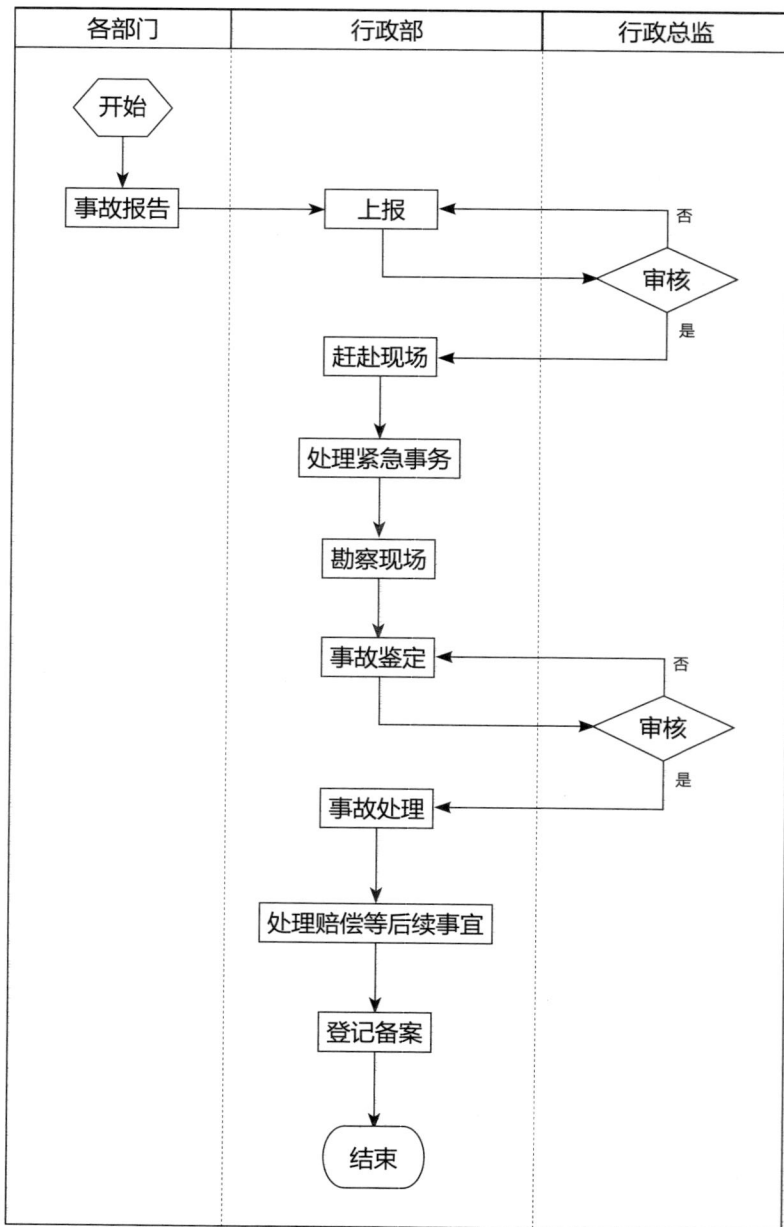

各部门	行政部	行政总监

```
          ◇ 开始 ◇
             │
             ▼
      ┌─────────┐      ┌─────────┐                         否
      │ 事故报告 │─────▶│  上报   │◀──────────────────────┐
      └─────────┘      └─────────┘                        │
                            │                         ◇ 审核 ◇
                            └────────────────────────▶│       │
                                                          │ 是
      ┌─────────┐◀───────────────────────────────────────┘
      │ 赶赴现场 │
      └─────────┘
             │
             ▼
      ┌──────────────┐
      │ 处理紧急事务  │
      └──────────────┘
             │
             ▼
      ┌─────────┐
      │ 勘察现场 │
      └─────────┘
             │
             ▼
      ┌─────────┐                                         否
      │ 事故鉴定 │◀──────────────────────────────────────┐
      └─────────┘                                          │
             │                                         ◇ 审核 ◇
             └─────────────────────────────────────────▶│       │
                                                          │ 是
      ┌─────────┐◀───────────────────────────────────────┘
      │ 事故处理 │
      └─────────┘
             │
             ▼
  ┌──────────────────┐
  │ 处理赔偿等后续事宜 │
  └──────────────────┘
             │
             ▼
      ┌─────────┐
      │ 登记备案 │
      └─────────┘
             │
             ▼
         ( 结束 )
```

|7.2|
企业日常安全管理不容忽视

安全管理是企业时刻需要考虑的问题，在企业日常运行过程中，难免会存在一些安全隐患，这就需要各部门配合行政管理部门做好企业日常安全管理。

7.2.1 安全管理工作的基本内容

企业内部安全管理按照管理的方式和形式不同，可以分为行政管理、技术管理和工业卫生管理，具体介绍如表 7-1 所示。

表 7-1 3 种安全管理方式的区别

管理方式	区别
行政管理	行政管理主要指以行政手段对企业职工行为进行规范，包括企业安全决策，计划的制订与实施，安全生产责任制的落实，各项规章制度的执行，以及日常的安全教育、安全检查、隐患治理、事故处理等都是靠行政命令实施的工作
技术管理	技术管理主要是以国家技术标准的安全要求为依据，对设备、设施、装置、机器等是否符合标准状态进行的检查、维修等管理工作
工业卫生管理	工业卫生管理主要是指作业环境的安全卫生要求和检查，职工的健康检查，职业病的预防、调查、报告等管理工作

安全管理工作是由多个部分组成，每个部份的要求各不相同，下面进行具体介绍。

（1）建立安全工作管理体系

首先要明确企业安全管理体系，了解各个层级人员的具体职能，才能切实做好安全管理。

◆ **决策层**：它包括企业法定代表及领导班子成员。他们主要起决策、指挥作用。工作内容包括贯彻落实国家有关安全生产法律、法规，根据法律、法规制订本企业的安全规章制度，落实安全规划，健全安全机构、配备人员，保证安全资金的投入。

◆ **管理层**：包括企业的车间和职能部门。他们主要对安全生产进行日常管理，落实企业安全生产规章制度，并负责检查落实。

◆ **操作层**：包括企业一线的操作人员。他们必须严格执行企业安全生产规章制度，遵守操作规程，杜绝违章，防止事故发生。操作层是安全生产的基础环节。

（2）进行安全检查

企业安全检查是消除不安全、不卫生隐患，防止事故发生、改善劳动条件的重要手段，也是企业安全管理工作的一项重要内容。安全检查活动具体介绍如下。

◆ **人因安全性检查**：通过填表、抽查、分析评价方式，对各级领导、员工进行责任制、安全培训、技能等方面的考评。

◆ **物态安全性检查**：通过使用安全检查表，对各种生产设备、装置、工具、材料等生产物质进行全面的安全可靠性检查评价，全面检查评价发现隐患并处理，使生产物资得到有效整改。

◆ **安全管理效能检查**：通过分层次、对象，采用座谈分析、项目对照方式，对企业的安全机构、人员、职能、制度、经费投入等安全管理的效能进行全面系统的检查，促使企业完善安全管理，提高安全管理效能。

7.2.2 明确安保主管工作职责

为了加强对安保工作的管理，行政管理人员应对企业的安保主管的职责进行具体规定，以便将责任落实到具体的人员。下面具体介绍安保主管的工作职责。

- ◆ 协助行政管理人员督导及管理各保安人员。定期对下属及各部门员工进行防盗、防火等方面的知识教育。执行公司传达的各项工作，跟进日常工作。
- ◆ 制订、部署保安部的工作计划，督促各保安人员做好工作。主持保安工作会议，贯彻行政管理人员的指令。安排体能训练，确保保安人员处于最佳工作状态。
- ◆ 与行政管理人员商讨编制有关紧急事故发生时的应急措施。了解周围环境，熟悉公共设备的位置和监控重点，以便执行工作。
- ◆ 做好考勤工作，检查保安人员的仪容仪表。加强与所属管辖区警民的关系，以便日后执行工作。对重点岗位的巡视，每天不少于 3 次。
- ◆ 定期抽查保安部监控中心的记录本，上报记录本及巡逻记录等。熟记紧急联络电话号码、对讲机号码，考评及报告保安人员的工作情况。
- ◆ 处理一般性的治安案件和投诉。管理好警具器械和公用物资。定期与消防单位联系，以便日后执行工作。

安保主管主要负责总领企业安保管理全局，处理安保人员在工作过程中遇到的问题、违章违纪以及评估工作。只有优秀的安保主管才能带领下属做好企业安保工作。同样的行政管理人员也要定期对安保主管的工作情况进行检查，指出工作中存在的问题。

7.2.3　如何规范安保人员的工作

安保人员是企业安全工作的主要实施人员，行政管理人员应明确其工作职责和要求，督促做好安保工作。安保人员的具体工作职责如下所述。

- ◆ 负责维护企业治安，预防和查处安全事故，做好安全保卫工作。
- ◆ 维护企业内部治安，消除隐患，防患于未然。
- ◆ 监督员工遵守安全守则。
- ◆ 加强对重点位置的治安检查工作，加强防盗活动，及时上报发现的可疑人员。
- ◆ 检查各层的报警器和灭火器能否正常使用、消防通道是否畅通无阻及照明指示灯能否正常工作。
- ◆ 若发现办公楼内有公共设施被毁坏，应予以记录并通知行政部。
- ◆ 保安人员应在行政部的领导下做好报刊、杂志、信件、电函的收发和分转工作。
- ◆ 文明、礼貌接待来访人员，做好访客登记工作，在接待单位和联系人同意后方可让访客进入。

要规范安保人员的工作就需要加强管理，重视安保人员的工作，下面具体介绍如何做好安保人员的管理工作。

加强培训指导。要对保安人员定期进行工作内容的培训与指导，以便能够更加规范的工作。不仅能够提升企业的形象，也能够帮助安保人员做好安保工作。

加强工作考核。定期对安保人员的考勤、工作态度、业务熟练程度等各方面进行综合考核。通过考核能够让安保人员了解自己的不足，从而对自己的不足之处进行改正。不仅如此，还可以通过工作考核为表现良好的安保人员进行奖励。

加强沟通交流。行政管理人员和安保主管要定期与安保人员进行交流、沟通，了解安保工作中存在的问题，并听取他们的意见或建议，这样能够切实了解安保人员的想法。

7.2.4 开展安全巡视工作

安全巡视工作是安保人员的主要工作，安保巡视工作主要包括门卫登记、守护和巡逻三项内容，下面进行具体介绍。

◆ 门卫登记

门卫登记是指在企业大门进出口处配备 1 ~ 2 名保安人员，履行下述职责。

控制进入。安保人员要严格控制人员和车辆的进入，对进入企业的来访人员进行验证登记。

物品检查。对携带物品外出的人员实行严格的检查，防止财物流失，维护企业的正常秩序。

全天值班。门卫登记应实行 24 小时值班制，不得出现空岗现象。

◆ 守护

守护是指保安人员对特定的重要目标实行实地看护和守卫的一种活动。行政管理人员要根据守护目标的范围、特点及周围环境来确定守护人员数量，具体内容如下所述。

①熟悉守护目标的情形、性质、特点、治安情况。

②熟悉有关制度、规定及准许出入的手续和证件。

③熟悉守护岗位周围地形及设施情况。

④熟悉电闸、消火栓、灭火器等安全设备以及各种报警装置的位置、性能和使用方法。

◆ 巡逻

巡逻是指为了确保企业生产活动的安全，安保人员在企业区域内进行有计划的巡视和观察。巡逻人员要有发现和排除各种危险因素的能力。

①巡逻的方式一般有往返式、交叉式和循环式三种。安保人员要交叉使用三种巡逻方式，以避免不法分子掌握规律。

②安保人员一定要将重点、要害部位，以及安全事件多发、易发地点安排在巡逻路线上，只有这样，才能有效地防范和打击犯罪行为。

|7.3|
企业消防安全管理要重视

火灾猛于虎，企业在日常生产过程中该如何做好火灾防范工作呢？首先企业需要重视消防安全管理，重视安全生产，防患于未然，这样才能实现利益和安全"双赢"。

7.3.1 消防安全管理要点

行政管理人员应充分掌握消防安全管理要点，以便良好地开展消防工作。消防安全管理要点如下所述。

◆ 保持消防通道畅通，保证在出现险情时能够快速疏散。
◆ 禁止在消防栓或配电柜前放置物品。

◆ 在指定位置放置灭火器，并保证灭火器能够正常使用，不能为了应付检查就放置过期的灭火器。

◆ 控制易燃易爆品的存放量，将易燃易爆品的持有量控制在合理的范围内，降低安全风险。

◆ 应指定专人负责空调、电梯等大型设施设备的开关及使用，或制订相关规定。

◆ 应指定专人负责电源、线路的使用或制订相关规定。

◆ 要采取足够的消防措施进行动火作业，作业完成后要确保没有火种遗留。

除此之外，企业还应当配备一些基本的消防设施，以便处理突发消防事故，具体介绍如下。

◆ 室内消火栓、室外消火栓（消防车紧急供水，任何人不得私自动用）。

◆ 灭火器（手提式、推车式、悬挂式）、防毒面具、应急电筒（应急使用）。

◆ 安全出口指示灯、应急照明灯（壁挂式）、火警手动报警器和烟感、温感报警器。

◆ 禁止标志、消防服、隔热服、消防宣传栏。

企业平时用到消火栓、灭火器的机会比较小，因而很容易忽视它们。行政管理人员应对这些消防器材进行定位和标识，以备不时之需，具体介绍如表 7-2 所示。

表 7-2　消防器材的定位与标识

内容	具体说明
定位	找一个固定的场所放置灭火器等消防器材，以便在意外发生时及时采取措施。假设现场的灭火器是悬挂于墙壁上的，当灭火器的重量超过 18kg 时，灭火器与地面的距离应低于 1m；若重量在 18kg 以下，则灭火器与地面的距离不得超过 1.5m

续上表

内容	具体说明
标示	工厂内的消防器材常被其他物品遮住,这势必会延误救护的时机,所以,最好在放置这些消防器材的地方,设立一个挑高的标志看板来增加其能见度
禁区	消防器材前面的通道一定要保持通畅,这样才不会造成取用时的阻碍。所以,为了避免其他物品的占用,一定要在这些消防器材的前面规划出安全区,而且画上"老虎线",提醒大家共同来遵守安全规则
说明	事故发生时,人难免会慌乱,极易造成对消防器材使用方法的记忆不清。所以,最好是在放置这些消防器材的墙壁上贴一张放大的操作步骤说明图,以供所有人参考
更新日期	注意灭火器内药剂的有效期限是否逾期,并且一定要按时更新,以确保灭火器的有效性。把灭火器的下一次换药期明确地标示在灭火器上,让所有人共同来注意安全

7.3.2 消防检查及隐患处理

企业要经常对消防设备和消防器材进行维修保养,使之处于良好的使用状态。行政管理人员要派专人负责查看消防设施是否齐全、完好,并处理安全隐患。消防巡查内容及频次如表7-3所示。

表7-3 消防巡查内容及频次

内容	具体说明
烟温感报警系统	①每周对区域报警器、集中报警器巡视检查一次,查看电源是否正常,各按钮是否处于接收状态。②每日检查一次各报警器的内部接线端子是否松动,主干线路、信号线路有否破损。③每半年对烟温感探测器进行逐个保养,擦洗灰尘,检查探测器底座端子是否牢固。④一般场所每三年、污染场所每一年进行一次全面维修保养,主要项目:清洗吸烟室(罩)集成线路,保养检查放射元素镁是否完好等

内容	具体说明
送风、排烟系统	①每周巡视检查各风机控制线路是否正常，可做就地及遥控启动试验，打扫机房及风机表面灰尘。②每月进行一次维护保养、检查电气元件有无损坏、清扫电气元件上的灰尘、风机轴承加油等。③每周巡视检查各层排烟阀、窗、电源是否正常，有无异常现象。④每月进行一次维护保养，检查电气元件有无损坏松动，对排烟机轴承及排烟阀机械部分加油保养，打扫机房
消火栓系统	①每周巡视检查各层消火栓、水龙带、水枪头、报警按钮等是否完好无缺，各供水泵、电源是否正常。②每月检查一遍各阀门是否灵活，进行除锈加油保养；检查水泵是否良好；检查电气控制部分是否处于良好状态。③每季度在月检查的基础上对水泵进行中修保养，检查电动机的绝缘是否良好
花洒喷淋系统	①每周巡视检查管内水压是否正常，各供水泵电源是否正常。②每月巡视检查花洒喷淋头有无漏水及其他异常现象，检查各阀门是否完好并加油保养。③供水泵月保养、季中修内容与消火栓水泵相应
应急广播系统	①每周检查主机、电源信号及控制信号是否正常。各控制开关是否处在正常位置，有无损坏和异常现象，及时清洗主机上的粉尘。②切换机在每月的试验过程中，是否正确的切换。检查麦克风是否正常，定期清洗磁头。③楼层的喇叭是否正常，清洗喇叭上的粉尘等，检查后进行试播放

行政管理人员在消防检查工作中若发现各种设备、设施存在异常，或其他违反消防安全规定的问题，要立即查明原因，及时下发消防检查整改通知书，并采取措施进行处理，不能拖延。

在通知整改后，行政管理人员还需要在一定时间后进行复查，确保问题得到解决。

【实用模板】消防检查整改通知书

模板 \行政模块7\消防检查整改通知书.docx

消防检查整改通知书

编号：				日期：	
收件单位		科室	联系人		电话
发件单位		科室	联系人		电话
消防检查异常情况描述					
整改期限					
注意要点					
整改验收					
制表人：				审核人：	

7.3.3　定期开展消防演习

为了强化员工的消防安全知识，提高员工火灾防控能力和突发事件应急救援能力，应当定期组织应急疏散演练及消防安全知识培训。

◆　明确火灾性质和发展阶段

在发生火灾时，首先要弄清楚起火的原因，是电起火还是由其他物质引起的火灾。若为电起火，一定要先切断电源，然后再展开扑救。

火灾发展的四个阶段：初起、发展、猛烈、熄灭。

◆　掌握灭火方法和灭火器使用方法

灭火的方法包括冷却法、窒息法、隔离法、抑制法等。灭火器的类型分为干粉灭火器、泡沫灭火器、二氧化碳灭火器、1211灭火器等，行政管理人员要训练员工掌握其操作方法。

◆　加强消防知识培训

对于预防和应对火灾，企业全员应掌握以下知识。

①懂岗位火灾危险性、懂岗位预防火灾措施、懂岗位灭火方法、懂火灾报警方法。

②利用建筑物本身的疏散设施、利用缓降器、利用自救绳、利用避难空间。

③不要乘坐电梯，不要躲避在角落或死胡同中，不要因穿戴衣服或寻找贵重物品而浪费时间，不要私自重返火场救人或拿取财物。

还应当做好消防档案的管理工作。消防档案是记载企业内的消防重点以及消防安全工作基本情况的文书档案，行政部应建立消防档案。消防档案的内容如表 7-4 所示。

表 7-4 消防档案的内容介绍

内容	具体说明
消防设施档案	应包括消防通道畅通情况、消防栓完好情况、消防水池的蓄水情况、灭火器放置位置是否合理、消防器材的数量及布置是否合理、消防设施更新记录等
防火档案	防火档案包括消防负责人及管理人员名单、区域平面图、建筑结构图、交通和水源情况、消防管理制度、火险隐患、消防设备状况、重点消防部位、前期消防工作概况等

|7.4|
加强后勤总务管理，提升服务水平

后勤总务管理主要是为企业正常运行提供完善的后勤保障，解决后顾之忧。因此，加强后勤总务管理有助于优化企业的运营状况。

7.4.1 车辆管理中的两大块内容

车辆的使用是企业运营过程中必定会涉及的，行政管理人员需要规范企业车辆的使用，让车辆管理更高效。下面主要介绍车辆管理过程中需要注意的两方面内容，日常车辆管理和车辆使用管理。

（1）日常车辆管理

行政管理人员在管理车辆的时候，必须制作车辆管理卡。车辆管理卡如同设备管理簿，相当于车辆的故障检查表。行政管理人员要将车辆管理卡副本交给车辆的使用者，并要求据实记录检查、修理情况。

【实用模板】车辆管理卡

模板 \行政模块7\车辆管理卡.docx

车辆管理卡

日期：

车辆类别	车牌号	驾驶人	购置日期	购买价格	引擎号码	排气量	使用人/单位

事件情况							
类别	原因	费用或损失	审批	承修长	验收人	司机	备注

制表人：　　　　　　　　　　　　　　　审核人：

（2）车辆使用管理

如果企业车辆使用混乱将会降低车辆的使用效率，因此行政管理人员需要对车辆的使用做出明确的规定。下面将具体介绍车辆使用管理的具体内容。

◆ 各部门若需要使用车辆，必须提前一天填写车辆使用申请单并交行政部审批，以便于行政部进行车辆调度。

◆ 若多个部门同时申请用车，行政部可以根据用车的紧急程度进行统筹安排。对于无法安排用车的情况，行政部应在车辆使用申请单上注明无法用车的原因。

◆　除车辆出车必备证件，其他与公司车辆有关的证件一律由档案室保管。档案室应列出证件清单并交行政部、财务部分别备案。

◆　因为公事需要使用车辆时，使用人应填写车辆使用申请单，在部门领导签署意见后，交行政部进行审核。此外，使用人还应出具出门条、出差申请单以及驾驶执照等。

【实用模板】车辆使用申请单

模板 \行政模块7\车辆使用申请单.docx

车辆使用申请单

编号：

申请部门		申请人	
申请时间		部门负责人	
申请事由			
使用时间			
审核		批准	

制表人：　　　　　　　　　　　　　　　　审核人：

对于车辆的每次派发行驶，相关人员都必须进行登记，以便查实。行政管理人员还要经常检查企业车辆使用登记表。

【实用模板】车辆使用登记表

模板 \行政模块7\车辆使用登记表.docx

车辆使用登记表

编号：　　　　　　车牌号：　　　　　　　　月份：

日期	用车时间	还车时间	行驶里程数	维修费	加油费	使用人

制表人：　　　　　　　　　　　　　　　　审核人：

7.4.2　清洁和园艺的合理安排

清洁和园艺是企业行政管理中的重要部分，干净清洁的环境和充满生机的园艺不仅能提升公司的形象，还能让人拥有好心情。

（1）公司清洁管理

为保障公司优美、舒心的工作环境和员工身心健康，塑造公司形象，行政管理人员需要对公司的环境进行详细的优化和管理，让公司始终保持整洁、卫生，下面进行具体介绍。

◆ 公司总务后勤部负责公司卫生组织、领导管理工作，并指派专人负责打扫、维护以及卫生检查等。

◆ 公司卫生管理实行经常性与突击性、专业性与群众性、公司与个人卫生相结合的原则。

◆ 公司或部门设立轮流值班制度，负责卫生检查工作。

◆ 公司划分部门与个人包干的卫生清洁区域，建立卫生责任制，将责任落实到每个具体人员。

下面具体介绍做好公司清洁管理的 4 个要点，如表 7-5 所示。

表 7-5　做好公司清洁管理的要点

要点	具体说明
分析员工特点	在日常管理中我们应注意保洁人员的人群特点，分析和研究他们的工作特质与人员性格特征，针对性地采取适宜的方法，才能实现保洁目标，切不可采取粗暴或过于迁就的方式
做好培训工作	培训不仅要让保洁人员会做保洁，正确地使用各种工具，对不同的保洁情况使用不同保洁工具和方法，规范工作流程，实现高效率高质量的目标，保证达到顾客满意。培训后要注意深入现场去检查、跟踪培训的效果，及时纠正存在的问题
适宜的工具	影响工作效率的重要因素是工作流程、工艺与工具。例如保洁玻璃时使用玻璃刮，效率和效果都会比较好；用高压水枪洗地与一般用水洗地的效率与效果有明显的区别

续上表

要点	具体说明
工作记录	记录是质量管理中非常重要的环节，一方面可以提供工作的证据，另一方面可让员工有更强的工作责任感，便于管理人员的工作检查监督、分析和对不适宜情况进行纠正

（2）公司园艺管理安排

良好的园艺能够美化公司工作、生产环境，塑造公司良好的外在形象。下面讲具体介绍如何管理公司园艺。

◆ 为了提升员工认同感，可以将绿化列入公司精神文明建设项目和内容。公司员工都有权利和义务管理、爱护花草、树木。

◆ 为了更好地规划园艺，公司划拨一定的绿化专款用于公司的绿化养护与管理。

◆ 凡由公司负责绿化，应及时检查记录报告绿化情况，给花草树木定期培土、施肥、防治虫害、修剪枝叶、浇水等。

◆ 公司绿化列入社区绿化总体规划内容，公司有必要时可专门聘用园艺工人，承担绿化管理工作。

◆ 还需要制订相应的园艺工作管理制度，对公司的绿化工作和园艺保护工作进行具体规划。

网络信息管理

企业内部的信息是企业的宝贵财富，随着互联网发展日趋成熟，越来越多的企业信息变成了网络信息，因此，加强企业的网络信息管理能够保护企业机密，利于企业发展。

|8.1|
图解网络信息管理工作流程

8.1.1　图解计算机网络维修工作流程

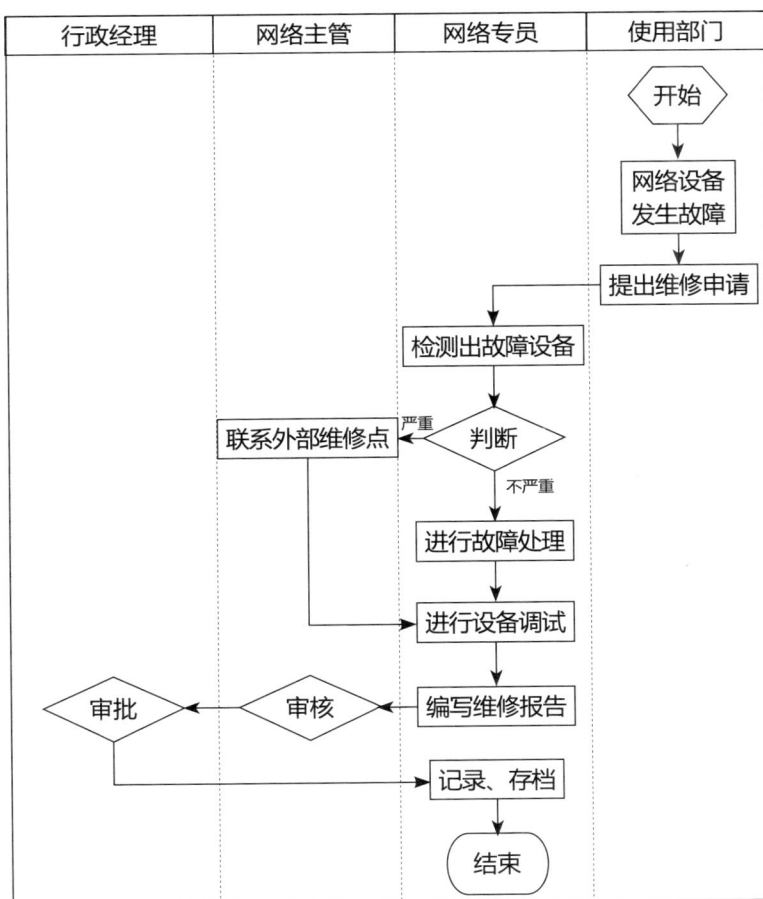

行政经理	网络主管	网络专员	使用部门
			开始
			网络设备发生故障
			提出维修申请
		检测出故障设备	
联系外部维修点		判断　严重　不严重	
		进行故障处理	
		进行设备调试	
审批	审核	编写维修报告	
		记录、存档	
		结束	

8.1.2　图解计算机网络设备购置管理流程

总经理	行政经理	网络主管	网络专员	采购部

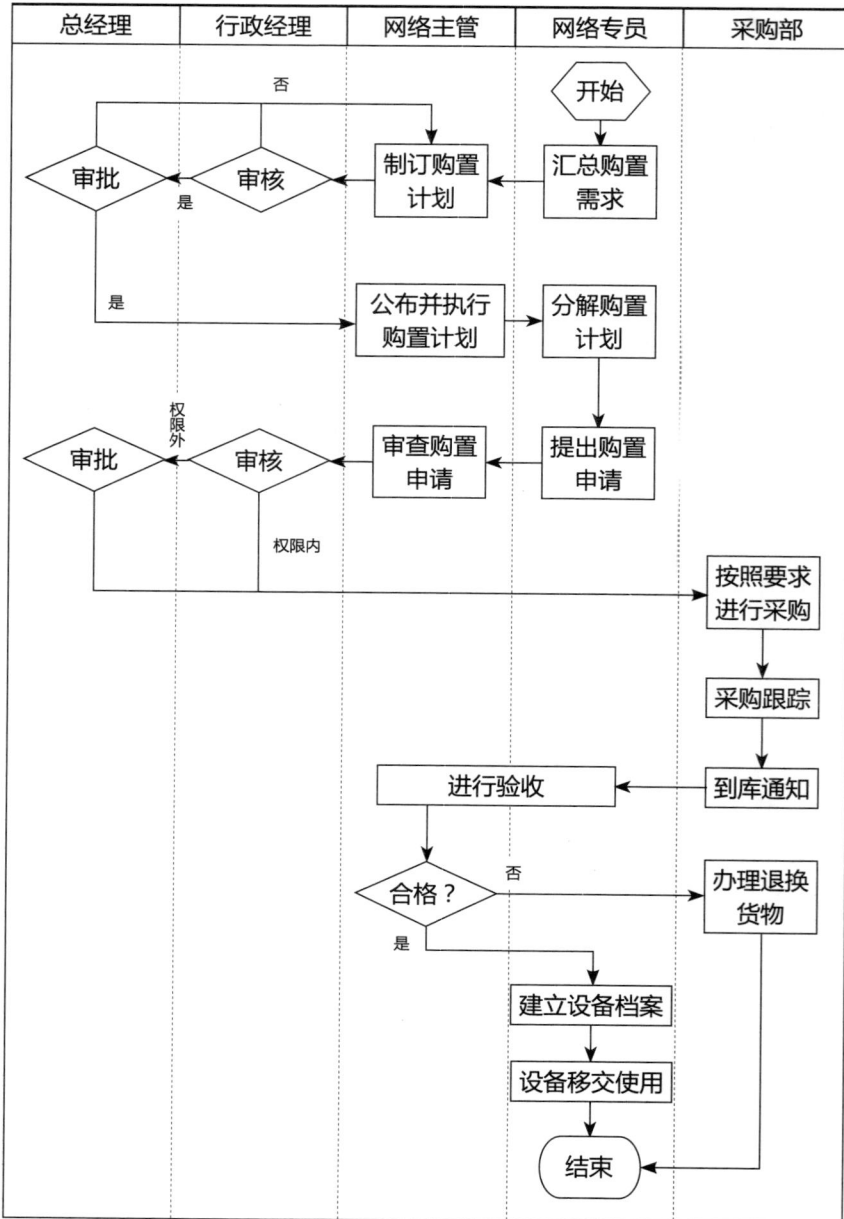

8.1.3 图解系统重大故障处理工作流程

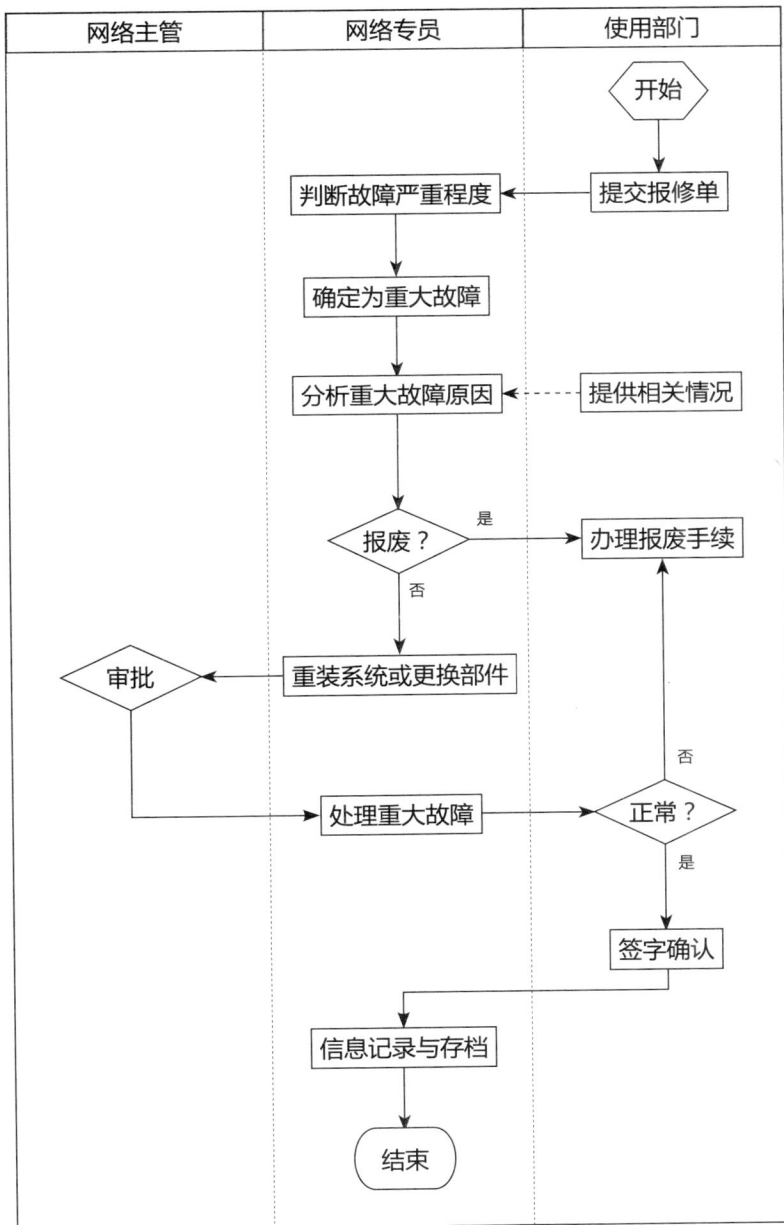

网络主管	网络专员	使用部门
		开始
	判断故障严重程度 ←	提交报修单
	确定为重大故障	
	分析重大故障原因 ⇠	提供相关情况
	报废？ —是→	办理报废手续
	否↓	
审批 ←	重装系统或更换部件	
	处理重大故障 →	正常？ 否
		是
		签字确认
	信息记录与存档	
	结束	

8.1.4 图解机房出入证办理工作流程

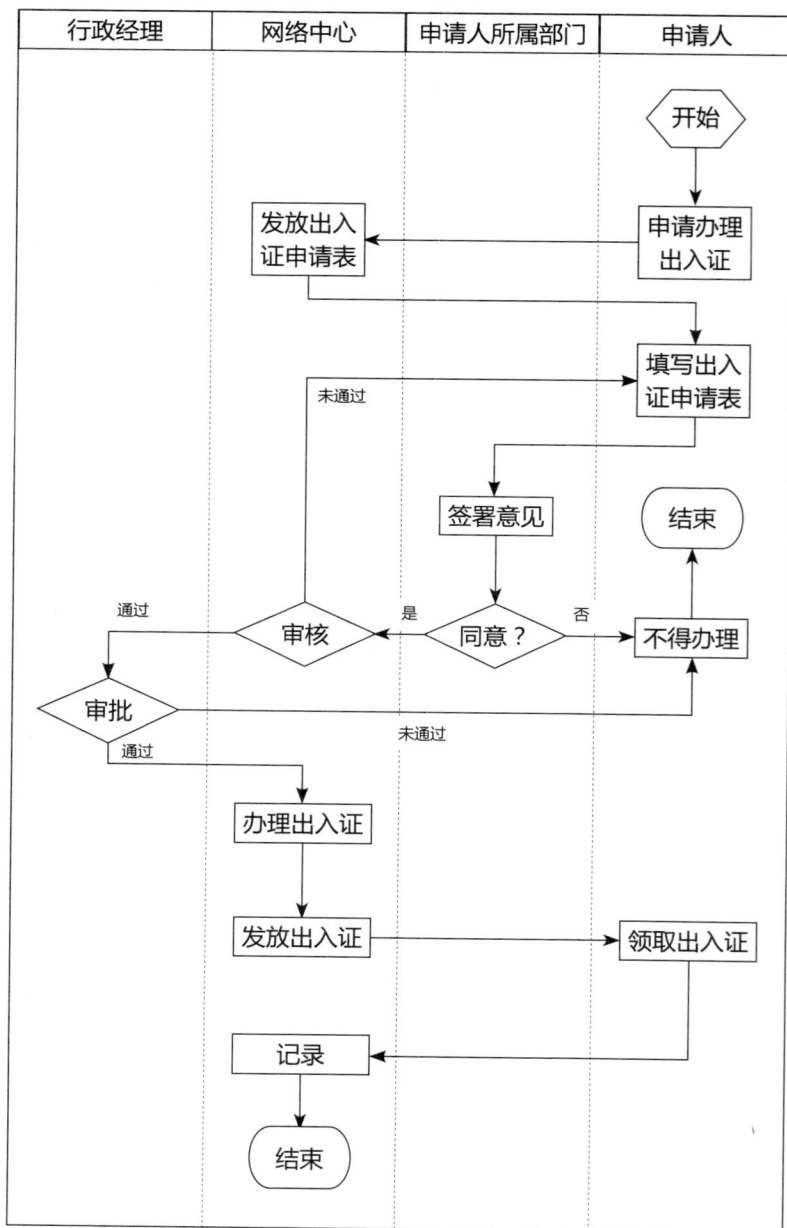

行政经理	网络中心	申请人所属部门	申请人

开始

申请办理出入证

发放出入证申请表 ← 申请办理出入证

填写出入证申请表

签署意见

结束

审核 ← 是 ← 同意？ → 否 → 不得办理

审批 ← 未通过

通过

办理出入证

发放出入证 → 领取出入证

记录

结束

|8.2|
网络管理规范，确保数据安全

大多数的公司或企业在日常工作中都会使用到互联网，通过互联网可以更加高效的办公。然而很多公司的网络管理不够规范，常常会出现数据丢失或系统中毒等情况，这就需要企业加强网络管理。

8.2.1　如何规范企业内部互联网接入

要加强企业的互联网管理，首先需要加强企业内部互联网接入管理，规范员工的操作，从而起到管理网络的作用。不仅如此，规范员工的上网操作还能有效避免网络故障和网络病毒。

下面将具体介绍互联网接入的规范要求。

◆ 各位职工可根据实际工作需要，填写网络申请表，经部门领导同意，与企业签订网络使用安全责任书后，向信息部门申请账号上网（申请书和责任书各一式两份，申请人与信息部门各执一份）。职工离、退休后或调离本单位，账号将被注销。

◆ 各部门应加强对使用人员的教育、管理工作，使用人员不得随意更改配置和参数。

◆ 员工应当按照国家有关法律、行政法规，严格执行安全保密制度，不得利用国际互联网从事危害国家安全、泄露国家秘密等违法犯罪活动，不得制作、查阅、复制和传播妨碍社会治安的信息。

◆ 不得泄露本企业有关生产、销售、技术以及其他需要保密的内容，不向他人发送恶意的、有损企业形象的电子邮件、文件和商业广告。

◆ 用户不得在互联网上进行大量与工作无关的查询和交谈，特别是浏览股市及暴力色情信息，不得浏览国家禁止登陆的网站。

信息部门在整个上网接入服务中，有权对所有上网用户进行实时监控，并对上网用户的上网记录进行抽样检查，如果出现不规范的上网记录要及时提醒相关员工，若发现重大违规现象应当上报相关领导，进行后续处理。

信息部门根据服务器自动记录的上网数据，对违规用户将上报企管科进行统一考核并立即终止该用户的上网服务，如需再次开通必须经过该部门主管领导签字认可。

【实用模板】公司网络接入申请表

模板 \行政模块8\公司网络接入申请表.docx

公司网络接入申请表					
申请单位：			填报日期：		
使用人姓名：		网络类型	□内网	□外网	
使用人身份证后4位：		使用人手机号码：			
入网期限：		接入设备序列号：			
接入设备品牌：		接入设备型号：	□台式机	□笔记本	□其他设备
申请原因	□新设备接入	IP地址：	新网卡MAC：		
	□更换硬件	原IP地址：	原MAC：	新MAC：	
	□违章处理	IP地址：	新MAC：		
申请单位意见：				（签字）	
信息化职能管理部门意见：				（签字）	
信息运维单位意见：				（签字）	
信息运维单位办理人：				（签字）	
制表人：			审核人：		

8.2.2　网络管理员的岗位职责及能力要求

一般企业对于网络管理员的要求基本就是知识要大而全面，不要求每方面知识都精通，但是要求都懂一些，才能在工作中做到得心应手，更游刃有余。

（1）岗位职责

一个合格的网络管理员最好在网络操作系统、网络数据库、网络设备、网络管理、网络安全以及应用开发等 6 个方面具备扎实的理论知识和应用技能，具体岗位职责介绍如表 8-1 所示。

表 8-1　网络管理员岗位职责介绍

岗位职责	具体介绍
基础设施管理	①确保网络通信传输畅通；②掌握主干设备的配置情况及配置参数变更情况；③负责网络布线配线架的管理，确保配线的合理有序；④掌握用户端设备接入网络的情况，以便发现问题时可迅速定位；⑤采取技术措施，对网络内经常出现的用户需要变更位置和部门的情况进行管理；⑥掌握与外部网络的连接配置，监督网络通信状况，发现问题后与有关机构及时联系
操作系统管理	①在操作系统投入正常运行后，网络管理员要利用系统管理软件实时监督系统运转；②网络管理员应随时掌握网络系统配置及配置参数变更情况，动态调整系统配置参数，优化系统性能
软件管理	①桌面联网计算机的办公常用软件安装与维护支持；②桌面联网计算机的业务软件安装；③解决桌面联网计算机安装软件所产生的问题；④管理员有权制止桌面联网计算机用户安装管理员所认为或怀疑的恶性软件、流氓软件
用户服务管理	①邮箱与 OA 用户的开户与撤销；②用户组的设置与管理；③用户可用服务与资源的的权限管理和配额管理；④包括用户桌面联网计算机的技术支持服务和用户技术培训服务的用户端支持服务
机房管理	①掌握机房数据通信电缆布线情况，在增减设备时确保布线合理，方便维护；②管理网络机房的温度、湿度和通风状况，提供适合的工作环境；③确保网络机房内各种设备的正常运转；④保持机房整洁有序，按时记录网络机房运行日志

岗位职责	具体介绍
其他	①掌握机房数据通信电缆布线情况，在增减设备时确保布线合理；②管理网络机房的温度、湿度和通风状况，提供适合的工作环境；③确保网络机房内各种设备的正常运转

（2）网络管理员能力要求

了解了网络管理员的岗位职责后，还需要了解网络管理员岗位具体有哪些能力要求。

网络管理员能力要求主要有 6 个方面，下面将分别进行介绍，如表 8-2 所示。

表 8-2　网络管理员的能力要求

能力要求	具体介绍
了解网络设计	网络管理员需要拥有非常丰富的网络设计知识，对交换机、路由器、服务器等网络设备有一定的了解，还需要熟悉网络布线规范和施工规范，对局域网相关技术有一定了解。能够规划设计包含路由器的局域网和广域网，并且能够为中小型网络提供完整的解决方案
掌握网络施工	充分了解网络基础知识和 TCP/IP 网络协议，并且能够独立完成路由器、交换机等网络设备的安装、连接、配置和操作，还能够搭建多层交换的企业网络，实现网络互联和链接，以及能够通过网络软件工具诊断并解决网络故障
熟悉网络操作系统	能够完整设计并实施网络安全解决方案，以降低损失和被攻击风险。网络管理员加强戒备，以防止来自黑客、外来账户甚至心怀不满的员工威胁到企业的信息安全、信息完整性以及日常业务操作
熟悉网络安全	熟悉 Windows 和 Linux 操作系统，具备使用高级的 Windows 和 Linux 平台，为企业提供成功的设计、实施和管理商业解决方案的能力

续上表

能力要求	具体介绍
了解 Web 数据库	了解 Web 数据库的基本原理，能够围绕 Web 数据库系统开展实施与管理工作，实现对企业数据的综合应用
素质能力	具有强烈的求知欲和自学的能力，并掌握相关的计算机专业词汇英文阅读能力、动手能力、较强的应变能力、敏锐的观察能力和出色的分析判断能力

8.2.3　网络系统维护管理要点

网络系统维护是网络管理员的工作职责之一，网络管理员需要引起重视，那么网络系统维护管理的要点主要有哪些呢？

◆ 网络管理员在提供现场支持服务前，应做好相应的准备工作，避免到时手忙脚乱。现场支持服务过程中，使用规范的服务用语，凡涉及到用户数据等相关方面的操作，都应转交终端维护人员处理。服务完成后，应做好相关记录单，每月对维护记录进行汇总和总结。

◆ 对于现场无法处理的问题允许进行网络远程支持服务。如网络远程支持服务涉及网络配置更改，必须在调试前备份设备的配置文件。

◆ 若公司网络出现重大问题，如违法性网络行为、网络瘫痪等，应进入事件处理流程并向主管领导汇报。

◆ 网络系统管理员应定期检查网络设备的运行情况。所有的网络设备应该至少每天检查一次，做好检查记录。

◆ 网络系统管理员应定期备份网络设备的配置，定期修改网络设备的维护密码，确保维护密码安全。

◆ 网络管理员只允许通过命令行方式进行调试设备，并确保调试失败能通过设备重启恢复上次配置，而不能够对系统进行修改或重装。服务完成后，应做好相关记录单。

【实用模板】网络管理制度

模板 \行政模块8\网络管理制度.docx

网络管理制度

为了有效、充分发挥和利用公司网络资源，保障网络系统正常、安全、可靠地运行，保证日常办公的顺利进行，规范网络建设工作，建立信息网络系统，发挥计算机网络的作用，提高办公效率，改善管理方法，提高管理水平。特制定本制度。

一、适用范围及岗位设置

（一）集团公司总部、所属子公司及项目公司或项目部。

（二）集团公司总部设网管员，子公司及项目公司或项目部设网管员或相应管理员。

二、机房管理

（一）机房的日常管理、维护工作由网管员专职负责。

（二）机房内各种设备的技术档案，由网管员或相应管理员妥善保管并建立机房内各种设备运行状态表。并报集团公司网管员备案。

（三）机房需保持环境清洁卫生，设备整齐有序。由网管员每周对设备进行一次维护保养、加负载满负荷运行测试设备性能以保证公司网络正常运行。（维护、维修记录表）

（四）未经许可，非机房工作人员不得随意进出机房。

（五）为保证机房设备运转，未经允许，不得改动或移动机房内的电源、机柜、服务器、交换机、换气扇等设备。

（六）未经网管员或相应管理员授权，严禁他人开关、操作服务器、交换机等各种网络设备。

（七）未经总裁或子公司总经理批准，不能带来外来人员参观机房设备，禁止在服务器上演示、查询信息，收、发E-mail、浏

览网页、上QQ等上网工作。

三、电脑办公网络管理

（一）电脑及其配件的购置、维修和使用。

1.需要购买计算机及其备品配件的，先由申请部门的使用人填写申购单，相应的配置型号由总裁办网管审核后执行办公物资申购程序。

2.电脑及办公设备（复印机、打印机、传真机、投影仪等）需外出维修的，必须填写申请单经总裁办或子公司负责人签字后方可外出维修，如设备未出保修期，由网管员或相应管理员通知供应商及设备售后维修部更换及维修。

3.电脑安装调试正常使用后，计算机名按照统一规范来命名，手动设置IP地址，并将IP地址和电脑MAC地址绑定；各子公司指定专人负责电脑及其外设办公设备，并由集团公司网管员备案。

4.各部门人员均不得擅自拆装电脑、外设和更换部件，确实需要打开机箱的，应通知网管员或相应管理员处理。

5.严禁任何部门和个人上班期间使用公司电脑、网络做与工作无关的事情，如打游戏、下载、购物等，网管员或相应管理员每周不定期抽查一次，并将检查结果报总裁办。

6.部门人员调动或离职，人力资源部应及时通知网管员对离职人员的电脑进行检查登记、入库、备案和重新分配，避免重复购买。

（二）公司网络的接入、使用、维护

1.公司内外网络的建设由总裁办网管员统一规划。禁止其他任何人擅自连接网线。

上述模板展示的是某公司的网络管理制度的部分内容，从中可以看出内容主要对制度适用范围、机房管理、办公网络管理以及信息安全等进行了详细的规范。除了前面介绍的内容外，还包含了以下两个方面。

电脑外设、办公设备及耗材管理：主要对办公设备的使用、维修、报废以及重新领取等进行了详细的规定。

至于处罚规定，主要对违反公司规定的员工进行具体的处罚制度，例如员工上班期间下载视频、电影，严重占用宽带，访问不明网站、网页，上班时间炒股、购物或玩游戏等，只有明确处罚制度，才能让员工能够切实遵守。

|8.3|
信息管理工作细化执行

信息管理就是企业对信息资源和信息活动的管理，加强企业信息管理能够实现对信息资源的有效利用，有助于推动组织结构扁平化改造，能够有效降低企业的人力和信息成本。

8.3.1 信息管理要求与内容

信息管理主要是指在整个管理过程中，对收集、加工、输入和输出的信息的总称。信息管理的过程包括信息收集、信息传输、信息加工和信息储存。下面具体介绍信息管理的要求与内容。

（1）信息管理内容

在了解信息管理的内容之前首先需要了解信息管理的分类。

◆ **按管理层次分类**：宏观信息管理、中观信息管理、微观信息管理。

◆ **按管理内容分类**：信息生产管理、信息组织管理、信息系统管理、信息产业管理、信息市场管理等。

◆ **按应用范围分类**：工业企业信息管理、商业企业信息管理、政府信息管理、公共事业信息管理等。

◆ **按管理手段分类**：手工信息管理、信息技术管理、信息资源管理等。

不只是信息管理有不同的分类，信息管理的内容也有不同的分类，不同分类会涉及不同的内容，具体如表 8-3 所示。

表 8-3 信息管理内容的分类介绍

分类标准	具体介绍
按照管理对象划分	按照管理对象进行划分，信息管理的内容主要包括人力资源、项目、资金、技术、市场、信息、设备与工艺、作业与流程、文化制度与机制、经营环境等
按照成长过程和流程划分	按照流程划分，可以分为周而复始的多个循环，例如，项目调研－项目设计－项目建设－项目投产－项目运营－项目更新－项目二次运营－三次更新
按照职能或者业务功能划分	按照职能或者业务功能划分，可以分为计划管理、生产管理、采购管理、销售管理、质量管理、仓库管理、财务管理、项目管理、人力资源管理、统计管理、信息管理等
按照层次上下划分	按照公司员工的层级不同，可以划分为经营层面、业务层面、决策层面、执行层面、职工层面
按照资源要素划分	按照资源要素进行划分，可以分为人力资源、物料资源、技术资源、资金、市场与客户、政策与政府资源等

（2）信息管理的要求

信息管理不是单纯地将信息进行收集、加工、输入或输出，信息管理也需要遵循一定的规范，有一定的要求。

◆ 信息的及时性

信息的及时性就是指信息管理系统要灵敏、迅速地发现和提供管理活动所需要的信息，要及时地发现和收集信息。信息的管理必须最迅速、最敏捷地反映出工作的具体进程和相关动态，并适时地记录下已发生的情况和问题。

另一方面是信息传递要及时，要以最迅速、最有效的手段将需要传递的有用信息提供给有关部门和人员，使其成为决策、指挥和控制的重要依据。

◆　信息的准确性

要使相关部门接收到的信息可靠，就要保证收集到的原始信息准确性。这就要求信息工作者在收集和整理原始材料的时候必须坚持实事求是的态度，不能主观地判断信息的性质，要对原始材料认真加以核实，使其能够准确反映实际情况。

在加工整理信息时，要注意信息的统一，也要做到计量单位相同，以免在信息使用时造成混乱现象。

8.3.2　如何进行企业信息安全管理

如今，信息已经成为企业的一种重要资产，企业信息不仅包括企业的数据，还包括了专利、标准、商业机密、文件等，具有重要价值，需要进行妥善保管和保护。

企业信息安全管理包括风险评估、安全策略和安全教育这 3 个主要内容，它们是企业安全规划的基础，下面将进行具体介绍。

（1）信息安全的风险评估

这里的风险评估指的就是风险分析，主要是指识别企业信息资产和关键资产的使用过程是非常重要的步骤，需要认真执行。其实质就是要明确保护的对象、从哪里保护以及准备如何保护。

影响信息安全的风险有多种，在进行风险分析时需要注意，下面具体介绍信息管理过程中需要重视的集中风险。

◆　火灾、水灾、电源损坏等物理损坏。

◆　人为错误偶然的或不经意的行为造成破坏。

◆　设备故障系统及外围设备的故障；内、外部攻击内部人员；外部黑客的有无目的的攻击。

◆ 数据误用共享机密数据，数据被窃；故意或非故意的破坏方式丢失数据。

由于网络的开放性和共享性，网络信息系统自身的脆弱性，如操作系统的漏洞、网络协议存在的缺陷、通信线路的不稳定、人为因素等，都会给网络信息系统的安全带来威胁。

（2）对信息安全问题制订安全策略

要确保企业信息安全，就需要加强信息管理。制订符合企业当前状况的安全策略，任何获准访问某个机构技术和信息资产的人员，都必须遵守这些规则。

企业的安全策略一般都是由内部高级管理部门在不妨碍员工和用户正常操作下制订的，用于确保信息系统安全稳定。下面介绍两种常见的安全策略，如表8-4所示。

表8-4　常见的安全策略介绍

安全策略	具体介绍
本地安全策略	①要求员工保护他们的 ID/Password，严禁将 ID/Password 告诉任何人；②定期更新防病毒／防木马软件；③不允许员工安装任何与工作无关的软件；④限制使用可移动介质，以便减少恶意程序进入企业网络；⑤一些重要及敏感的数据必须制订相关的加密程序，并指定相关负责人；⑥明确负责人，制订发生事故后所采取行动的工作流程和规范
互联网威胁防护策略	①及时更新 Web 浏览器版本；将互联网上的站点分为允许的、禁止的或可能有危险的这几类；②企业的邮箱规定只能用于公事，不允许公私混用；所有的邮件及附件均必须经过扫描处理后才能打开使用；③严禁使用即时消息软件作为私人聊天工具；④在安全策略中应禁止下载任何软件、文件

（3）加强企业员工信息安全教育

信息管理主要是由员工进行操作和实现的，所以加强对企业员工的信息安全教育，同样能够促进企业信息安全管理。

主要可以通过培训等方式帮助员工学习信息安全知识，满足信息安全的要求，适应信息化安全不断发展的需求。下面主要介绍加强员工教育需要注意的内容。

◆ 将员工分为新员工和老员工进行分别培训。针对新员工，旨在帮助其了解单位信息安全情况、尽快适应工作；针对老员工，则要求能够在培训过程中规范自己的操作，提升综合素质，将信息安全隐患降到最低。

◆ 信息中心根据各部门及单位特定时期的具体情况，汇总、平衡、协调各部门的需求，制订单位及各部门的年度信息安全培训计划及各阶段的具体实施方案。

◆ 各部门领导对下属的培训情况应负有责任，培训课由信息中心组织，也可由部门自行组织。

◆ 信息中心提前一个星期公布培训课程、培训地点、培训讲师及参训人员，培训后填写信息安全培训记录表。

【实用模板】信息安全培训记录表

模板 \行政模块8\信息安全培训记录表.docx

8.3.3　信息保密管理

企业内部的某些信息属于企业内部的机密，通常企业都会要求进行保密，公司机密通常可以分为绝密、机密、秘密 3 个等级。常用保密措施工作要点如下。

◆　加强保密教育

各部门的办公室必须加强对办公人员的信息保密教育，加强工作人员的保密观念，使他们了解保密工作的重要性，了解保密工作的特点。

各部门领导和办公人员都必须遵守国家的保密规定，学习保密知识，养成良好的保密习惯。

◆　建立保密制度

仅靠信息保密教育并不能保证不失密，还需要有制度进行规范，因此各部门一定要建立一套完整的保密制度。

制度的具体内容应根据各部门的具体情况来确定，一般应当包括文件信息保密、会议信息保密、档案信息保密以及通信保密等。

有了制度还要经常检查执行情况，使制度不断完善，不流于形式，使保密工作经常化、持久化、规范化。

◆　严格挑选机要人员

保密工作的好坏，保密制度能否执行，与工作人员的责任心和业务水平有重要关系。因此，各部门对机要保密人员一定要坚持"先审后用"的原则，严格挑选。对他们要加强管理，严格要求。

【实用模板】公司信息保密制度

模板 \行政模块8\公司信息保密制度.docx

公司信息保密制度

1. 目的作用

企业内部的"信息流"与企业的"人流""物流""资金流",均为支持企业生存与发展的最基本条件。可见信息与人、财、物都是企业的财富,但信息又是一种无形的资产,客观上使人们利用过程中带来安全管理上的困难。为了保护公司的利益不受侵害,需要加强对信息的保密管理,使公司所拥有的信息在经营活动中充分利用,为公司带来最大的效益,特制定本制度。

2. 管理职责

由于企业的信息贯穿在企业经营活动的全过程和各个环节,所以信息的保密管理,除了领导重视而且需全员参与,各个职能部门人员都要严格遵守公司信息保密制度,公司督察部(总经办兼)具体负责对各部门执行情况的检查和考核。

3. 公司文件资料的形成过程保密规定

3.1 拟稿过程

拟稿是文件、资料保密工作的开始,对有保密要求的文件、资料,在拟稿过程应按以下规定办理:

3.1.1 初稿形成后,要根据文稿内容确定密级和保密期限,在编号号时应具体标明。

3.1.2 草稿纸及废纸不得乱弄,如无保留价值应及时销毁。

3.1.3 文件、资料形成前的讨论稿、征求意见稿、审议稿等,必须同定稿一样对待,按保密原则和要求管理。

3.2 印制过程

秘密文件、资料,应由公司机要打字员打印,并应注意以下几点:

3.2.1 要严格按照主管领导审定的份数印制,不得擅自多印多留。

3.2.2 要严格控制印制过程中的接触人员。

3.2.3 打印过程形成的底稿、清样、废页要妥善处理,及时监销。

3.3 复制过程

复制是按照规定的阅读范围扩大文件、资料发行数量,要求如下:

3.3.1 复制秘密文件、资料要建立严格的审批、登记制度。

3.3.2 复制件与正本文件、资料同等密级对待和管理。

3.3.3 严禁复制国家各种秘密文稿和国家领导人的内部讲话。

3.3.4 绝密文件、资料、未经原发文机关批准不得自行复制。

4. 公司文件资料传递、阅办过程保密规定

4.1 收发过程

4.1.1 收进文件时要核对收件单位或收件人,检查信件封口是否被开启。

4.1.2 收文启封后,要清点份数,按不同类别和密级,分别进行编号、登记、加盖收文印章。

4.1.3 发文时要按照文件、资料的类别和文号及顺序号登记清楚去向,并填写好发文通知单,封面要编号并加盖密缄章。

4.1.4 收发文件、资料都要建立登记制度和严格实行签收手

上述模板展示的是某公司的信息保密制度的部分内容,从中可以看出内容主要对信息的生成过程、信息的浏览、文件信息的归档以及计算机保密管理等方面的保密工作进行了详细的规范。行政管理人员在设置信息保密制度时可以参考上述模板。

下篇 人事模块全流程

人力资源主管

人力资源专员 — 根据人员规划、岗位需求，制订并执行招聘计划；负责员工信息数据的综合管理；各种信息及时录入，并定期整理数据。

人力资源助理 — 协助上级执行公司的培训、绩效评价的组织以及后勤保障工作；协助做好招聘与任用的具体事务性工作；管理员工信息资料等。

参与制订人力资源规划，组织制订、执行以及监督公司人事管理制度；提出内部人员调配方案；做好各部门间的协调工作；不断完善绩效管理体系；做好人员发展日常管理工作等。

招聘主管

招聘专员 — 协助部门主管制订员工招聘计划；定期或不定期的进行人力资源内外部状况分析及员工需求调查；积极开拓招聘渠道等。

招聘助理 — 负责招聘的实施工作（信息发布、简历筛选、面试通知、初试接待等）；维护和跟进招聘渠道；负责人才市场招聘安排等。

协助人事经理完善招聘体系；根据企业战略目标、部门人才需求计划以及企业发展情况制订人才招聘计划；进行应聘人员的简历甄别、筛选、聘前测试等工作。

培训主管

培训专员 — 协助培训主管拟订培训计划；了解公司内部培训需求；协助培训主管实施公司培训计划；组织培训材料，编写评估报告等。

培训助理 — 协助上级建立并优化培训制度和体系；协调管理重点培训课题开发小组的工作进程；协助完成培训项目的组织、实施、评估等。

建立并完善公司培训体系、培训制度及相关流程；开展培训需求调研，并制订年度培训计划；指导培训计划的实施；负责内部培训师队伍的建立、管理，以及外部培训机构的甄选和管理等。

绩效主管

绩效专员 — 协助制订各部门的绩效考核制度，并建立绩效考核体系；组织和推动绩效考核的实施；负责对各项考核结果进行总结和反馈。

建立、健全绩效管理制度，组织拟定绩效考核实施管理标准；制订年度绩效工作计划，监督计划有效落实；负责对绩效管理情况进行跟踪和监督；依据考核结果，核算绩效奖金等。

薪酬福利主管

薪酬分析师 — 负责人工成本预算管理工作，提报人工成本预决算数据；负责市场薪酬调研工作及数据分析；完善新业务的激励制度、执行等。

劳资专员 — 制订与完善薪酬管理有关的流程、程序、规章；协助完成公司的培训和绩效评价工作；受理和协调处理内部劳资纠纷等。

协助参与制订公司薪酬福利策略；针对不同岗位设计、完善及实施个性化激励方案；参与外部薪酬调研，结合公司现状，提出优化建议；负责参与公司职位职级体系优化工作等。

员工关系主管

员工关系专员 — 负责管理和优化公司的员工关系管理体系；负责公司离职管理（包含主动离职与被动离职）；负责处理员工冲突。

员工关系助理 — 密切关注员工关系，定期与员工沟通；帮助新员工快速融入团队；实施公司对员工的关怀措施；积极宣传公司企业文化等。

制订完善的人事制度，优化入、离、调和转流程；管理和优化企业的员工关系管理体系；建立健全公司员工关怀体系；员工资料档案流程管理，存档；处理员工冲突和员工投诉等。

人事档案管理员 — 负责告知派遣员工入职所需的相关资料；负责建立派遣员工详细电子档案，及时更新员工进出等变动信息；负责提供内部人员办理事务所需的派遣员工资料，并做好借阅登记、收回审查工作；严格执行档案资料保密、安全制度；积极处理各类矛盾与问题等。

人事经理

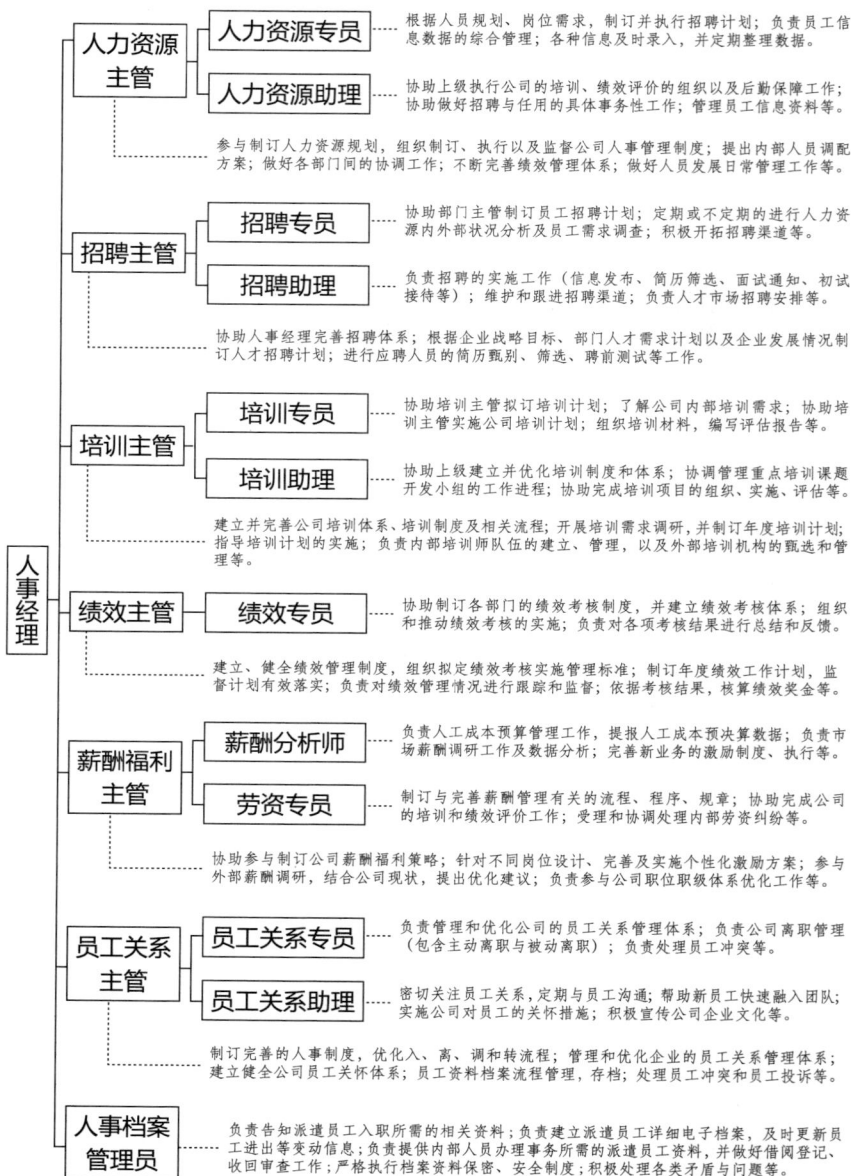

人事部岗位与职责逐个看

人力资源规划

通过人力资源规划，管理人员能够轻松了解企业的人员结构以及存在的问题，方便进行改进。合理的人力资源规划能够明确企业的发展方向，有利于创造人力资源综合平衡。

|9.1|
图解人力资源规划流程

9.1.1 图解人力需求预测流程

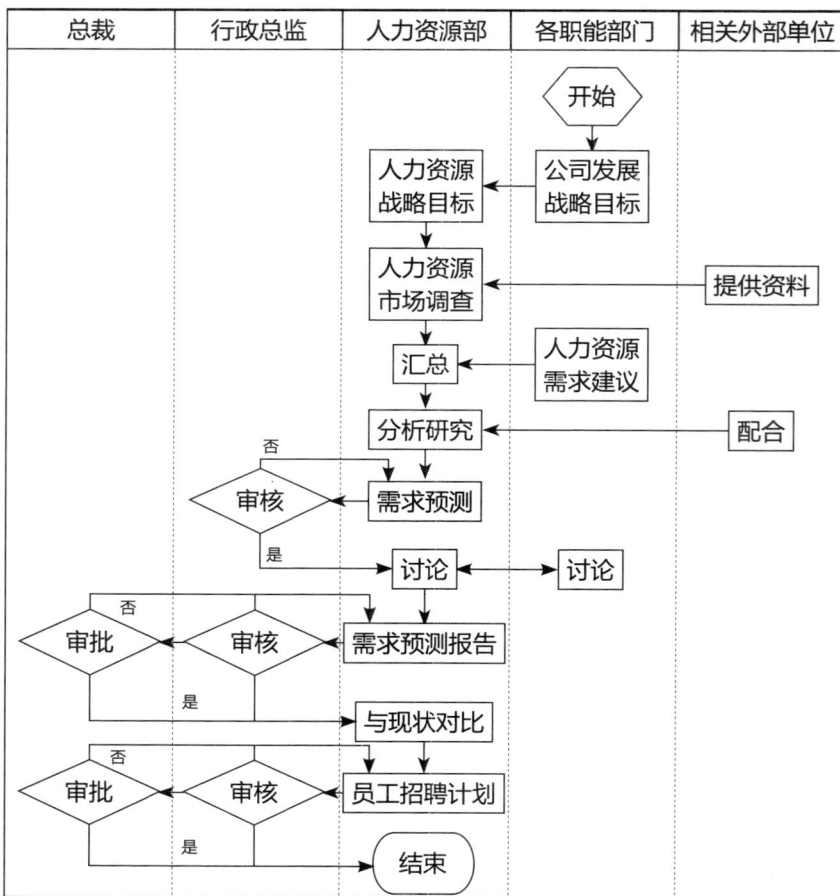

总裁	行政总监	人力资源部	各职能部门	相关外部单位
			开始	
		人力资源战略目标	公司发展战略目标	
		人力资源市场调查		提供资料
		汇总	人力资源需求建议	
		分析研究		配合
	审核（否）	需求预测		
	（是）	讨论	讨论	
审批（否）	审核	需求预测报告		
（是）		与现状对比		
审批（否）	审核	员工招聘计划		
（是）		结束		

9.1.2　图解人力供给预测流程

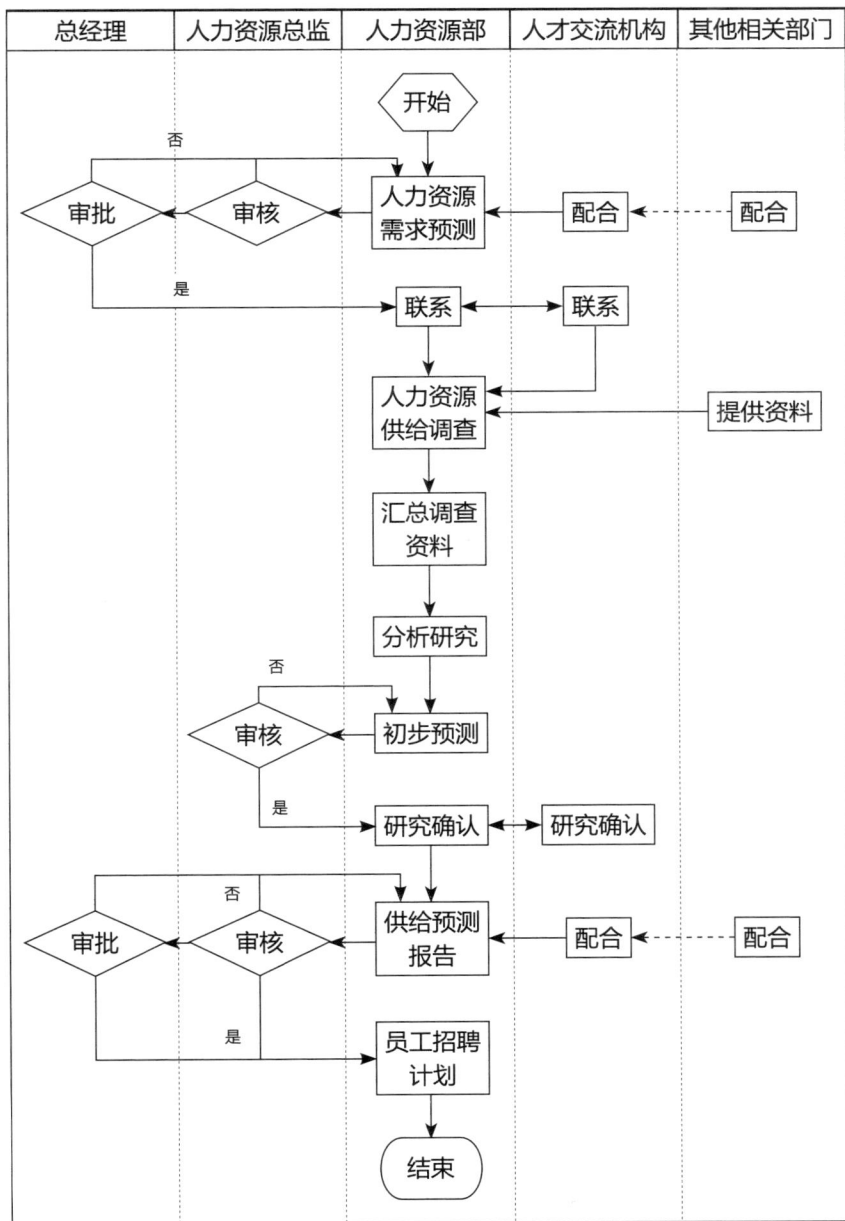

总经理	人力资源总监	人力资源部	人才交流机构	其他相关部门

开始

否

审批　审核　人力资源需求预测　配合　配合

是

联系　联系

人力资源供给调查　提供资料

汇总调查资料

分析研究

否

审核　初步预测

是

研究确认　研究确认

否

审批　审核　供给预测报告　配合　配合

是

员工招聘计划

结束

9.1.3 图解人力资源管理流程

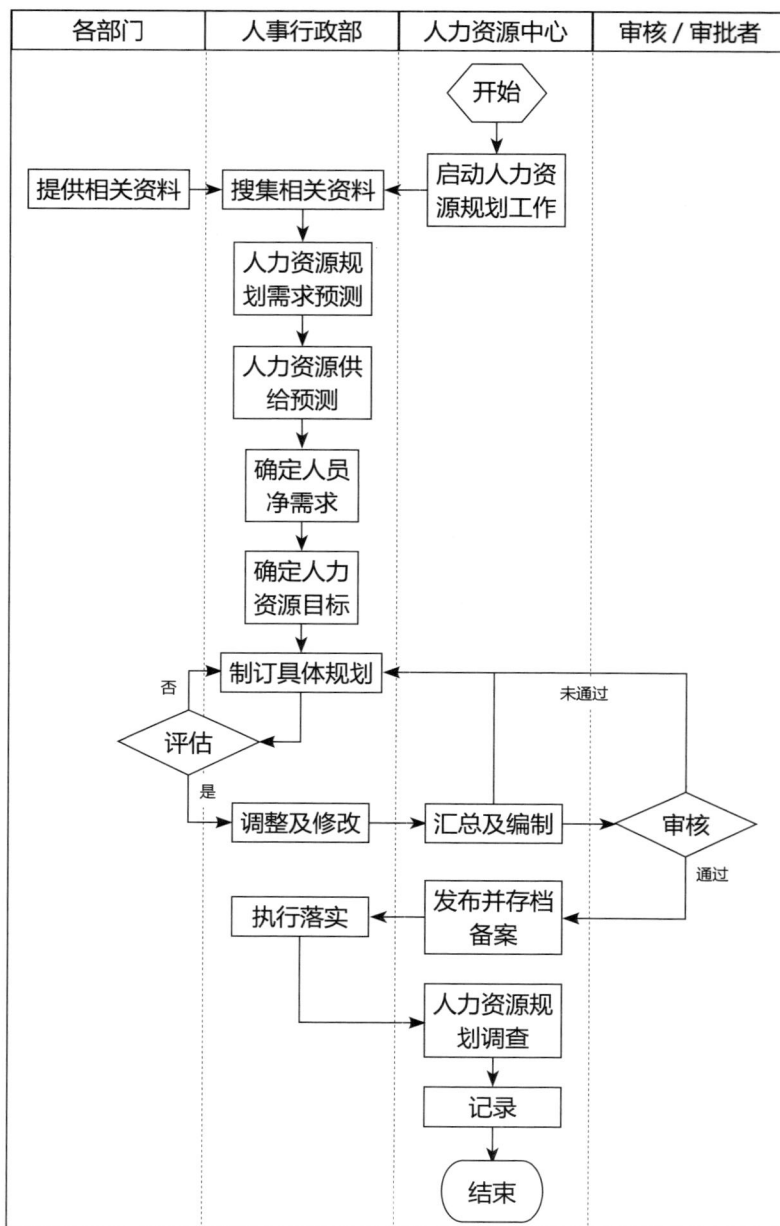

各部门	人事行政部	人力资源中心	审核/审批者
		开始	
提供相关资料 → 搜集相关资料 ←		启动人力资源规划工作	
	人力资源规划需求预测		
	人力资源供给预测		
	确定人员净需求		
否	制订具体规划 ←	← 未通过	
评估			
是	调整及修改 → 汇总及编制 →	审核	
	执行落实 ← 发布并存档备案 ←	通过	
		人力资源规划调查	
		记录	
		结束	

|9.2|
人力资源分析，做好前期准备

在进行人力资源分析之前首先需要做好相应的准备，即对人力资源做一定的了解，知道人力资源结构分析包含了哪些内容，以及如何高效进行人力资源分析。

9.2.1 人力资源流动比率的计算方法

人力资源流动率主要是指一定时期内某种人力资源变动（离职和新进）与员工总数的比率。该比率是考察企业组织与员工队伍是否稳定的重要指标。

计算人力资源流动率的常用方法有以下 3 种，下面分别进行介绍。

◆ 人力资源离职率

人力资源离职率是以某一单位时间（如以月为单位）的离职人数，除以工资册的月初月末平均人数然后乘以 100%。

用公式表示：离职率 =（离职人数 / 工资册平均人数）× 100%

离职人数主要由辞职人数、免职人数和解职人数 3 部分构成。工资册上的平均人数是当月月初和月末人数的平均值。离职率可用来测量人力资源的稳定程度，离职率越低，表示人力资源越稳定。

离职率常以月为单位，是由于如果以年度为单位，就要考虑季节与周期变动等因素，故较少采用。

◆ 人力资源新进率

人力资源新进率表示公司新进人员的占比，人力资源新进率是新进人员除以工资册平均人数然后乘以 100%。

用公式表示：新进率 ＝（新进人数／工资册平均人数）×100%

◆ 净人力资源流动率

净人力资源流动率是当月公司补充人数除以工资册平均人数。所谓补充人数是指为补充离职人员所雇佣的人数。

用公式表示：净流动率 ＝（补充人数／工资册平均人数）×100%

分析净人力资源流动率时，可以参考离职率和新进率。对于一个处于成长期或发展期的企业，通常净人力资源流动率等于离职率；对于一个处于紧缩状态的企业来说，其净流动率等于新进率；对于处于常态下的企业而言，净人力资源流动率、新进率和离职率通常情况下相等。

由于人力资源流动率直接影响到组织的稳定和员工的工作情绪，必须严格加以控制。通过人力资源流动率可以发现很多信息，若流动率过大，一般表明企业人事不稳定，劳资关系可能存在问题，影响企业的生产效率，还可能增加企业招聘人员的成本。若流动率过小，又不利于企业的新陈代谢，难以保持企业的活力。

9.2.2 人力资源结构分析包含的方面有哪些

人力资源结构分析就是对企业现有人力资源进行调查、分析和审核，只有企业充分利用现有人力资源，才能让人力资源的各项计划更有意义。

（1）人力资源数量分析

对人力资源数量进行分析，目标是研究企业现有人力资源是否能够满足企业当前的业务工作量。在人力资源配置标准的方法运用上，可参考以下几种，如表 9-1 所示。

表 9-1　人力资源数量分析方法要点

方法	具体介绍
动作时间研究	指对一项操作动作需要多少时间，这个时间包括正常作业、疲劳、延误、工作环境配合、努力等因素。定出一个标准时间，再根据业务量多少，核算出人力的标准
业务审查	业务审查是测定工作量与计算人力标准的方法，该方法又包括两种：①通过经验分析出各工作性质所需的工作时间，再判断出人力标准量；②根据人事纪录，来研究分析每一部门的工作负荷，再利用统计学上的平均数、标准差等确定所需人力标准
工作抽样	根据统计学的原理，以随机抽样的方法来测定一个部门在一定时间内，实际从事某项工作所占规定时间的百分率，以此百分率来测定人力通用的效率
相关与回归分析法	相关与回归分析法是利用统计学的相关与回归原理来测量计算的，用于分析各单位的工作负荷与人力数量间的关系

（2）人员类别的分析

通过对企业人员类别分析，可显示出一个机构业务的重心所在。主要包括以下两种方面的分析。

工作功能分析。一个机构内人员的工作功能有很多，归纳起来有四种：业务人员、技术人员、生产人员和管理人员。这四类人员的数量和配置代表了企业内部劳力市场的结构。

工作性质分析。企业内部工作人员根据工作性质又可分为直接人员和间接人员。这两类人员的配置，也随企业性质不同而有所不同。

（3）工作人员的素质分析

人员素质分析就是分析现有工作人员的受教育程度及所受的培训状况。一般而言，受教育与培训程度的高低可表示工作能力的高低，任何企业都希望能提高工作人员的素质，以期望人员能对组织做出更大的贡献。

组织中难免出现一部分人能力不足，而一部分人能力有余。要解决这种问题，可以参考以下几种方法。

◆ 变更职务的工作内容。减少某一职务、职位的工作内容及责任，而转由别的职务人员来承接。

◆ 改变及强化现职人员。运用培训或协助方式，来强化现职人员的工作能力。

◆ 改动现职人员的职位。如果上述两种方法仍无法达到期望时，表示现职人员不能胜任此职位，因此应予以调动。

（4）年龄结构分析

分析员工的年龄结构，在总的方面可按年龄段进行，统计全公司人员的年龄分配情况，进而求出全公司的平均年龄。了解年龄结构，旨在了解下列情况。

◆ 组织人员是否年轻化还是日趋老化。

◆ 组织人员吸收新知识、新技术的能力。

◆ 组织人员工作的体能负荷。

◆ 工作职位或职务的性质与年龄大小的匹配要求。

需要注意的是，企业员工理想的年龄分配，应呈三角形金字塔为宜。顶端代表 50 岁以上的高龄员工；中间部位次多，代表 35 ~ 50 岁的中龄员工；而底部位人数最多，代表 20 ~ 35 岁的低龄员工。

（5）职位结构分析

分析人力结构中主管职位与非主管职位，可以显示组织中管理幅度的大小，以及部门与层次的多少。主管职位与非主管职位应有适当的比例，如果一个组织中，主管职位太多，可能产生下列不当的结果。

◆ 组织结构不合理，管理控制幅度太狭窄，而且部门与层次太多。

◆ 显示工作程序繁杂，增加沟通协调的次数，浪费很多的时间，并容易导致误会和曲解。

◆ 由于本位主义，造成相互牵制，势必降低工作效率。

|9.3|
具体规划，确定企业未来动向

通过人力资源规划能够帮助相关管理者了解企业未来的发展动向，了解企业当前存在的缺陷，并及时进行补救。本节将具体介绍如何进行人力资源规划，以及需要注意的内容。

9.3.1　人力资源规划的目的

人力资源规划处于整个人力资源管理活动的统筹阶段，它为下一步人力资源管理活动制订了目标、原则和方法。

人力资源规划的可靠性直接关系着人力资源管理工作整体的实施和最终的成败。所以，制订好人力资源规划是企业人力资源管理部门的一项非常重要和有意义的工作。下面首先介绍的是人力资源规划的目的。

◆ 规划人力发展

人力发展包括人力预测、人力增补及人员培训，这三者紧密联系，不可分割。人力资源规划一方面对人力现状予以分析，以了解人事动态；另一方面，对未来人力需求做一些预测，以便对企业人力的增减进行通盘考虑，再据以制订人员增补和培训计划。

◆ 人力资源的合理运用

通常情况下，只有少数企业的人力的配置完全符合理想的状况。在相当多的企业中，一些人的工作负荷过重，而另一些人则工作过于轻松；也许有一些人的能力有限，而另一些人则感到能力有余，未能充分利用。人力资源规划可改善人力分配不平衡的状况，进而谋求合理化，以使人力资源能配合组织的发展需要。

◆ 配合组织发展的需要

任何组织的特性，都是不断的追求生存和发展，而生存和发展的主要因素是人力资源的获得与运用。也就是如何适时、适量及适质的使组织获得所需的各类人力资源。

由于现代科学技术不断发展，社会环境也十分复杂，如何针对这些多变的因素，配合组织发展目标，对人力资源合理规划甚为重要。

◆ 降低用人成本

影响企业结构用人数目的因素很多，如业务、技术革新、机器设备、组织工作制度、工作人员的能力等。

人力资源规划可对现有的人力结构作一些分析，并找出影响人力资源有效运用的瓶颈，使人力资源效能充分发挥，降低人力资源在成本中所占的比率。

9.3.2　可供选择的模式有哪些

在一个组织中，可能存在 4 种基本的人力资源流动模式。这些模式中的每一种对雇员的福利、组织的有效性以及公司在社会中的地位都有不同的影响。4 种流动的模式类型的介绍如表 9-2 所示。

表 9-2　关于 4 种流动的模式类型介绍

方法	具体介绍
终生雇佣制	通常情况是，一旦进入一个组织，将一直工作到退休为止，而组织不能以非正当理由将其解聘的制度。对不同的雇员群体，底层的定义可能不同。蓝领雇员进入公司中最下层的职位分类，而高材生被雇佣则是直接进入空缺职位
上或出制	雇员从底层进入，按预定的轨道在组织中升上去，直到他们达到上层，此时他们会被组织给予合伙人的地位。如果在此上升道路的任何级别上不能被提升，或者不能到达最高级别，通常意味着此人必须离开。该体系的底层有较高的离职率，在上层则相对稳定
不稳定进出制	雇员可能会在组织中的任何一个层次进入，主要根据公司的需要。并且，在其职业生涯中，因为经济周期、表现不佳或是与新的管理层不配合等原因，可能在任何层次和时间被要求离开。但雇拥合同在一定期限内有效，以保证个人有一定的稳定性。这种类型的体系多见于业绩被认为是个人的函数（而非群体的）以及环境高度可变（通常由个人不能控制的外部原因引起）的产业中
混合式	只有很少的公司是完全依照上述模式之一的，多数公司会以一种模式为主，而以其他模式进行辅助。流动模式还会随着组织的生命周期而改变

在许多情况下，组织对人力资源流动模式的选择主要受以下一些因素的影响。

◆　一系列相关联的管理层的态度和价值观。

◆　组织所处的运营经济环境。

◆　立法的强制。

9.3.3 常见的人力资源的考评方法

人力资源规划评估是通过对企业实施的人力资源规划的内在基础的考察分析,将人力资源规划的预期结果和实际贯彻的反馈结果进行比较、判断和分析的管理活动。

常见的人力资源考评方法主要有 5 种,具体介绍如表 9-3 所示。

表 9-3 5 种常见的人力资源考评方法

方法	具体介绍
会计评估法	人力资源会计评估法是将企业人力资源视为企业资产或投资,给出员工价值,采用标准会计原理去评价员工价值的变化。它是一个关于识别、评价人力资源并交流有关信息以实现有效管理的过程。但是,人力资产评估与控制,需使用由行为科学所提供的评价工具对员工的能力和价值进行计算
关键指标评估法	关键指标评估法是用一些测评企业绩效的关键量化指标来说明人力资源规划的工作情况。这些关键指标包括求职雇用、雇员能力评估和开发、职业生涯发展、薪酬管理、工作环境、劳动关系以及总效用等。每一项关键指标均需给出可量化的若干指标标准,如企业在招聘时,各个岗位能够吸引应聘人数与最终录用人数比等
成本评估法	成本评估法是通过测算人力资源成本并将其与标准成本相比较从而评估人力资源管理绩效的一种方法。一般的人力资源成本可包括每位员工的培训成本、福利成本占总薪资成本的比重以及薪酬成本等
声誉评估法	有的专家认为人力资源工作的好坏,可以用员工的主观感受来进行评估。员工意见调查可以有效地用于诊断哪些方面存在问题,了解员工的需要和偏好,发现哪些方面的工作得到肯定,哪些方面被否定。除了常规的问卷调查外,还可以通过电子信箱、邮箱等方式收集员工意见
标杆法	标杆法主要是寻找行业中表现较好的标杆企业作为参照,进行比较,确认人力资源规划的运作情况是否需要改进。如果存在着差距,则设立人力资源利用目标,逐渐缩小目前利用状况与最佳利用状况之间的差距

人力资源考评方法不同,得出的结论也会有所差异,因此需要选

择合适的考评方法，同时评估者在考评过程中还需要注意以下问题。

◆ 预测所依据信息的质量、广泛性、详尽性、可靠性以及信息的误差及原因。

◆ 预测所选择的主要因素的影响与人力需求的相关度，预测方法在使用的时间、范围、对象等方面的特点与数据类型等方面的适用性程度。

◆ 人力资源规划者熟悉人事问题的程度以及对他们的重视程度。

◆ 人力资源规划者与提供数据和使用人力资源规划的人事、财务部门以及各业务部门经理之间的工作关系如何。

◆ 在有关部门之间交流信息的难易程度（如人力资源规划者去各部门经理处询问情况是否方便）。

◆ 决策者对人力资源规划中提出的预测结果、行动方案和建议的利用程度。

◆ 人力资源规划在决策者心目中的价值如何。

◆ 人力资源规划实施的可行性。评估预测结果是否符合社会、环境条件的许可，能否取得达到预测成果所必需的人、财、物、信息、时间等条件。

9.3.4 过剩人力资源的管理

人力资源过剩危机指人力资源存量或配置超过企业经营战略发展的需要，或在经济危机时，因订单减少和撤销而造成的企业人员过剩危机，是企业发展过程中的不合理现象。

那么企业人力资源过剩主要可能在什么情况下出现呢？

企业经营不佳。当企业经营状况不好，使企业业务规模受到挤压以及内部岗位需求减少时会产生人力资源过剩。

人力资源战略失误。企业制订的人力资源战略过高，而实际完成情况与目标差距较大，出现人员冗余，导致人力资源过剩。

企业的并购活动。企业在并购重组过程中，为了提高管理效率，优化业务流程，必然对组织结构和一些部门及职位进行梳理和精简，这样就会造成人力资源过剩，可能需要裁员。

外部经济危机。当发生大规模经济危机时，容易导致企业坏账、资金不足等，企业往往需要进行人员精简，减少人力资源的开销，从而减低支出。这就会导致人力资源过剩。

了解了造成人力资源过剩的原因后，还要知道面对这些问题如何进行解决。

◆ 结合企业的实际情况，加强企业文化建设

各个企业文化建设应该加强与员工的沟通和交流，特别是与核心员工多沟通，多听取他们的意见建议。

了解危机的危害性，让员工理解企业所采取的紧缩策略与政策，加强员工交流，保持员工情绪及精神状态的相对稳定。

危机时期更要注意企业员工的工作质量和经营业绩，要充分发挥每一位员工的创造性。对于企业的高管来讲，要起好带头作用，适当降低年薪，给大家一种同舟共济的感觉，对于稳定员工队伍是大有帮助的。

◆ 结合企业转型的发展趋势，储备企业所需人才

管理者要做好精细化管理，具体介绍如下。

①可以强化员工的绩效考评，充分认清员工的努力程度与绩效之间的关系，做好员工的职业生涯规划，增强员工的归属感。

②加强激励研究，增强员工的创造性，提高产出水平。

③狠抓内部培训，通过精心策划企业内部的岗位培训，提高员工的思想素质。

④优化薪酬结构，降低人均人工成本，控制计划外福利开支，严格控制人工成本总额。

◆　优化组织架构，塑造高效人力资本团队

人力资源的相对过剩促使企业不得不进行组织架构再造，给人力资本团队的组建提供新的契机。

将学术训练、工作经历、职业关系、熟悉客户的程度以及年龄和文化关系各不相同的人才聚集起来，组建各种科研、科技革新团队、资本运营团队、决策团队、营销团队等，通过团队中成员的相互补充和增强的作用，提高企业人员的单产能力，进而提高企业的市场竞争力。

|9.4|
人力资源中的供求预测，了解人才状况

人力资源供求预测是十分重要的，通过供求预测可以帮助管理人员了解公司的人员状况，以及需要如何进行解决。

9.4.1　解析需求预测的变量

预测所涉及的变量与一个组织运作经营过程所涉及的变量是共同的。与人力资源管理、人力计划相关的变量包括以下一些，它们都对人力资源管理和计划有一定的影响。

◆ 顾客的需求变化。

◆ 生产需求。

◆ 劳动力成本趋势。

◆ 可利用的劳动力（失业率）。

◆ 每一工种所需要的雇员人数。

◆ 追加培训的需求。

◆ 每个工种员工的移动情况。

◆ 旷工趋向（趋势）。

◆ 政府出台的方针政策的影响。

◆ 劳动力费用。

◆ 工作小时的变化。

◆ 退休年龄的变化。

◆ 社会安全福利保障。

在明确组织雇员（包括一线员工和管理者）的技能和数量需求时，必须根据组织的特殊环境，对上述变量进行认真考量，应该把预测看成是完善周围的人力资源需求决策的一个重要工具。因为好的决策需要有尽可能多的信息进行支撑，以保证对未来的预言更加精确，更加有效。

9.4.2 供给预测，了解人才需求

公司员工的供给预测就是为满足公司对员工的需求，而对将来某个时期内，对公司从其内部和外部所能得到的职工的数量和质量进行预测。员工供给预测一般包括以下几方面的内容。

◆ 分析目前公司的员工状况，如公司员工的部门分布、技术知识
  水平、工种、年龄构成等，通过这些指标了解公司员工的现状。

◆ 分析目前公司员工的流动情况和具体原因，并对将来的员工流
  动进行预测，有助于及时采取措施对人员流动进行控制，或及
  时给予替补。

◆ 对公司员工的晋升和岗位调动情况进行了解，保证工作和职务
  的连续性。

◆ 分析员工工作条件（如作息制度、轮班制度等）的改变和出勤
  率的变动对员工供给的影响。

◆ 掌握公司员工的供给来源和渠道。员工可以来源于公司内部（如
  富余员工的安排，员工潜力的发挥等），也可来自于公司外部。

◆ 对公司员工供给进行预测，必须把握影响员工供给的主要因素，
  从而了解公司员工供给的基本状况。

员工供给并不总是符合供给预测，容易受到一些因素的影响。影
响员工供给的因素可以分为两大类，具体介绍如表 9-4 所示。

表 9-4　影响员工供给的两类因素

因素	具体介绍
地区性因素	地区性因素是指企业所在地的一些影响员工供给的因素，主要包括：①公司所在地和附近地区的人口密度；② 其他公司对劳动力的需求状况；③公司当地的就业水平、就业观念；④公司当地的科技文化教育水平；⑤公司所在地对人们的吸引力；⑥ 公司本身对人们的吸引力；⑦公司当地临时工人的供给状况；⑧ 公司当地的住房、交通、生活条件
全国性因素	全国性因素是指在全国范围内发布的政策、法规或是发展趋势等，主要包括：①全国劳动人口的增长趋势；②全国对各类人员的需求程度；③各类学校的毕业生规模与结构；④教育制度变革而产生的影响，如延长学制、改革教学内容等对职工供给的影响；⑤国家就业法规、政策的影响

【实用模板】人力资源供给预测表

模板 \人事模块1\人力资源供给预测表.docx

人力资源供给预测表

时间：

预测范围	预测情况		人员类别		
			经营管理人员	专业技术人员	专门技能人员
内部供给	现有人员数量				
	未来人员变动				
	规划期内人员拥有量	第 1 季度			
		第 2 季度			
		第 3 季度			
		第 4 季度			
合计					
外部供给	规划期内人员拥有量	第 1 季度			
		第 2 季度			
		第 3 季度			
		第 4 季度			
合计					

制表人：   审核人：

9.4.3　德尔菲法，更加专业的分析

德尔菲法是有关专家对企业组织某一方面发展的观点达成一致的结构性方法。使用该方法的目的是通过综合专家们各自的意见来预测某一方面的发展。

下面首先需要了解的是德尔菲法的特征。

◆ 德尔菲法主要是通过吸收专家参与预测，充分利用专家的经验和学识，从而分析得出结论。

◆ 采用匿名或背靠背的方式，能使每一位专家独立自由地做出自己的判断。

◆ 预测过程经过几轮反馈，使专家的意见逐渐趋同，得出结果。

那么德尔菲法的分析过程究竟是怎样的呢？下面将具体进行介绍，如图 9-1 所示。

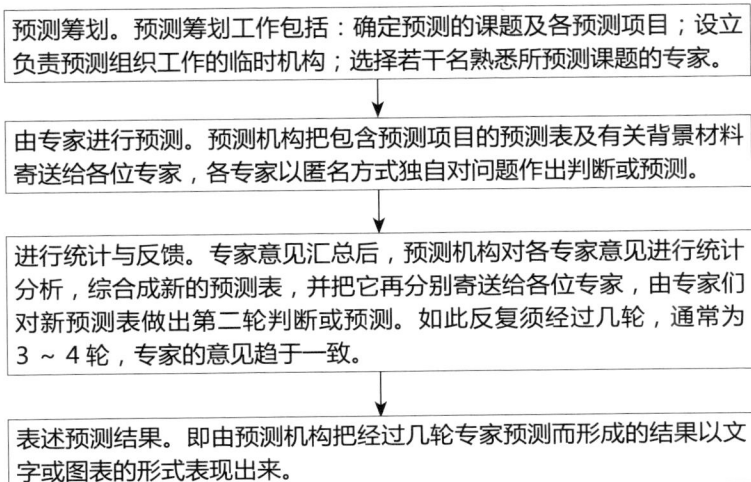

预测筹划。预测筹划工作包括：确定预测的课题及各预测项目；设立负责预测组织工作的临时机构；选择若干名熟悉所预测课题的专家。

由专家进行预测。预测机构把包含预测项目的预测表及有关背景材料寄送给各位专家，各专家以匿名方式独自对问题作出判断或预测。

进行统计与反馈。专家意见汇总后，预测机构对各专家意见进行统计分析，综合成新的预测表，并把它再分别寄送给各位专家，由专家们对新预测表做出第二轮判断或预测。如此反复须经过几轮，通常为3～4轮，专家的意见趋于一致。

表述预测结果。即由预测机构把经过几轮专家预测而形成的结果以文字或图表的形式表现出来。

图 9-1

人事知识延伸 | 人力资源供求预测的方法除了前面介绍的德尔菲法外，还有许多其他方法，例如替换单法、短期预测方法、分合性预测法、计算机模拟法、经验预测法、描述法、模型推断法、上级估算法、随机网络模式法以及统计预测法等，可供选择使用。

9.4.4 人力资源供需综合平衡

人力资源供求预测并不是最后一个步骤，在这之后还有最重要的一步——进行人力资源的综合平衡，这是企业人力资源规划工作的核心和目的所在。

企业人力资源的综合平衡主要从 3 个方面来进行，即人力供给与人力需求的平衡、人力资源规划内部各专项计划之间的平衡和组织需要与个人需要之间的平衡。

◆ 人力供给与人力需求的平衡

企业人力资源供给与需求的不平衡有 3 种类型，即人力资源不足、人力资源过剩和两者兼而有之的结构性失衡，具体如表9-5所示。

表9-5　人力供给与人力需求不平衡的3种类型

因素	具体介绍
人力资源不足	人力资源的供给不足主要表现在企业的经营规模扩张和新的经营领域的开拓时期，需要增加新的人员补充。补充的途径有外部招聘、内部晋升、人员接任计划、技术培训计划等
人力资源过剩	绝对的人力资源过剩状况主要发生在企业经营萎缩时期。一般的平衡办法有退休、辞退和工作分享。企业需要有完善的社会保障体系为后盾，提前退休是一种较易为各方面所接受的妥协方案
结构性失衡	结构性失衡是企业人力资源供需中较为普遍的一种现象，在企业的稳定发展状态中表现得尤为突出。平衡的办法一般有技术培训计划、人员接任计划、晋升和外部补充计划

◆　专项人力资源计划间的平衡

企业的人力资源规划包括人员补充计划、培训计划、使用计划、晋升计划、薪资计划等，这些专项人力资源计划之间有着密切的内在联系。因此，在人力资源规划中必须充分注意它们之间的平衡与协调。

例如，通过人员的培训计划，受训人员的素质与技能得到提高后，必须与人员使用计划衔接，将他们安置到适当的岗位。

◆　组织需要与个人需要的平衡

组织的需要和组织成员的个人需要是不尽相同的，解决该矛盾是企业人力资源规划的一个重要目的。企业人力资源规划中的各专项人力资源计划就是解决这一矛盾的手段和措施，如表9-6所示。

表9-6　组织与个人的平衡方法

企业需求	员工需求	人力资源规划手段
人员精简	工作保障	培训计划
降低成本	提高待遇	生产率计划
领导的权威	受到尊重	劳动关系计划

人才招聘与配置

　　企业的长期发展离不开人才招聘，而完成招聘工作并不是就万事大吉了，如何对人才进行合理分配与使用才是真正意义上促进企业发展的重要工作。所以人才招聘、配置以及费用管控是每个人事工作者都应当了解的。

|10.1|
图解员工招聘与配置相关工作流程

10.1.1 图解员工面试与甄选流程

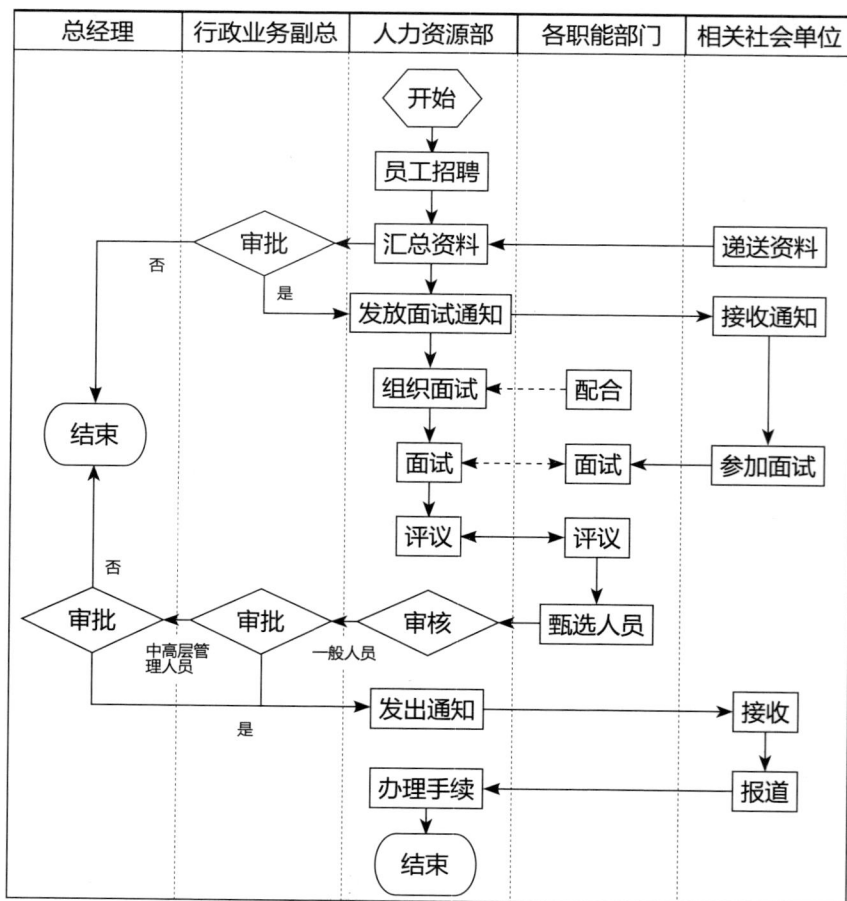

总经理	行政业务副总	人力资源部	各职能部门	相关社会单位

```
                         ┌──────┐
                         │ 开始 │
                         └──┬───┘
                            ▼
                       ┌──────────┐
                       │ 员工招聘 │
                       └────┬─────┘
                            ▼
         ◇审批◇◄────── ┌──────────┐ ◄────── ┌──────────┐
      否 ◄┘   │是        │ 汇总资料 │        │ 递送资料 │
              │          └──────────┘        └──────────┘
              ▼
       ┌──────────────┐              ┌──────────┐
       │ 发放面试通知 │─────────────►│ 接收通知 │
       └──────┬───────┘              └──────────┘
              ▼
       ┌──────────┐      ┌──────┐
       │ 组织面试 │◄-----│ 配合 │
       └────┬─────┘      └──────┘
  ┌────┐    ▼
  │结束│  ┌──────┐       ┌──────┐       ┌──────────┐
  └──▲─┘  │ 面试 │◄------│ 面试 │◄──────│ 参加面试 │
     │    └──┬───┘       └──────┘       └──────────┘
   否│       ▼
     │    ┌──────┐       ┌──────┐
     │    │ 评议 │◄──────│ 评议 │
     │    └──┬───┘       └──────┘
     │       ▼
 ◇审批◇◄─◇审批◇◄─◇审核◇◄──┌──────────┐
  中高层管  一般人员        │ 甄选人员 │
  理人员                    └──────────┘
     │是
     │       ▼
     └────►┌──────────┐              ┌──────┐
           │ 发出通知 │─────────────►│ 接收 │
           └──────────┘              └──┬───┘
                ▼                        ▼
           ┌──────────┐              ┌──────┐
           │ 办理手续 │◄─────────────│ 报道 │
           └────┬─────┘              └──────┘
                ▼
           ┌──────┐
           │ 结束 │
           └──────┘
```

10.1.2 图解员工招聘管理流程

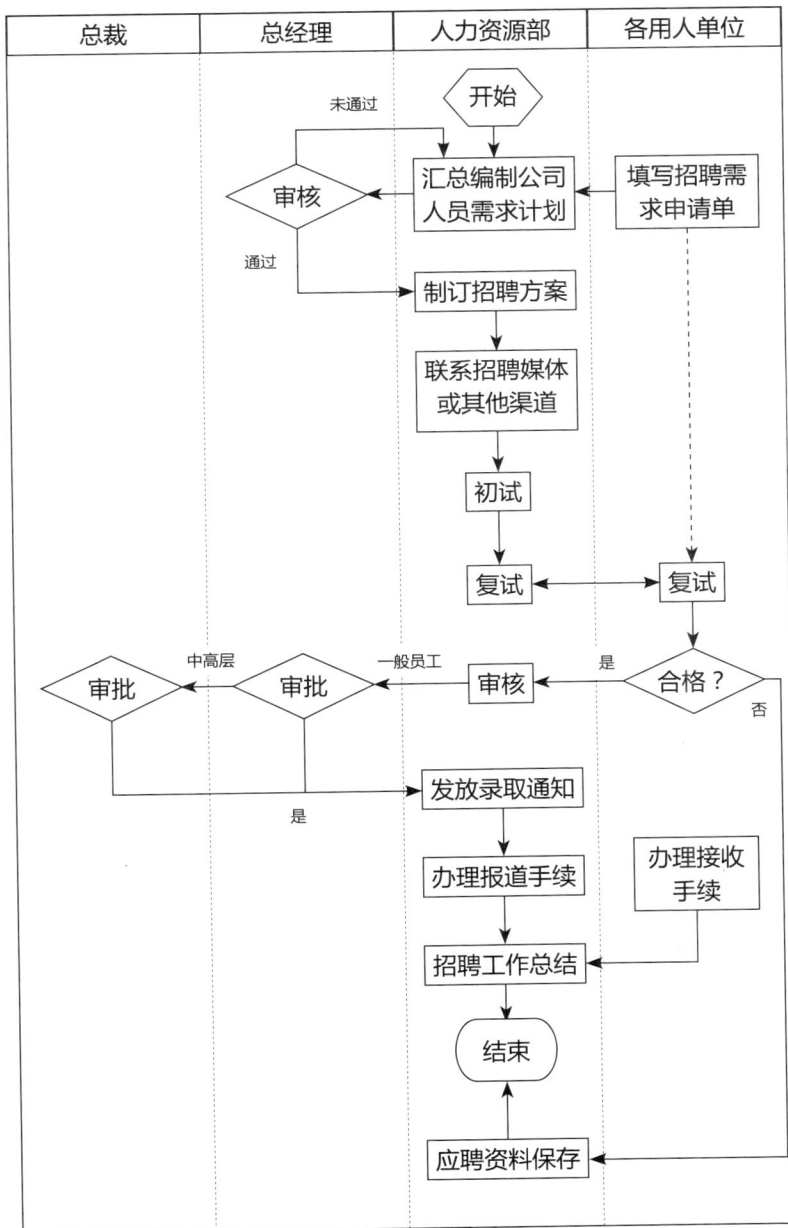

总裁	总经理	人力资源部	各用人单位

开始

未通过

审核

汇总编制公司人员需求计划

填写招聘需求申请单

通过

制订招聘方案

联系招聘媒体或其他渠道

初试

复试

复试

中高层 审批 一般员工 审批 审核 是 合格？

否

发放录取通知

是

办理报道手续

办理接收手续

招聘工作总结

结束

应聘资料保存

10.1.3 图解新员工入职管理流程

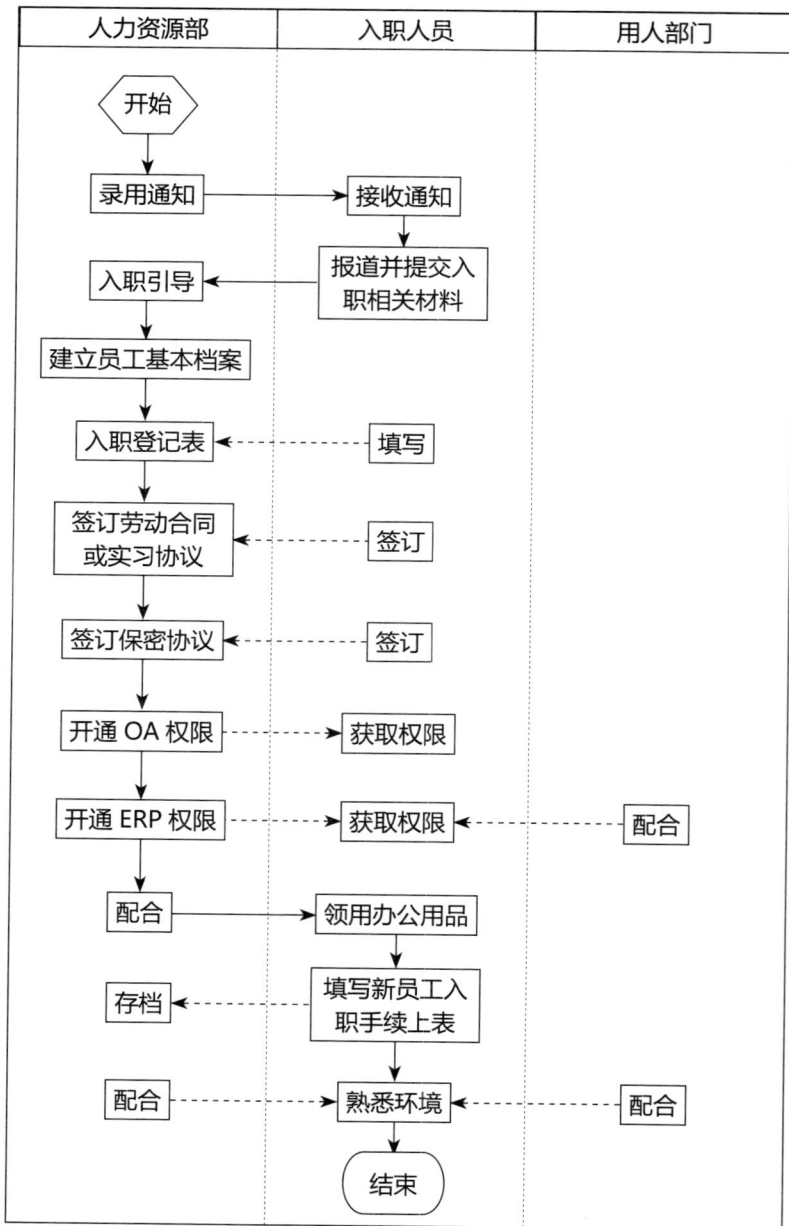

人力资源部	入职人员	用人部门

```
                        ┌─────────┐
                        │  开始   │
                        └────┬────┘
                             │
  ┌──────────┐         ┌──────────┐
  │ 录用通知 │────────▶│ 接收通知 │
  └────┬─────┘         └────┬─────┘
       │                    │
       │              ┌───────────┐
  ┌─────────┐         │报道并提交入│
  │ 入职引导│◀────────│职相关材料 │
  └────┬────┘         └───────────┘
       │
 ┌──────────────┐
 │建立员工基本档案│
 └──────┬───────┘
        │
  ┌──────────┐         ┌──────┐
  │入职登记表│┈┈┈┈┈┈┈┈▶│ 填写 │
  └────┬─────┘         └──────┘
       │
 ┌──────────┐          ┌──────┐
 │签订劳动合同│◀┈┈┈┈┈┈│ 签订 │
 │或实习协议 │          └──────┘
 └────┬─────┘
      │
 ┌──────────┐          ┌──────┐
 │签订保密协议│◀┈┈┈┈┈┈│ 签订 │
 └────┬─────┘          └──────┘
      │
 ┌──────────┐          ┌──────────┐
 │开通 OA 权限│┈┈┈┈┈┈▶│ 获取权限 │
 └────┬─────┘          └──────────┘
      │
 ┌──────────┐    ┌──────────┐     ┌──────┐
 │开通 ERP权限│┈┈▶│ 获取权限 │◀┈┈┈│ 配合 │
 └────┬─────┘    └──────────┘     └──────┘
      │
 ┌──────┐          ┌───────────┐
 │ 配合 │─────────▶│领用办公用品│
 └──────┘          └─────┬─────┘
                         │
 ┌──────┐          ┌───────────┐
 │ 存档 │◀┈┈┈┈┈┈┈│填写新员工入│
 └──────┘          │职手续上表 │
                   └─────┬─────┘
                         │
 ┌──────┐          ┌──────────┐    ┌──────┐
 │ 配合 │┈┈┈┈┈┈┈▶│ 熟悉环境 │◀┈┈┈│ 配合 │
 └──────┘          └─────┬────┘    └──────┘
                         │
                   ┌──────────┐
                   │  结束    │
                   └──────────┘
```

|10.2|
人员招聘，甄选合适人才

　　企业的人员招聘工作是人事工作者的重要工作之一，掌握招聘的具体方法和步骤，为企业招聘到合适的人才，能够切实帮助企业快速发展。

10.2.1　合理的招聘计划，人岗匹配

　　制订招聘计划是人员招聘流程的第一步，也是十分重要的一步，做好招聘计划，能够让招聘工作事半功倍。制作招聘计划需要人岗匹配，根据实际需求进行招聘，不浪费人事资源。

　　◆　招聘计划的内容

　　在制订招聘计划时，首先应当了解招聘计划的内容，不能过于冗余，言之无物。招聘计划包含内容如下。

　　①具体的人员需求清单，包括招聘的职务名称、人数、任职资格要求等内容。

　　②招聘信息发布的时间和渠道。

　　③招聘小组人选，包括小组人员姓名、职务、各自的职责。

　　④应聘者的考核方案，包括考核的场所、大体时间、题目设计者的姓名等。

　　⑤招聘的截止日期。

⑥新员工的上岗时间。

⑦费用招聘预算，包括资料费、广告费、人才交流会费用等。

⑧招聘工作时间表应尽可能详细，以便于他人配合。

⑨招聘广告样稿。

◆ 招聘计划的编写步骤

在编写招聘计划时并不是随意编写，而应当遵循一定的步骤，才能确保需要编写的内容不会遗漏，从而对招聘工作造成影响，招聘计划的编写步骤如图 10-1 所示。

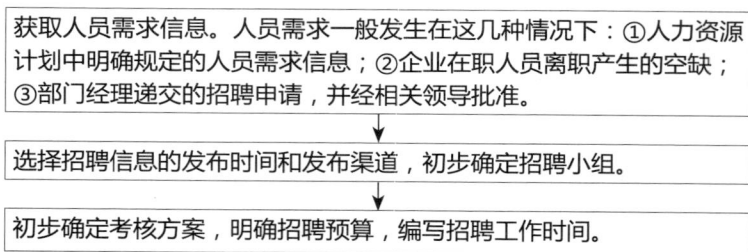

获取人员需求信息。人员需求一般发生在这几种情况下：①人力资源计划中明确规定的人员需求信息；②企业在职人员离职产生的空缺；③部门经理递交的招聘申请，并经相关领导批准。

选择招聘信息的发布时间和发布渠道，初步确定招聘小组。

初步确定考核方案，明确招聘预算，编写招聘工作时间。

图 10-1

◆ 制订招聘流程的步骤

招聘流程关系着招聘计划能否顺利实现，也是招聘工作中非常重要的部分。下面具体介绍制订招聘流程的步骤。

①分析企业现行组织结构、职务设置、职务权限和未来公司业务的开展。

②分析企业现行各项行政、人事管理制度、规定，及工作流程。

③总结现有招聘程序，明确初试、复试决策人和录用决策人。

④分析各岗位不同的任职资格，将上述内容归纳、整理，起草招聘流程初稿，将初稿与相关人员进行讨论，征求他们的建议和意见。

⑤将这些建议和意见进行整理，确定招聘流程试行稿，公布招聘流程试行稿。

⑥在招聘活动中，实际使用招聘流程的试行稿，需要根据实际情况进行修改。试行期结束后，正式确定企业招聘流程。

【实用模板】招聘申请表

模板 \人事模块2\招聘申请表.docx

招聘申请表

编号：

申请部门			部门经理（签字）		
申请原因	□辞退　　□离职　　　□业务增量　　　□新增业务　　　□新设部门				
	说明				
需求计划	使用时间	职务名称与人数		上岗时间	
	□临时（小于30天）	职务 1	人数		
	□短期（小于90天）	2			
	□长期（大于180天）	3			
聘用标准	利用现有《职务说明书》	□可利用　　□不可利用　　□局部更改			
		尚无《职位说明书》，需编写。			
	工作内容				
	工作经验				
	专业知识				
	领导能力		性格要求		
	创新能力		组织能力		
	电脑操作		外语能力		
其他标准					
薪酬标准	基本工资		其他收入		
总经理意见			签字：　　　　　日期：		

10.2.2　预算招聘成本，把成本落到实处

做好招聘成本预算能够让招聘的所需花费更加清楚，通常在进行招聘申请时往往需要提交招聘预算，所以合理的招聘预算有助于快速通过招聘申请。

◆　明确招聘成本

招聘成本是指在招聘过程中所需花费的各项成本的总和，包括招

聘、选拔、录用和安置等，具体介绍如表 10-1 所示。

表 10-1　企业招聘成本包含内容

成本项目	具体介绍
招募成本	招募成本是企业为了吸引和确定其所需要的内外人力资源而发生的费用，主要包括招募人员的直接劳务费用（工资与福利等）、直接业务费用（如参加招聘洽谈会的费用、差旅费、专家咨询费、广告费、宣传材料费、办公费、水电费等）、间接管理费用（如行政管理费、临时场地及设备使用费）等
选拔成本	选拔成本由对应聘者进行人员测评与选拔，以做出决定录用与否时所支付的费用所构成，主要包括面试、汇总资料、测试、录用人员背景调查以及召集录用人员等
录用成本	录用成本是指在经过各种测评考核后，将符合要求的合格人选录用到企业时所发生的费用。录用成本包括录取手续费、调动补偿费、搬迁费和旅途补助费等由录用引起的有关费用，这些费用一般都是直接费用
单位招聘成本	单位招聘成本指的是企业为了招聘和雇佣员工而平均在他们每个人身上花去的费用，是招聘总成本与实际录用人数之比。内部成本包括招聘专员的工资福利、差旅费用和其他管理费用；外部成本包括外部专家参与招聘的劳务费、差旅费等

◆　如何控制招聘成本

招聘必然会产生成本，学会用最小的成本开展招聘工作，正是人事工作者应当掌握的，而且招聘成本的控制也是节约人力成本的重要环节，下面将介绍如何控制招聘成本。

确定招聘需求。了解企业状况是确定招聘需求的第一步，企业状况主要包括企业的人力资源储备情况以及企业的净需求状况；其次根据企业实际岗位空缺情况确定招聘需求，短期性缺人可以通过工作最大化、工作丰富化和安排适当加班解决，季节性缺人可以安排轮休和人员外包等。

选择招聘渠道。合理的招聘渠道是控制招聘成本的重要环节，主要分为内部招聘和外部招聘两种。内部招聘成本低、招聘周期短且员工易上手；外部招聘低端岗位可以通过校园招聘，高端岗位人才可以通过猎头招聘的方式进行招聘，而对于大中型岗位或业务则可以通过网络招聘的方式进行。

提高选才能力。人才的甄别是招聘过程中最为重要的技能，人事工作者要提高自身人才选拔能力。首先需要明确选拔标准，必须具备的知识、工作经验、资质能力以及人格特质等；其次是衡量人才的价值，也就是判断应聘者是否能为企业创造价值，这也是较为难判断的。

做好人才管理工作。招聘到合适的员工并不是最终效果，还要做好人才管理。人才管理主要包含两方面，控制人才流失率和帮助新员工融入新环境。要重视员工，减少员工跳槽，可以通过入职培训以及后期的跟踪观察帮助员工尽快融入新环境。

【实用模板】年度招聘计划及费用预算表

模板 \人事模块2\年度招聘计划及费用预算表.docx

10.2.3　千里姻缘一线牵，高效预约应聘者

如今较为常见的通知面试方法是电话通知和短信通知，在预约时

还有许多需要注意的事项，能够帮助人事工作者事半功倍。

◆ 电话预约的细节解剖

多用敬语。为了表示尊重，应当尽量用"您"而不用"你"。虽然这两个字差别不大，但是对于高素质求职者而言还是会有所区别。而且求职者可能年龄较大，因此用您更能表示尊重。

告知公司全称。通知面试时最好告知公司全称，因为简称的识别度不高。同时需要首先询问对方是否方便接听电话，以表尊重。

适当提示。很多求职者会通过多种渠道求职，当接到通知时可能不清楚自己投了什么职位，这时可以通过短信的方式将详细的信息告知对方，邀请其参加面试。

详细告知地址和乘车路线。虽然现在各种手机地图很方便，但是出于善意的提醒和礼貌，在通知面试时还是应当将公司地址和乘车路线告知求职者，供其参考，如果不方便在电话里描述的话，还可以通过短信的方式进行通知。

给求职者一个发问的机会。预约时不要只顾自己说话，还要给求职者说话的机会，听听他们的想法和观点。因为自己可能难以思考周全而忽略一些重要信息，同时也可以表达尊重。

以情动人。在交代完面试的相关事宜后不要急着挂断电话，可以根据最近的天气情况和交通情况给求职者适当的提示，让求职者感到温暖。

面试后的跟进。对未能参加面试的求职者，事后应当主动进行电话联系，了解没有来参加面试的原因，以便及时改进自身工作的不足之处。

◆ 预约面试的规范谈话流程

在了解了预约应聘者参加面试的注意事项后，下面将具体介绍预约面试时谈话的具体流程，如图 10-2 所示。

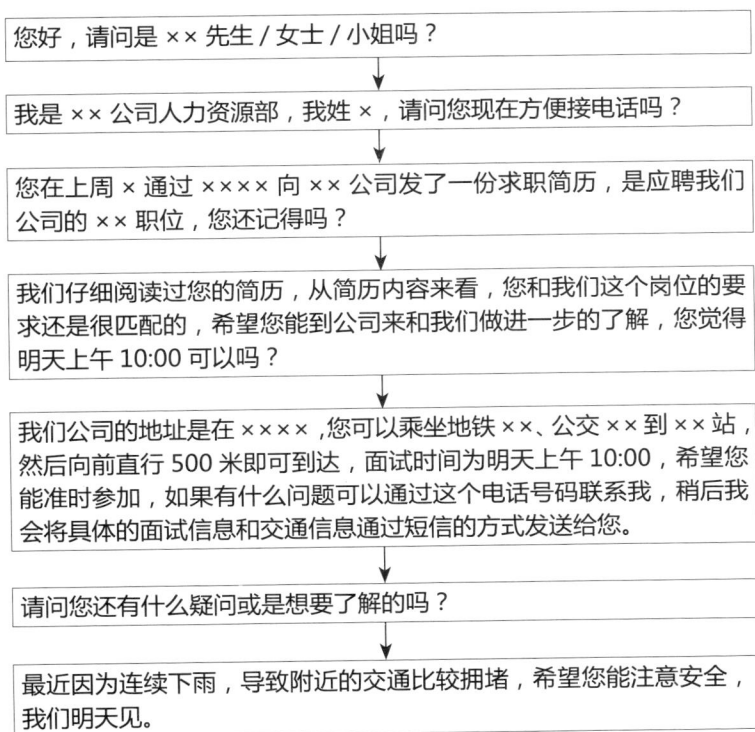

```
┌─────────────────────────────────────────────────────┐
│ 您好，请问是 ×× 先生 / 女士 / 小姐吗？                  │
└─────────────────────────────────────────────────────┘
                        ↓
┌─────────────────────────────────────────────────────┐
│ 我是 ×× 公司人力资源部，我姓 ×，请问您现在方便接电话吗？  │
└─────────────────────────────────────────────────────┘
                        ↓
┌─────────────────────────────────────────────────────┐
│ 您在上周 × 通过 ×××× 向 ×× 公司发了一份求职简历，是应聘我们 │
│ 公司的 ×× 职位，您还记得吗？                           │
└─────────────────────────────────────────────────────┘
                        ↓
┌─────────────────────────────────────────────────────┐
│ 我们仔细阅读过您的简历，从简历内容来看，您和我们这个岗位的要 │
│ 求还是很匹配的，希望您能到公司来和我们做进一步的了解，您觉得 │
│ 明天上午 10:00 可以吗？                                │
└─────────────────────────────────────────────────────┘
                        ↓
┌─────────────────────────────────────────────────────┐
│ 我们公司的地址是在 ××××，您可以乘坐地铁 ××、公交 ×× 到 ×× 站，│
│ 然后向前直行 500 米即可到达，面试时间为明天上午 10:00，希望您 │
│ 能准时参加，如果有什么问题可以通过这个电话号码联系我，稍后我 │
│ 会将具体的面试信息和交通信息通过短信的方式发送给您。       │
└─────────────────────────────────────────────────────┘
                        ↓
┌─────────────────────────────────────────────────────┐
│ 请问您还有什么疑问或是想要了解的吗？                     │
└─────────────────────────────────────────────────────┘
                        ↓
┌─────────────────────────────────────────────────────┐
│ 最近因为连续下雨，导致附近的交通比较拥堵，希望您能注意安全， │
│ 我们明天见。                                          │
└─────────────────────────────────────────────────────┘
```

图 10-2

10.2.4 掌握诀窍，识别求职者的谎言

面试过程就是求职者和面试官斗智斗勇的过程，为了招聘到真正适合岗位的人员，HR 需要尽可能真实地了解求职者。然而有的求职者却十分善于伪装自己，将自己打造成面试官喜欢的样子，那么面试官应当如何识别求职者的谎言呢？

（1）从应聘者口头语言进行判断

应聘者通常认为面试官对其过往经历不了解，所以可能会出现编造谎言的现象。但是由于潜意识的作用，难免会出现破绽，大部分应聘者在语言表达上都有可能出现以下 4 种不正常特征。

◆ 表达信息过量

通常情况下人与人交流都是尽可能语言适量，过多或者过少的信息都会让人产生不自然感，而求职者很有可能犯这种错误。

例如，面试官："您以前做过两年的前端程序开发，您的月收入多少？"应聘者："一般是 7500 元左右，因为北京的消费水平较高，自己工作能力较强，行业前景也不错。"很显然面试官只问了收入，而应聘者却自行开始解释了。

◆ 表达内容避免细节

应聘者在面对面试官提出的问题时，由于内心的紧张或矛盾，会避免说一些细节，进而进行笼统的表述，这样就值得怀疑。

例如，面试官："您能说一下以前工作中您和您上级的关系处理的怎么样吗？"应聘者："我们关系挺好，他是个非常不错的领导，帮助了我很多。"回答过于笼统，值得怀疑。

◆ 刻意回避使用第一人称

由于心虚、不自信或焦虑，面试者在叙述他自己的故事时都会下意识地避免使用第一人称。

例如，面试官："请问您是如何获得在 ×× 公司的实习机会？"应聘者："其实当时就是为了了解一下行业，于是在网上看到了 ×× 公司的招聘信息，投简历后很快就被录取了。"该回答显然没有以第一人称进行叙述，显得底气不足，非常值得怀疑。

◆　内容不合情理

内容不合情理是面试官最容易发现的，应聘者回答的内容存在明显的漏洞或自相矛盾的地方，令人产生怀疑。

例如，面试官："您毕业后曾在北京工作过一段时间，能谈谈那段经历吗？"应聘者："那是我的第一份工作，开始时文员，后来做到了总经理秘书，接触到了很多人，工作能力较强，月薪 8000 元。"。从文员直接变成了总经理秘书，职场新人月薪 8000 元都很不合理，值得面试官注意。

（2）从应聘者肢体语言判断

通常情况下人在撒谎时都会产生一些不自觉的、细微的心理反应，而这些心理反应很容易引起一些肢体反应。面试官在面试过程中要注意观察应聘者的肢体语言。

◆　眼神

俗话说："眼睛是心灵的窗户"。人们的很多细微的心理变化通常可以通过眼睛发现。

人们在思考问题时会移动目光，所以如果面试官提出了一个不需要思考的问题，而应聘者目光移动了，那么就有很大可能有什么难言之隐或是在撒谎。

人们在交谈时通常保持目光接触，敢于正视，表明彼此都不会有问题；相反逃避别人眼神很有可能是害怕自己内心的秘密被别人发现，通常人在说谎时还有其他特殊的肢体语言，例如揉眼睛、拱鼻子等。

◆　手势与姿势

手势和姿势通常也会代表着人的某种情感或心理状态。当应聘者紧张的时候，通常会双手紧握、额头出汗；当应聘者双臂交叉时，则表示一种防卫、拒绝的状态，显示出矛盾和紧张等心理因素。

◆ 面部表情

通常情况下，撒谎者有两种面部表情，下面进行具体介绍。

①说谎时面部会发红发烫或面色苍白，如果被识破会更加紧张，有时会导致面部充血。

②假笑也是识别谎言的关键线索。说谎的人的微笑缺乏真实的情感，更多是为了掩饰内心的恐惧。通常应聘者出现假笑和高音量说话的状况，他就很可能在说谎。

|10.3|
知人善任，人才合理配置是关键

人员招聘固然重要，但是人员合理分配和配置更为关键。人力资源配置在人力资源管理中，特别是在整个企业管理中，仅仅只是一小部分管理工作，只有合理的配置人员才能让各个岗位员工将自己的能力发挥到极限，才能促进企业更好地发展。

10.3.1 能级对应，发挥员工才能

"能级对应"是企业人力资源配置的基本原则，是调动、激发员工积极性，发挥其最大工作能量的前提。

所谓"能级对应"，简单地说，就是将有能力的人放到合适的工

作岗位上。虽然说起来比较容易，但对许多企业，特别是对在我国计划经济体制下发展起来的一些老企业来说，做起来相当困难，"因人设岗""照顾关系"等是企业以往普遍存在的现象。这些现象的存在，严重地影响着企业生产经营活动的效率和企业目标的实现。

"能级对应"就是要采取"因岗定人""因事设人"，就是要根据工作分析来确定完成企业各项工作所需的工作技能、责任和知识，确定各项工作的任务和性质，进而确定所需的工作岗位，再以工作岗位的需要为出发点，配备所需人员。

当然，能级对应原则不仅指避免能力不足的人员上岗，还应重视能力定位原则，即避免能力过高的人员被安排在普通工作岗位所造成的人力资源浪费。

人事知识延伸 ┃ 在实行"因岗定人"时，还要同时引入竞争机制，无论是在招聘员工时，还是在员工绩效考核时，都要严格实行竞争上岗制度。

在实行"因岗定人"时，还要同时引入竞争机制，无论是在招聘员工时，还是在员工绩效考核时，都要严格实行竞争上岗制度。

这就要求企业领导和人力资源管理部门一定要去除老的用人陋习，一切以企业利益出发，认真把握用人的能级对应原则，只有这样，才能充分调动全体企业员工的工作积极性。

10.3.2　人员流动，使企业保持生命力

"人员流动"是人力资源结构合理配置的有效途径之一，同时也是企业保持长远生命力，并且能够不断发展的法宝。

首先需要了解的是企业人员现状，具体介绍如下。

◆ 长期以来,我国对企业人员实行的是统一计划调配管理的方式，使企业许多职位得不到合适人员，形成人员奇缺的现象。

◆ 另一方面，又有许多专业人员专业不对口，用非所长，形成人

员浪费现象。

很多企业存在人员缺乏与人员积压并存的现象，因此急需进行人员调动，进行合理的人员结构调整。

◆ 动态管理员工

在变化迅速的市场中，也应当相应地对员工进行动态管理，通过人才的合理流入和企业人才的内部流动来满足企业经营和发展的需要。

人员流动的理想结果就是要达到员工和企业"人适其事、事得其人、人尽其才、事竟其功"。即：让人才自身在企业中能够得到合适自己特长、匹配自己能力、获得自己满意的工作，在工作中创造最大的价值；让企业有效利用人力资源、充分发挥员工积极性，为企业创造最大经济效益。

◆ 尊重人才自由流动，防止人才外流

为保证企业人才需求，不仅要尊重企业人才的自由流动，更要防止企业人才盲目流动和人才外流。

①要求保持队伍的稳定性，保持人员结构，并在此基础上调整人员结构。稳定的人员结构更有利于企业各项工作的开展以及企业的稳定，这就需要为员工提供物质和精神两方面的需求，并为其提供发展空间。

②企业管理者应当以战略性眼光看待人才流动，不仅要建立合理的人力资源管理制度，还需要创建具有凝聚力的企业文化和有效的激励机制，对外要树立良好的企业形象，吸引更多的社会人力资源，让企业能够长远发展。

|10.4|
招聘成本把控，降低经营成本

现如今，招聘成本也是企业开支中的重要部分，要想降低经营成本，就需要做好招聘成本核算，控制成本开支，这样才能为企业节约一定的经营成本。在本章前面内容也介绍了招聘成本把控，这里将重点进行说明。

10.4.1　轻松进行招聘成本核算

这年头什么都得考虑成本，人员招聘也是这样，需要做好招聘成本核算。招聘成本主要包括 3 个部分，下面进行具体介绍。

◆ 获得成本（包括招聘成本、选拔成本、录用和安置成本等）。

◆ 开发成本（包括专业定向、在职培训成本、脱产培训成本等）。

◆ 使用成本（包括维持成本、奖励成本、调剂成本等）。

企业可以根据需要来制订本企业的人员招聘成本核算办法，包括核算单位，核算形式和计算方法等。在核算招聘和配置人力成本时，一般要注意以下问题。

◆ 人员招募与人员选拔的成本应按实际录用人数进行分摊，而不是按照应聘人数进行分摊。比如，某企业为招聘 10 名营销人员进行招募和选拔活动，共有 100 名应征求职者，在招募和选拔过程中支出的广告、接待、面试以及测试等各种费用共20 000 元。核算时应按 10 人计算，招募选拔一名合格的专业技术人员成本为 2 000 元；而不应按 100 人计算，折合为每人 200 元，因为招聘成本是为招募 10 人而非 100 人。

◆ 在某些直接成本项目中也会包括间接成本。比如，在录用安置项目中，不仅包括为员工上岗所直接付出的经费，而且还包括各种有关的行政费用以及管理人员为员工上岗提供必须的物质条件而付出的时间等。在核算时，这些间接成本需折算清楚。对在人力资源管理活动中参与具体工作的管理人员的时间成本，应按其涉及具体工作的时间，按照工资标准进行折算。

◆ 某些管理成本项目中部分存在相互交叉的情况。比如，职业生涯管理成本（包括人力规划预算）与教育培训（训练和学习）成本会有部分交叉的可能性；特别是需要进行多次研讨和检验的项目。因此，在具体核算时，要注意鉴别。

【实用模板】企业人力资源成本核算

模板 \人事模块2\企业人力资源成本核算.docx

企业人力资源成本核算

伴随着知识经济的发展和经济全球化步伐的加快，企业用于人力资源管理的资金支出越来越大，加上企业资本结构的变化和资源的稀缺性，企业对人力资源管理成本进行研究的需求越来越紧迫。那么人力资源管理成本的核算方法。

在现代企业中，为了获得人力资源，在招聘、选拔、录用和培训人才的过程中必然要付出代价，这部分费用构成了人力资源的管理成本。它包括三个部分：

一、人力资源管理成本核算方法：人力资源取得成本

取得成本指在人力资源取得过程中所支付的费用，它可再分为招聘成本、选拔成本、录取成本和就职成本四部分。其中招聘成本既包括在企业内外进行人员招聘的费用，也包括广告费、培养费、委托人才交流中心或其他中介机构进行招聘的代理费等。选拔成本是对应聘候选人进行鉴别选拔时支付的费用，如考试费。就职成本是指安置被录用人员上岗时发生的费用，包括支付被录用人员的迁移费、差旅费及安置时的行政费用。

二、人力资源管理成本核算方法：人力资源开发成本

开发成本指为提高企业员工的素质和劳动技能而发生的各种费用，包括专业定向费、在职培训费和脱产培训费三类。其中专业定向费主要指企业为使新职工尽快熟悉岗位工作而发生的费用，如资料费、岗前培训费等；在职培训费主要指企业支付给培训和被培训人员的工资和费用，以及实施该活动企业因此而受到的损失。脱产培训费主要指企业支付的脱产学习人员的工资，按规定可报销的学杂费，以及企业由此而引起的损失。开发成本

在管理成本中起统率作用，居核心地位，随着企业产品科技含量的不断提高和智力开发力度的不断加大，开发成本应当逐渐成为人力资源管理成本的主体部分。

三、人力资源管理成本核算方法：人力资源遣散成本

遣散成本指职工离职而发生的成本。大致有三类：

①遣散补偿成本，包括支付给被辞退人员的工资和费用

②遣散差别成本，由于人员离职使企业原有生产能力降低而导致的损失。

③缺员成本，由于离职缺员完成任务不足，而招致的间接成本。遣散成本在人力资源管理成本中居于从属地位。

企业可以根据需要规定本企业的人力资源管理成本核算办法，包括核算单位、核算形式和计算方法等。在核算上述所列项目时应注意：

1. 人员招募与人员选拔的成本应按实际录用人数分摊。

2. 在某些直接成本项目中也包括间接成本。

3. 某些成本项目部分交叉。

人力资源管理成本包括人力资源原始成本和人力资源重置成本。

人力资源原始成本

人力资源原始成本是指为了获得和开发人力资源而必须付出的费用，包括：

（1）取得成本：招聘、选拔、录用发生的广告费、代理费、差旅费、安置费和有关人员薪金等。

（2）开发成本：使员工达到职位所需技能并取得预期业绩

以上所示为某公司的人力资源成本核算规定的部分内容，企业招聘成本也属于人力资源成本的一部分。该制度中提到了 3 种人力资源成本核算方法，分别是人力资源取得成本、人力资源开发成本和人力资源遣散成本。

在人力资源取得成本中就详细介绍了人员招聘的成本包含哪些内容，该制度可供相关工作者参考。

10.4.2　建立健全招聘成本管理制度

招聘成本管理制度的建立主要是为了合理划分招聘费用，提高招聘效率，让招聘的各个环节更加流畅。

建立招聘成本管理制度，最重要的就是明确招聘费用的核算和安排方法，还要确定制度的适用范围，以及违反制度要受到的惩罚。

确定目的和适用范围。该制度应当是为了规范公司招聘费用的预算，提高招聘工作效率。适用范围应当为整个公司，不能有某个部门能够例外。

招聘过程项目核算。对招聘过程中涉及到的费用项目进行统计，制订详细的招聘计划，根据招聘计划和费用预算，统一申请招聘费用，没有进行预算或预算不合理的，财务部门有权拒绝。

确定费用分摊方法。招聘费用的分摊应由特殊的方式进行分摊，例如按人数分摊、按单位（部门）分摊等。合理分摊后报财务部再进行审核，通过后进行划账。

招聘人员安排方式。招聘人员安排是指如何安排人员进行招聘，通常是由部门负责提供面试人员，然后由人力资源部进行具体的安排和管理。

【实用模板】人力资源招聘成本管理规定

模板 \人事模块2\人力资源招聘成本管理规定.docx

人力资源招聘成本管理规定

第一章 总则

第一条 目的

为有效控制人力资源招聘成本，合理划分招聘费用，提高招聘效率，保证招聘效果，结合事业部制公司化运作管理机制，特制定本规定。

第二条 适用范围

××集团所有公司。

第二章 操作流程

第三条 招聘费用项目

会场费、广告费、网络费、用车费等费用。

第四条 信息发布

人力资源科根据各单位的招聘申请，统一对外发布招聘信息，并组织各单位进行招聘。

第五条 借款

人力资源部依据招聘计划和费用预算，统一到财务管理部申请借款。

第六条 费用登记

1. 每次赴人才市场进行招聘时，各单位招聘负责人都应在《招聘费用登记表》上签名，以此作为划分招聘成本的确认依据；

2.《招聘费用登记表》上应注明招聘负责人和实际招聘费用，参加招聘的人员可对其进行监督。

第七条 分摊方法

招聘费用依据参加招聘会的人数由各单位分摊，但由事业部

组织并以事业部名义发布的招聘广告、网络招聘及由此发生的广告费、网络费、用车费由事业部本部承担，在招聘过程中发生的其他费用（如住宿费、业务招待费等）由各单位承担。

各单位费用支出＝（招聘费用总额÷参加总人数）×各单位参加人数

第八条 分摊单位划分

招聘单位按事业部本部（包括经营管理部、财务管理部、品质管理部、审计监察科）、营销部、技术开发部、本部工厂、电子科技公司、MDV公司、出口公司、模具公司八个单位实体进行划分。

第九条 划账流程

1. 人力资源部依据《招聘费用登记表》编制《招聘费用分划报表》；

2.《招聘费用分划报表》由招聘主管编制，并报财务管理部审核；

3.《招聘费用分划报表》于每月30日前报财务管理部；

4. 财务管理部依据《招聘费用登记表》和《招聘费用分划报表》对招聘成本进行划账。

第十条 划账方式划账采用每月一划的方式进行。

第三章 附则

第十一条 注意事项

1. 人力资源部依据各单位报名参加的人数安排招聘摊位，如事先报名后来又未参加，人力资源科将依据报名的人数进行划账；

如上所示为某公司的人力资源招聘成本管理规定的部分内容，其中对人力资源招聘成本的统计、管理和分摊进行了具体介绍。

在介绍分摊方法时，介绍了计算公式"各单位费用支出＝（招聘费用总额÷参加总人数）×各单位参加人数"，是根据该公司具体情况制订的，供参考。

在最后该制度还介绍了对参加招聘会员工的要求，对违反要求的进行了处罚规定。

人才培训与开发

　　培训更多的是一种具有短期目标的行为，目的是使员工掌握岗位目前所需要的知识和技能；而开发则是一种具有长期目标的行为，目的是使员工掌握将来所需要的知识和技能，以应对将来的工作，培训和开发都是企业不可缺少的工作。

|11.1|
图解员工培训管理工作流程

11.1.1 图解培训需求调查工作流程

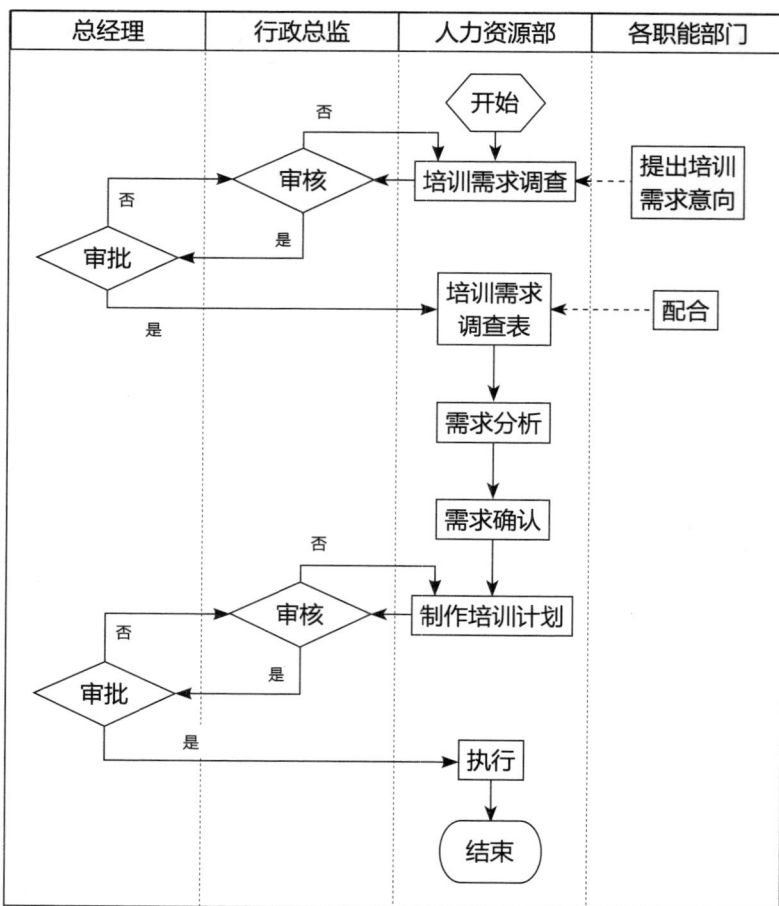

总经理	行政总监	人力资源部	各职能部门

开始

培训需求调查 ◄ ---- 提出培训需求意向

审核 — 否

审核 — 是

审批 — 否

审批 — 是

培训需求调查表 ◄ ---- 配合

需求分析

需求确认

制作培训计划

审核 — 否

审核 — 是

审批 — 否

审批 — 是

执行

结束

11.1.2　图解培训计划制订工作流程

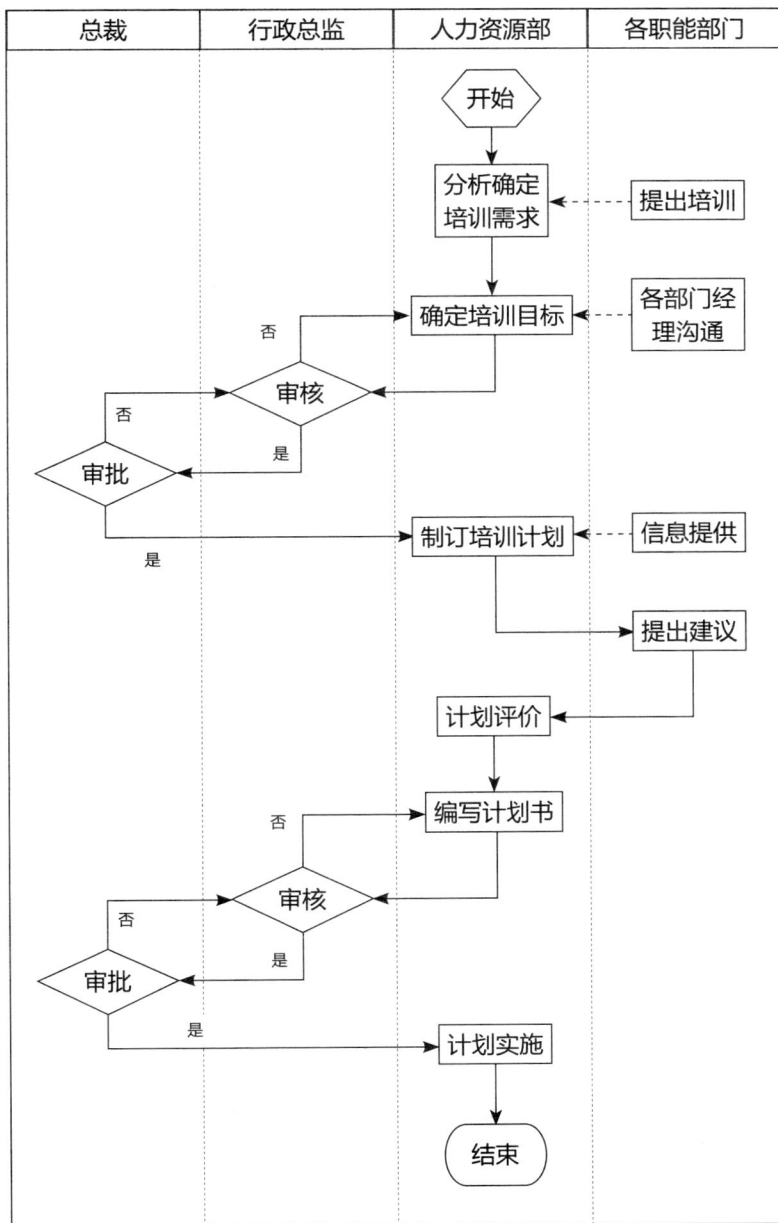

```
┌──────────┬──────────┬──────────┬──────────┐
│   总裁   │ 行政总监 │人力资源部│各职能部门│
├──────────┴──────────┴──────────┴──────────┤
```

总裁	行政总监	人力资源部	各职能部门

开始

分析确定培训需求 ◄---- 提出培训

确定培训目标 ◄---- 各部门经理沟通

审核（否／是）

审批（否／是）

制订培训计划 ◄---- 信息提供

提出建议

计划评价

编写计划书

审核（否／是）

审批（否／是）

计划实施

结束

11.1.3　图解培训费用预算工作流程

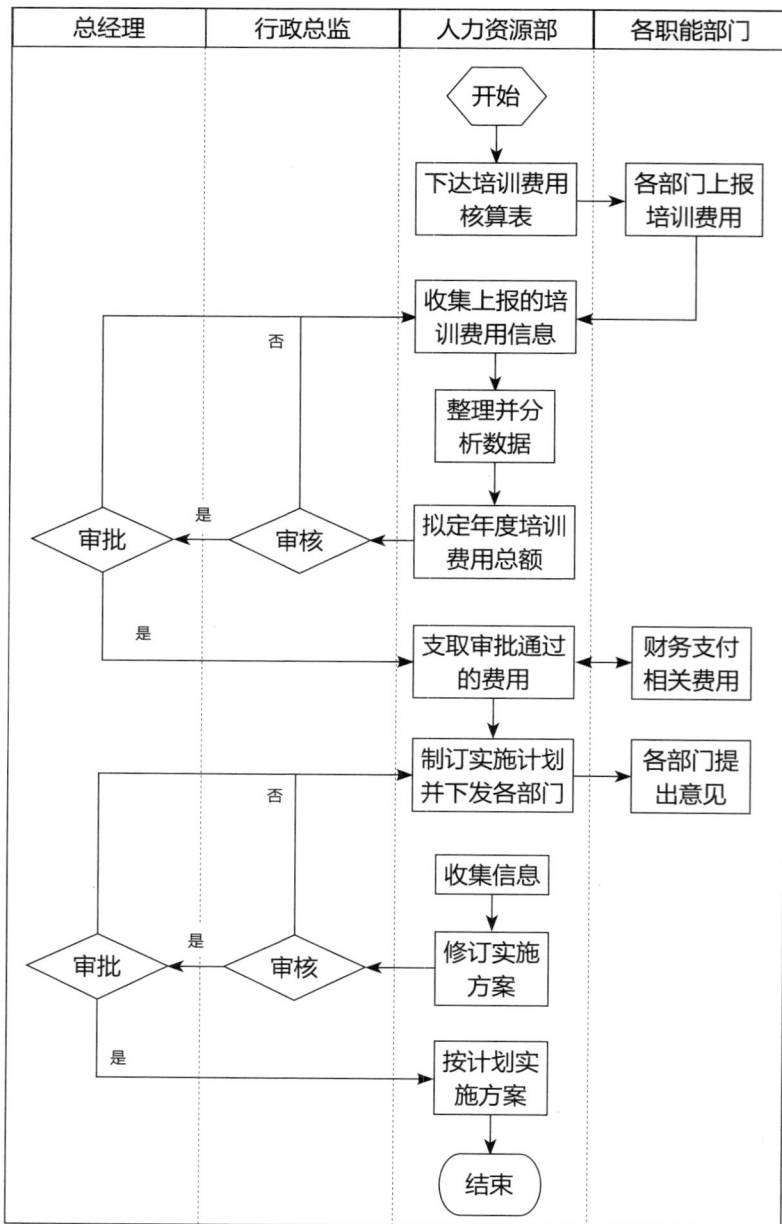

总经理	行政总监	人力资源部	各职能部门

```
                            ⬡ 开始

        ┌──────────────┐      ┌──────────────┐
        │ 下达培训费用  │      │ 各部门上报    │
        │ 核算表        │      │ 培训费用      │
        └──────────────┘      └──────────────┘

   否   ┌──────────────┐
        │ 收集上报的培  │◄─────
        │ 训费用信息    │
        └──────────────┘

        ┌──────────────┐
        │ 整理并分      │
        │ 析数据        │
        └──────────────┘

   是        是
  ◇审批◄── ◇审核◄──  ┌──────────────┐
                      │ 拟定年度培训  │
                      │ 费用总额      │
                      └──────────────┘

   是   ┌──────────────┐      ┌──────────────┐
        │ 支取审批通过  │◄────►│ 财务支付      │
        │ 的费用        │      │ 相关费用      │
        └──────────────┘      └──────────────┘

   否   ┌──────────────┐      ┌──────────────┐
        │ 制订实施计划  │─────►│ 各部门提      │
        │ 并下发各部门  │      │ 出意见        │
        └──────────────┘      └──────────────┘

        ┌──────────────┐
        │ 收集信息      │
        └──────────────┘

   是        是
  ◇审批◄── ◇审核◄──  ┌──────────────┐
                      │ 修订实施      │
                      │ 方案          │
                      └──────────────┘

   是   ┌──────────────┐
        │ 按计划实      │
        │ 施方案        │
        └──────────────┘

                      ⬭ 结束
```

11.1.4　图解培训外包管理工作流程

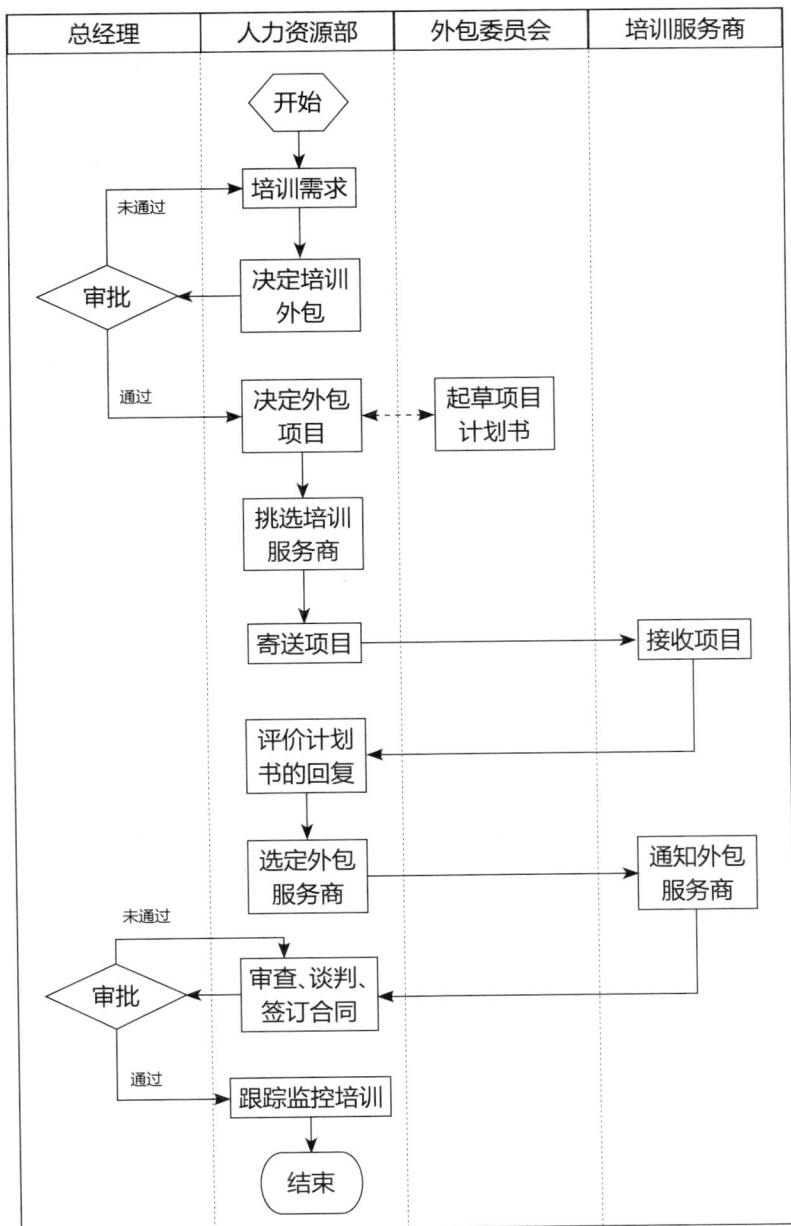

总经理	人力资源部	外包委员会	培训服务商

开始

培训需求

决定培训外包

审批 ← 未通过

决定外包项目　·····→　起草项目计划书

审批 → 通过

挑选培训服务商

寄送项目 → 接收项目

评价计划书的回复

选定外包服务商 → 通知外包服务商

审批 ← 未通过

审查、谈判、签订合同

跟踪监控培训 ← 通过

结束

11.1.5 图解培训管理工作流程

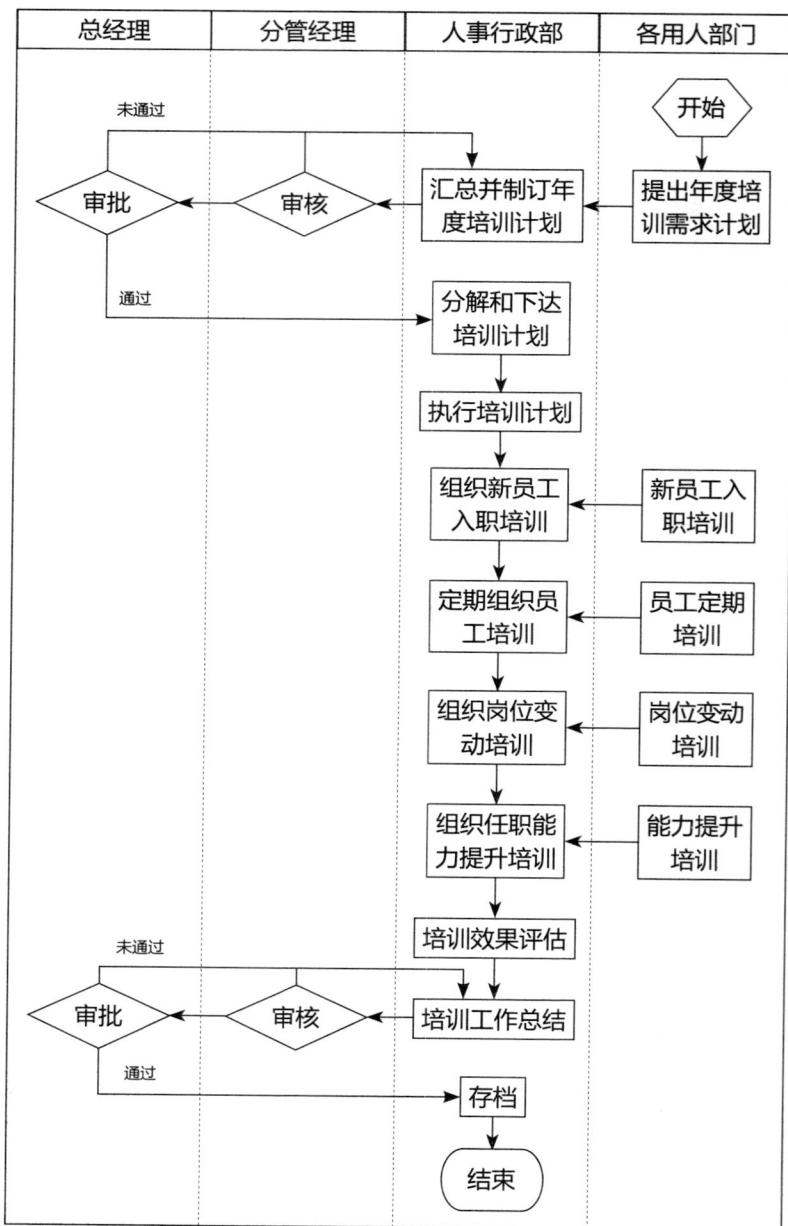

总经理	分管经理	人事行政部	各用人部门

```
                                                        开始
      未通过
                                                     提出年度培
  审批 ← 审核 ← 汇总并制订年度培训计划      训需求计划
   │                      度培训计划
  通过
   └──────────────→ 分解和下达
                     培训计划
                        │
                    执行培训计划
                        │
                    组织新员工    ←  新员工入
                    入职培训          职培训
                        │
                    定期组织员    ←  员工定期
                    工培训            培训
                        │
                    组织岗位变    ←  岗位变动
                    动培训            培训
                        │
                    组织任职能    ←  能力提升
                    力提升培训        培训
                        │
                    培训效果评估
      未通过              │
  审批 ← 审核 ← 培训工作总结
   │
  通过
   └──────────────→ 存档
                        │
                      结束
```

|11.2|
员工培训，快速提高员工能力

企业培训是一种直接提高经营管理者能力水平和员工技能的重要途径。虽然很多公司都会组织员工培训，但许多培训其实是多余且毫无意义的，所以要懂得如何组织真正适合员工的培训。

11.2.1　制订更有针对性的培训计划

在了解如何制订培训计划之前，首先需要了解培训的本质目的。培训是为了提高经济效益和学习效益，被培训者能够真正获益，并真正应用到切实的工作中去。

不仅如此，培训计划要有充分的理由和依据，才能得到上级领导的支持批准。培训计划是为了提高公司实际业务而制订的，具有针对性，如果凭单方面兴趣满足群众的"喜好"，就成了"无本之木"。

（1）制订培训计划的步骤

由于公司员工所处等级或状况不同，可以将培训分为公司全体培训和部门内部培训；根据培训内容的不同，可以将培训分为内部讲师培训、外部培训师内部培训以及外部培训班培训等。

不同的培训范围和内容，采取的培训方式也不同，根据以上内容可以制订具体的培训计划，具体介绍如图 11-1 所示。

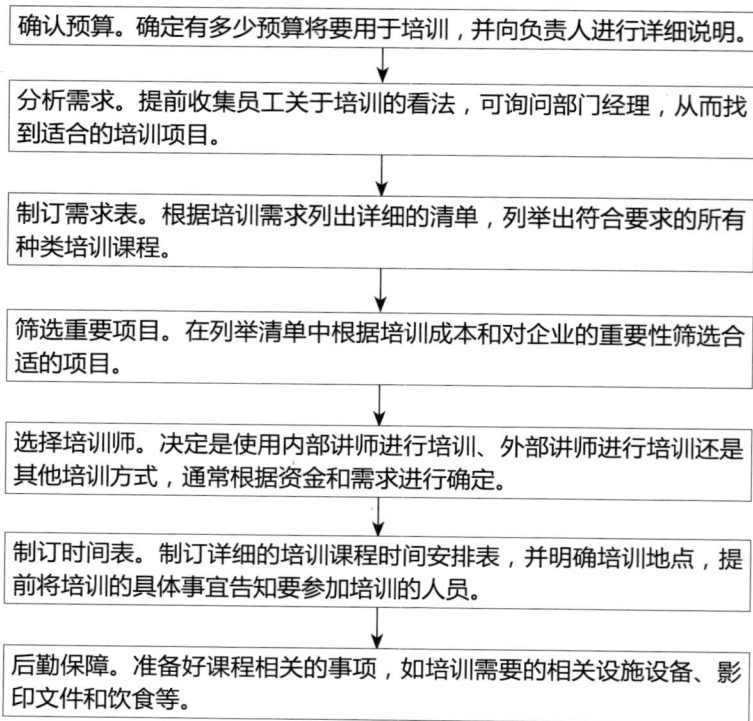

确认预算。确定有多少预算将要用于培训，并向负责人进行详细说明。

分析需求。提前收集员工关于培训的看法，可询问部门经理，从而找到适合的培训项目。

制订需求表。根据培训需求列出详细的清单，列举出符合要求的所有种类培训课程。

筛选重要项目。在列举清单中根据培训成本和对企业的重要性筛选合适的项目。

选择培训师。决定是使用内部讲师进行培训、外部讲师进行培训还是其他培训方式，通常根据资金和需求进行确定。

制订时间表。制订详细的培训课程时间安排表，并明确培训地点，提前将培训的具体事宜告知要参加培训的人员。

后勤保障。准备好课程相关的事项，如培训需要的相关设施设备、影印文件和饮食等。

图 11-1

人事知识延伸

在制订培训计划的过程中，还需要考虑教材的问题。如果使用公开出售的教材则需要提前进行购买；如果使用企业内部的教材，则需要提前进行复印；如果使用培训师自己编写的对外不公开的教材，则需要提醒员工做好记录。

（2）制订培训计划的原则

在制订培训计划时，往往需要遵循一定的原则，而不是盲目地制订。下面将具体介绍培训计划的制作原则。

◆ 培训计划要以实际需求为立足点，不能培训一些与实际工作无关的内容，更不能为了培训而培训，应当是在有需要的情况下，再由专人组织进行培训。

◆ 培训计划的制订不能由某一个人独立完成，应当参考部门负责人和受训人员的意见，这样不仅能让员工更愿意接受培训，也能获得更多员工的支持。

◆ 培训计划制订之前应当进行培训需求调查，了解员工究竟需要哪方面的培训，才能有针对性的制订培训计划。

◆ 培训的形式多种多样，因此在制订培训计划时不要过于古板，应当紧跟时代潮流，开发多元化的培训方式，这样不仅能吸引员工参与，更能提升员工主动参与的积极性。

◆ 培训成本预算是培训开展的重要因素，因为培训不能超过培训预算，这需要在制订计划时对各个项目的花销有一个具体的了解，才能有效控制成本。

◆ 培训项目的执行需要按照拟定的时间进行，因此在制订培训时间表时应考虑培训的项目能否按时进行，以及是否符合课程要求。

◆ 要想培训能够获得较大的成功或圆满举行，在制订培训计划时要尽可能多地获得公司高层领导的支持，这样的话，面对培训中出现的问题也能及时解决。

◆ 制订培训计划时要注重培训的效率、细节和实效性，对培训过程逐一进行记录。培训内容的安排不能太过老旧，要符合当前市场发展的需求。

11.2.2　制订培训预算，了解具体花销

在前面介绍如何制订培训计划时提到需要考虑培训成本，那么应当如何确定培训预算呢？在规划预算表时应当考虑如下问题。

◆ 各项培训课题能够获得多少收益？

◆ 这项培训是不是必要的？

◆ 可选择的方案有哪些?

◆ 有没有比当前方案更加经济、高效的方案?

◆ 从实际考虑培训需要花费的资金,以及培训人员费用是多少?

◆ 培训涉及的差旅费、场地费、电话费和调查费等费用有多少?

◆ 以前培训记录的人均天数和费用各是多少?

在对以上问题进行考量后,就可以开始进行培训费用预算,主要有以下的内容。

确定培训需求。首先要确定参加培训的人数、课题以及主要内容,这些因素会直接影响培训预算,人数越多,则相应的花销就越大。

确认培训方式。是在企业内部组织培训、外派培训还是外请培训师进行培训,这些都对预算金额有直接影响。内部培训的花销相对较小,外派和外请培训,可能会花费较多的人力和财力。

选择和开发培训资源。培训过程中需要有哪些项目花费和供应商等都需要进行考量,尽量不要经常更换供应商,这样会增加成本,还会花费更多时间寻找新的供应商。

参考从前的培训费用预算。如果对培训费用各个项目不是十分了解的情况下,还可以参考以往的培训预算,从而了解到具体需要考量哪些因素。

人事知识延伸

　　如果在制订培训计划时,已经确定了需要外包出去进行培训,即由外部培训机构负责整体的培训工作。那么在进行培训费用预算时就需要多进行询问、比价,例如向多个培训机构进行询问,多方听取报价,进行比较,并且还需要对培训质量进行事先考察,最终再确定符合要求的培训机构和培训方案,这样也更加容易进行培训预算。

【实用模板】培训费用预算表

模板 \人事模块3\培训费用预算表.docx

培训费用预算表

编号：　　　　　　　　　　　　申请日期：

课程名称		日期		地点	
费用预算明细					
1.教材				元/本×_____本=_____元	
2.讲师报酬				元/时×_____时=_____元	
3.讲师交通费				_____元	
4.讲师住宿费				元/日×_____日=_____元	
5.讲师膳食费				元/日×_____日=_____元	
6.其他费用				_____元	
7.合计费用				_____元	
8.预支费用				_____元	

参加培训人员名单（共_____人）

部门	姓名	职称	备注

11.2.3　培训的评估与反馈，总结得失

　　培训对于企业的发展来说，有着决定性的作用，无论从技能提升还是团队合作，因此做好企业培训显得尤为重要。但是有的培训过程看似风风火火，结束后却未给企业带来任何实质的提升和改变。

　　针对以上问题，需要做好培训的评估与反馈工作，总体而言可以从反应、学习、工作行为和结果 4 个方面进行进行考评，下面将进行具体介绍，如表 11-1 所示。

表 11-1 培训与反馈的 4 个考评方面

考评方面	具体内容
反应评估	反应评估主要是针对参加培训的员工对培训的主观看法，主要包括培训内容、方式、形式以及培训的各项设施。相比较而言，反应评估法应当是最基础的评估方法。常用的方法有访谈法和问卷调查法，调查者可以在培训过程中或是培训结束后与参加培训的员工进行一对一或是一对多的交流，从而获取信息，还可以通过调查问卷的形式进行调查
学习评估	学习评估的目的主要是要了解参加培训的员工究竟学到了什么。通过培训，员工的知识、技能、态度等方面是否有所提高或有所改变。对于知识的掌握情况可以采用笔试的方法进行考核，技能的考评可以通过员工在实际工作中各方面情况的改变进行考察
工作行为考评	工作行为的考评就是考察参加培训前后行为的改变与提升，是否能够将培训中学习到的技能运用到实际工作中，这也是评价一次培训效果的重要指标，也是企业领导比较关注的，主要可以通过对员工工作进行考评的方法来判断，可以采用面谈法、直接观察法、绩效监测法以及行为量表等进行考察。在实际工作中使用此类方法耗时较高，影响工作效率，因此常与结果有效结合进行考评
结果评估	员工培训的成果往往直接反映在工作绩效上，如工作效率提高、产品产量提高、销售数量增加等，同时结果指标还会包含间接的评价，所以是企业领导最为关心的评估内容。结果评估一般包含两个方面，分别是硬性指标和软性指标，硬性指标就是前面提到的业绩，而软性指标则是指员工士气、工作状态、工作主动性以及满意度等。所以，结果的评估，可以通过不同的方法和维度进行，不是任何一类培训其结果都必须使工作效率提高，短期内如无效率改变，则培训就是无用的

针对上述的 4 种考评面，可以制订不同的考评方案和方式，综合多方面考评结果，才能得出较为可信的评估报告。

【实用模板】培训评估反馈表

模板　\人事模块3\培训评估反馈表.docx

培训评估反馈表

时间：

培训主题		培训时间				
培训老师		评估人				
第一部分：培训老师，请对下列各项评估			优秀	良好	一般	差
1.专业知识						
2.能清楚表达培训思想、观念、内容						
3.课堂气氛调节，吸引学员注意						
4.理论与实践结合，案例分析						
5.对你工作的帮助						

第二部分：培训内容（请从选项中选一个答案）
6.课程内容的难易程度（ ）
A 非常难，难以理解　　　　　B 有点难，但稍努力可以理解
C 难度适中，完全可以理解　D 太容易，这些内容已经掌握
7.课程的针对性（ ）
A 课程解决了我工作中这方面的全部问题
B 课程基本解决了我工作中这方面的问题
C 课程只包含了少部分我工作中这方面的问题
D 课程与我现在的工作没有联系
8.课程时间（ ）
A 太长 B 稍长 C 适中 D 稍短　E 太短

第三部分：培训反馈（请根据培训内容填写，如本页不够填写，可另附纸）
9.你认为此次培训中最有用的内容是什么？

10.此次培训中你认为和你工作联系最紧密的内容是什么？培训对你的启迪是什么？

11.此次培训你还有什么知识未能深入了解，并希望在以后的培训能够涉及？

12.你对此次培训有何意见或建议？

|11.3|
人力资源开发，发掘员工潜力

　　除了人力资源管理是比较常见的，经常与人力资源管理同时出现和使用的还有人力资源开发。人力资源开发与人力资源管理既有联系又有区别，通常情况下人力资源管理就包含了开发，本节将具体介绍人力资源开发。

11.3.1　人力资源开发的目标和局限性

人力资源开发主要是指一个企业或组织在现有的人力资源基础上，根据企业当前实施的战略计划、企业结构，对人力资源进行调查、分析、规划和调整，从而达到提高组织或企业的现有人力资源水平，为企业或组织创造更大价值的目的。下面讲具体介绍人力资源开发的目标和局限性。

（1）人力资源开发的目标

了解人力资源开发的含义后，还需要知道什么是人力资源开发的目标。整体来说，人力资源开发是要通过开发活动提高人的才能，增强人的活力或积极性。

提高人的才能。才能是认识和改造世界的主要能力，而且才能构成了人力资源的主要内容。

增强人的活力。通过人力资源开发增强人在面对工作时的活力，提高工作热情，才能充分、合理地利用人力资源，提高人力资源的利用率，达到人力资源开发的效果。

那么以上两者具有什么关系呢？哪一个才是更为重要的呢？

人力资本自身价值的提升与人的主观能动性的提高，是人力资源开发的两个层次，两者同样重要。

人的才能提高，决定着人力资源存量的提高，表示着企业拥有的人力资源量的增加；人的活力的增加是人力资源开发的关键，因为人力资源存量即使很高，而人员没有活力和积极性，那么这种才能是没有任何意义的。只有同时具备了才能和活力才能为企业或组织创造更大的价值。

（2）人力资源开发的局限性

尽管如今已经有许许多多的企业开始重视人力资源的开发工作，但因为开发工作设计不成熟使得开发具有局限性，包括措施和思路，远远不能适应企业发展的需要。

人事工作者在着手进行人力资源开发时要有所警觉，注意避免人力资源开发工作存在的局限性，这种局限性概括起来主要有 5 个方面，如表 11-2 所示。

表 11-2　人力资源开发的局限性

局限性	具体介绍
员工被动参加开发工作	这是人力资源开发局限中最为重要的一点，企业在进行人力资源开发的过程中没有让员工成为开发的主体，而是使其被动的接受培训内容。这样就容易造成企业花费了人力物力组织的人力资源开发工作无法得到应有的效果。究其原因，是因为多数员工把这种开发培训当成了工作，疲于应付，最终造成了企业的高投入、低收益
培训内容选择不当	在选择培训内容时不切实际，培训内容不适应人才知识结构和需要，即使拥有完善的培训体系，但是内容选择总是难以适应企业的发展和员工的需要，这就要求人力资源开发者应当进行考察分析，发掘适合企业当前的培训内容，或是向外部专门的培训机构寻求帮助
人力资源开发途径单一	通常情况下，企业的人力资源开发都是通过培训或建立人才梯队来完成的，通过给予一定的实践机会，让其逐渐成长为企业所需要的人才。但弊端是这种方式并没有在企业发展和人员发展相互依存的关系上建立联系，所以员工只是被动的接收。除此之外，负责企业人才建设和人员选拔的管理人员的个人素质和能力也会影响人才的选拔，导致没有及时将企业所需的人才选拔出来
流于表面，忽略深层次提高	因为只注重技能和知识的培训和积累，而没有深入到如何增强所开发培养人才对企业的忠诚度这一层次，即增强他们对企业发展的依存关系。这样显得企业越来越像培训学校，投入了财

续上表

局限性	具体介绍
流于表面，忽略深层次提高	力物力帮助员工进行提高，最终达到了企业的标准，但却没有建立依存关系，企业忠诚度较低，这都可能导致员工流失
投入与需求不相符	人才培训开发投入与企业所需人才的有效供给严重不适应，使企业投入多，但收效远不理想。并且企业员工还天真地把这种培训视作企业不应该做的投入，结果使企业费力不讨好，花了钱还没有拢住员工的心

理论上这些局限性都是可以避免的，前提是在进行人力资源开发之前需要充分调研，了解企业现状以及企业员工现状，才能做到有的放矢。

11.3.2　人力资源开发的 4 个方法

前面介绍了人力资源开发的目的和局限性，对人力资源开发进行了基础介绍，这里将主要介绍人力资源开发的 4 种方法，分别是培训、职业生涯开发、组织开发和管理开发。

（1）培训

当员工入职，培训工作就开始了，首先接触的应当是入职培训，旨在让员工熟悉企业、工作环境以及工作内容等。

对于一线工作人员而言，培训的内容主要围绕职务所需的知识、技能、能力和应有的工作态度和积极性。培训可以有两重意思：一方面，培训的目标是提高员工在这些岗位上的工作效率，也就是组织的赢利；另一方面，培训还可以以一种关怀的态度进行，帮助员工实现自我能力的提升。

（2）职业生涯开发

职业生涯是一个进入工作场所的人一生所经历的不同职务所构成的轨迹。虽然不同员工在不同的岗位上所面临的问题、任务和障碍不同，但都具有一定的共性，因此才可能对职业生涯进行规划和管理。

组织的职业生涯开发是比较复杂的活动，它主要通过培训、咨询、辅导、教练、雇员援助计划等形式进行。

（3）组织开发

组织开发是指通过运用行为科学原理对组织中的成员进行团队式的影响，从而改变他们的知识、技能和能力，最重要的是改变他们的态度和积极性。

组织开发可以是一部分，也可以是一个小团体。因此组织开发的对象是一个整体，组织开发所依赖的开发手段有相对的独特性，它所依赖的手段被称为行为干预。

（4）管理开发

管理者效率低下是制约管理效率的重要因素之一，正是因为如此，对管理者展开的开发活动一直都是人力资源开发的重点，也是人力资源开发中的难点。

管理开发以组织中现在或未来的管理者为对象展开，目的是提高管理者的管理效率，增进他们的管理知识、技能和能力，改变他们的管理态度和动机。管理开发可以针对高级、中级和初级管理者 3 个层次分别进行。管理开发既可以在组织内展开，也可以在组织外展开，其意义也不相同。

【实用模板】人力资源开发与培训制度

模板 \人事模块3\人力资源开发与培训制度.docx

人力资源开发与培训管理制度

第一章 总则

第一条 目的

为了建立和健全事业部人力资源开发与培训管理制度，有计划地组织经理人和员工参加培训，不断地提高经理人和员工的职业化水平与岗位技能，满足事业部可持续经营发展的需要，特制定本管理制度。

第二条 理念

学习是经理人和员工具备持续性价值创造能力的唯一途径，人力资源开发与培训应引导经理人和员工做好个人职业的发展规划，并负责为经理人和员工创造学习环境和机会，推动学习型组织的建立。

第三条 适用范围

本制度适合事业部及其下属的二级单位所有人员，二级单位可根据单位实际情况参照本制度制定本单位的培训与教育管理办法，并报事业部人力资源部备案。

第二章 培训职责

第四条 事业部人力资源部作为事业部人力资源开发和培训的归口管理部门主要负责：事业部培训与学习平台的建立；事业部人力资源开发培训整体方案的设计；相关管理制度体系的制定及培训项目的监控；组织实施针对事业部、职能部和二级经理人、后备经理人和职能部门员工的培训项目；同时负责与集团人力资源开发中心的业务衔接并指导、督促二级单位培训主管开展本部门门的培训工作。

第五条 二级单位管理部门作为本单位有关员工培训项目的规(计)划、组织和实施的主体责任部门，负责本单位的员工培训工作，并同事业部人力资源部的整体培训工作相衔接。

第三章 人力资源开发与培训体系

第六条 事业部人力资源开发和培训体系直接为经理人和员工个人的职业生涯发展服务。根据本宗旨，事业部的培训体系分为以下四部分：

1. 新员工入职训练与发展计划；
2. 员工职业能力发展计划；
3. 后备经理人开发计划；
4. 经理人职业能力发展计划。

第四章 培训计划

第七条 年度培训计划

事业部人力资源部每年12月份修订《人力资源开发与培训课程菜单》在事业部内部网络公布，供事业部、各二级单位相关部门及个人制定年度培训计划参考。

经理人和员工个人根据所在职位工作的需要和个人职业生涯发展的规划，于每年12月份制订好下一年度个人培训与学习计划，经理人、后备经理人及职能部门员工的培训计划报事业部人力资源部，二级单位员工培训计划报各二级管理部门。

人力资源部于每年12月份负责事业部下一年度经理人和职能部员工开发培训计划的制定和审核，总经理审批(《年度培训计划表》，附表1)，报集团人力资源部备案；二级单位管理部门制定本部门员工的开发培训计划(《年度培训计划表》，附表1)，二级单位领导审批，报事业部人力资源部备案。

事业部年度培训计划调整由人力资源部长审核，总经理审批；二级单位年度培训计划的调整由单位领导审批。

第八条 月度培训计划

每月人力资源部负责组织月度培训工作计划与总结会议，总结事

上述模板展示了某公司的人力资源开发与培训制度的部分内容，主要介绍通过培训实现提升员工素质和能力，及通过培训进行人力资源开发。

在内容方面，该制度介绍了培训的职责、人力资源开发与培训体系、培训计划以及培训项目实施等，没有具体介绍人力资源开发的各种方法，而是主要针对适应企业的培训方法进行介绍。

人事工作者在制订人力资源开发制度时，也可以选择适合企业的方法制订合适的制度。

员工关系管理

员工关系管理是人事工作者的一个重要工作，另外积极的员工关系管理也是企业成功的重要因素。那么，企业该如何加强员工关系管理，促进员工和企业之间的关系得到良性发展呢？这就需要从多个方面进行考量。

|12.1|
图解晋升、离职与合同管理流程

12.1.1 图解员工岗位轮换流程

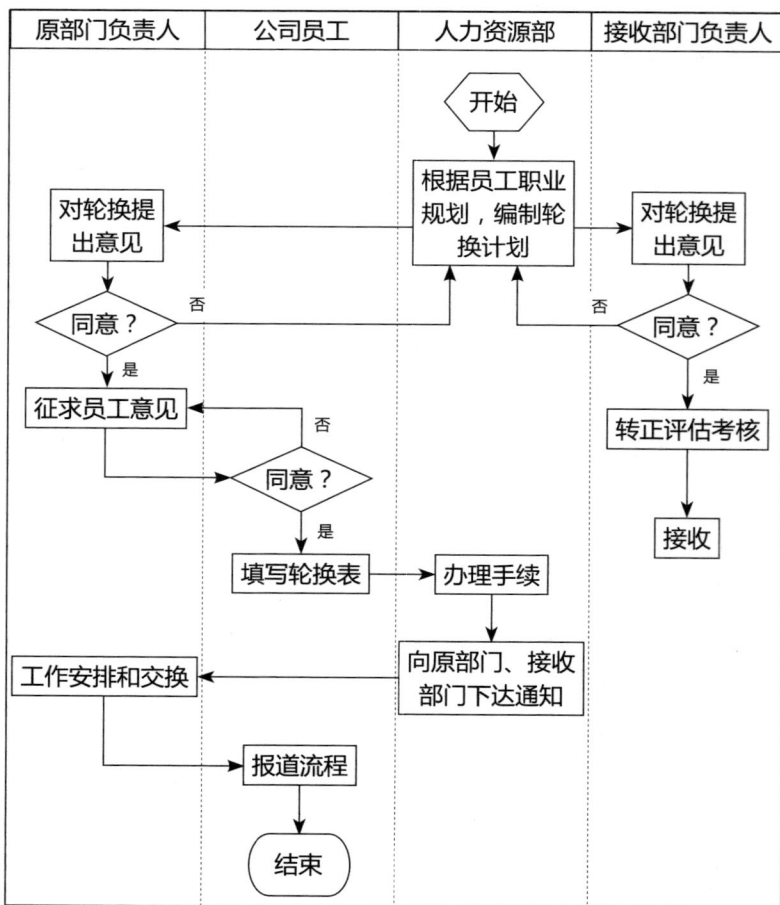

原部门负责人	公司员工	人力资源部	接收部门负责人

开始

根据员工职业规划，编制轮换计划

对轮换提出意见

对轮换提出意见

同意？ 否

同意？ 否

是

是

征求员工意见

转正评估考核

同意？ 否

是

接收

填写轮换表 → 办理手续

工作安排和交换

向原部门、接收部门下达通知

报道流程

结束

12.1.2 图解员工晋升管理流程

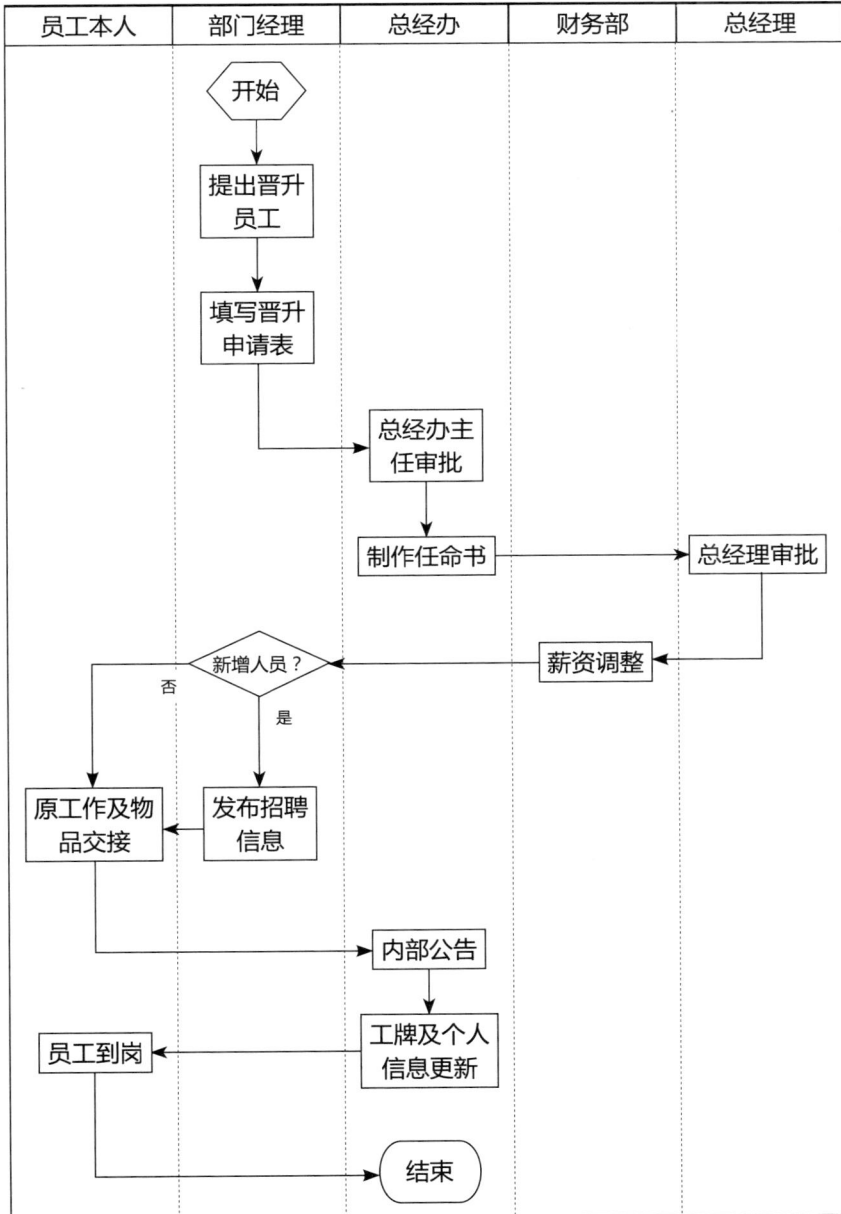

员工本人	部门经理	总经办	财务部	总经理

```
                    ┌────────┐
                    │  开始   │
                    └────────┘
                         │
                  ┌──────────┐
                  │ 提出晋升  │
                  │   员工    │
                  └──────────┘
                         │
                  ┌──────────┐
                  │ 填写晋升  │
                  │  申请表   │
                  └──────────┘
                         │
                           ┌──────────┐
                           │ 总经办主  │
                           │  任审批   │
                           └──────────┘
                                │
                           ┌──────────┐        ┌──────────┐
                           │ 制作任命书 │───────│ 总经理审批 │
                           └──────────┘        └──────────┘
                                                    │
                         ◇新增人员?◇ ◄─── ┌──────────┐
                      否  └────────┘       │  薪资调整  │
                              │是          └──────────┘
       ┌──────────┐   ┌──────────┐
       │ 原工作及物 │   │ 发布招聘  │
       │  品交接   │   │   信息    │
       └──────────┘   └──────────┘
              │
                           ┌──────────┐
                           │  内部公告  │
                           └──────────┘
                                │
       ┌──────────┐   ┌──────────┐
       │ 员工到岗  │◄──│ 工牌及个人 │
       └──────────┘   │ 信息更新   │
                      └──────────┘
                           │
                        ┌────────┐
                        │  结束   │
                        └────────┘
```

12.1.3 图解员工离职交接管理流程

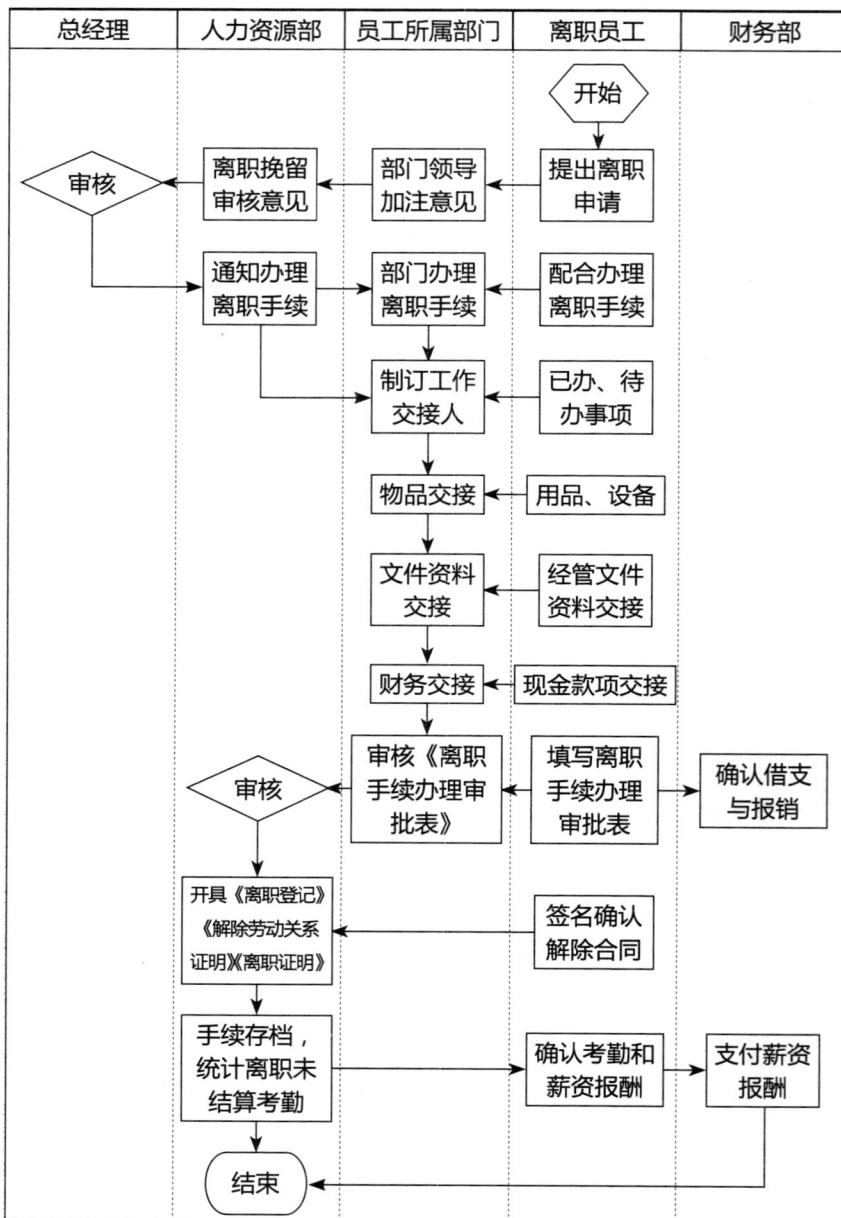

总经理	人力资源部	员工所属部门	离职员工	财务部
			开始	
审核	离职挽留审核意见	部门领导加注意见	提出离职申请	
	通知办理离职手续	部门办理离职手续	配合办理离职手续	
		制订工作交接人	已办、待办事项	
		物品交接	用品、设备	
		文件资料交接	经管文件资料交接	
		财务交接	现金款项交接	
	审核	审核《离职手续办理审批表》	填写离职手续办理审批表	确认借支与报销
	开具《离职登记》《解除劳动关系证明》《离职证明》		签名确认解除合同	
	手续存档，统计离职未结算考勤		确认考勤和薪资报酬	支付薪资报酬
	结束			

12.1.4　图解员工辞退管理流程

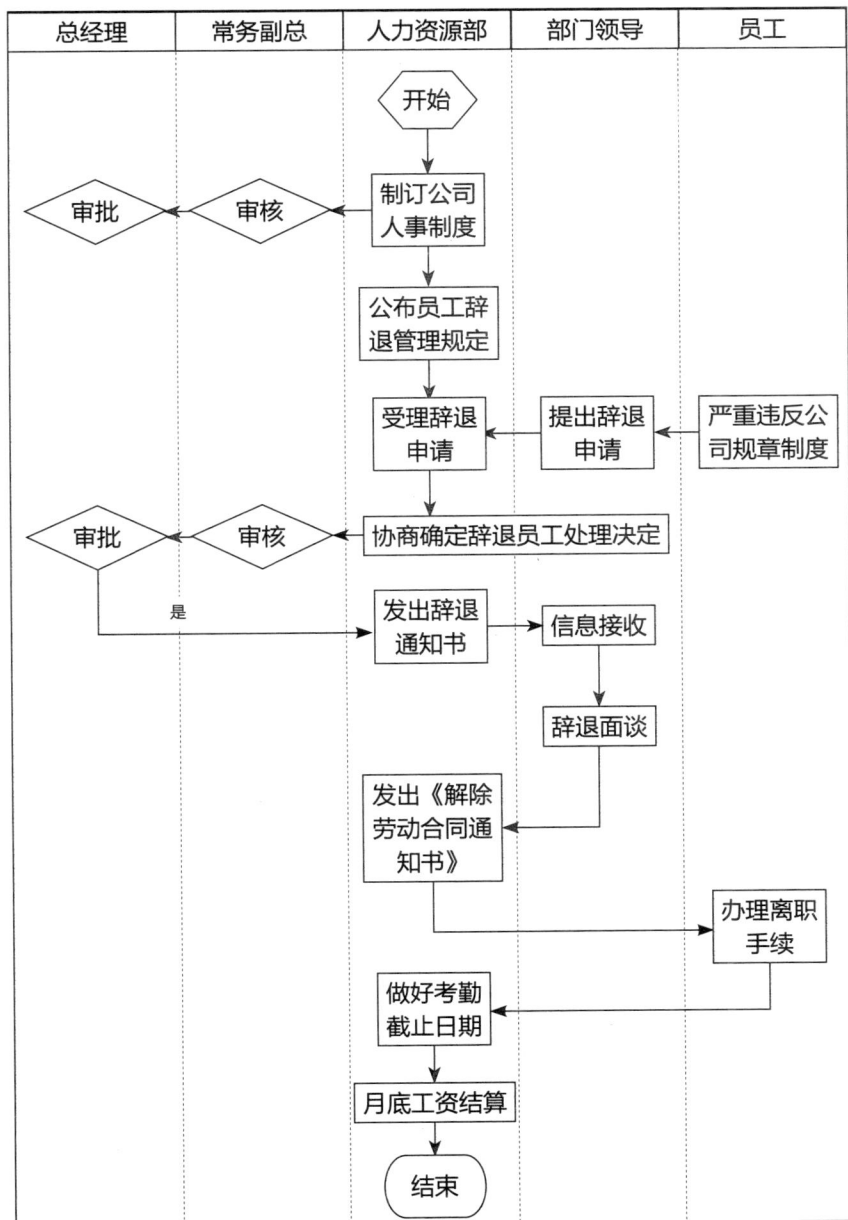

总经理	常务副总	人力资源部	部门领导	员工

```
                              开始
                               │
   审批 ◄── 审核 ◄──      制订公司
                          人事制度
                               │
                          公布员工辞
                          退管理规定
                               │
                          受理辞退 ◄── 提出辞退 ◄── 严重违反公
                          申请          申请          司规章制度
                               │
   审批 ◄── 审核 ◄── 协商确定辞退员工处理决定
     │     是
     └──────────►  发出辞退 ──► 信息接收
                    通知书           │
                                  辞退面谈
                                     │
                 发出《解除 ◄────────┘
                 劳动合同通
                 知书》
                     │                      办理离职
                     └──────────────►       手续
                                              │
                 做好考勤 ◄────────────────────┘
                 截止日期
                     │
                 月底工资结算
                     │
                   结束
```

12.1.5 图解劳动纠纷处理流程

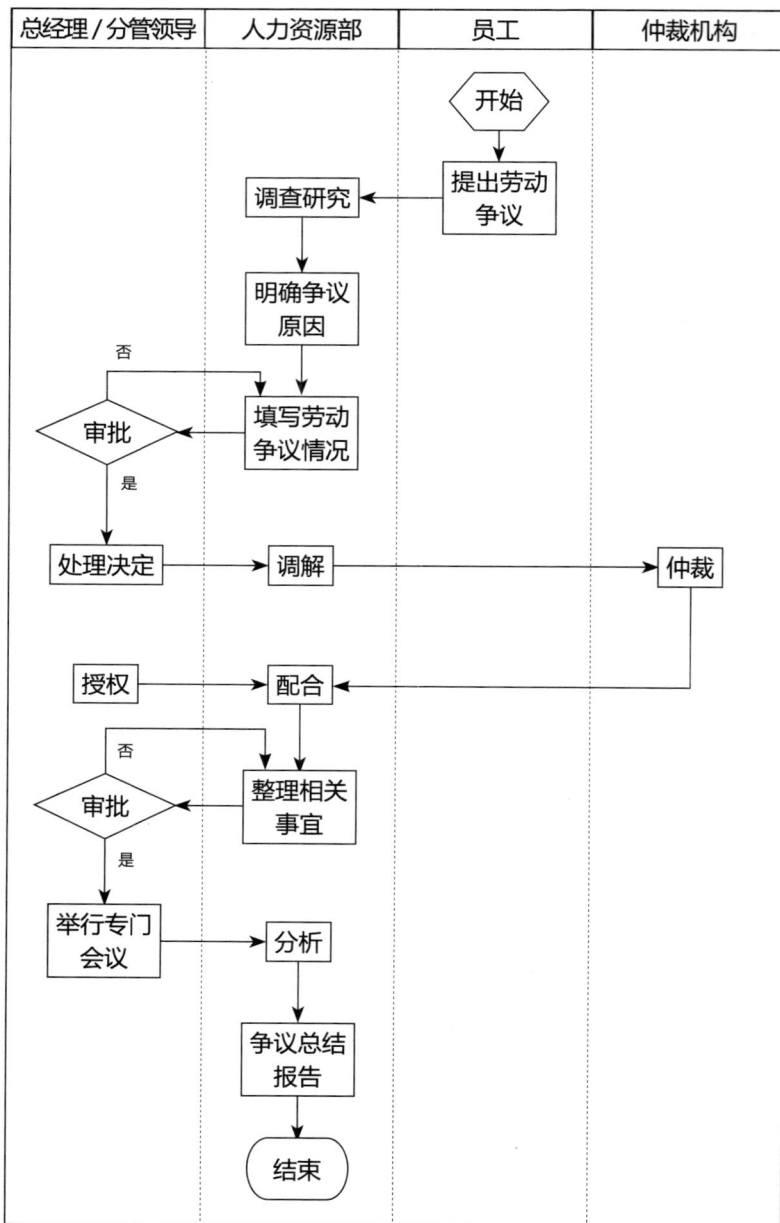

总经理/分管领导	人力资源部	员工	仲裁机构

（流程图内容：）

开始 → 提出劳动争议 → 调查研究 → 明确争议原因 → 填写劳动争议情况 → 审批（否/是）→ 处理决定 → 调解 → 仲裁 → 配合 ← 授权 → 整理相关事宜 → 审批（否/是）→ 举行专门会议 → 分析 → 争议总结报告 → 结束

|12.2|
员工关系常规管理，规范员工关系

员工关系管理指管理人员通过拟定和实施各项人力资源政策、管理行为以及其他管理手段实现对员工和员工、员工和企业之间关系的调节，以确保实现公司目标。

12.2.1　劳动合同的订立、变更与终止

劳动合同主要是用来确定劳动者和用人单位之间的权利和义务的协议。订立和变更劳动合同双方应当自觉自愿，不得违反相关法律和行政法规。

（1）劳动合同的订立

劳动合同的订立应当遵循一定的原则，才能使订立的合同具有法律效力，受法律保障。

合法原则。劳动合同必须依法以书面形式订立。做到主体合法、内容合法、形式合法、程序合法。只有合法的劳动合同才能产生相应的法律效力。任何一方面不合法的劳动合同，都是无效合同，不受法律承认和保护。

协商一致原则。在合法的前提下，劳动合同的订立必须是劳动者与用人单位双方协商一致的结果，是双方"合意"的表现，不能是单方意思表示的结果。

合同主体地位平等原则。在劳动合同的订立过程中，当事人双方的法律地位是平等的。劳动者与用人单位不因为各自性质的不同而处于不平等地位，任何一方不得对他方进行胁迫或强制命令。

等价有偿原则。劳动合同明确双方在劳动关系中的地位作用，劳动合同是一种双务有偿合同，劳动者承担和完成用人单位分配的劳动任务，用人单位付给劳动者一定的劳动报酬义务，并负责劳动者的保险金额。

企业需要在遵循以上原则的基础上与员工签订劳动合同，除此之外，对合同的签订时间、期限等也需要有一定的了解。

劳动合同签订时间。自用工之日起一个月内订立书面劳动合同即可，否则用人单位须支付给劳动者双倍工资。自用工之日起超过一年未与劳动者签订书面劳动合同的，视为双方已形成无固定期限劳动合同。

劳动合同的期限。劳动合同的期限有 3 种，有固定期限的劳动合同、无固定期限的劳动合同和已完成一定的工作为期限的劳动合同。所以用人单位与劳动者在签订劳动合同时要根据实际双方的需求来协商确定劳动合同的期限。

非全日制用工。非全日制劳动者在同一用人单位一般平均每日工作时间不超过 4 小时。每周工作时间累计不超过 24 小时，且不得约定试用期。非全日制用工小时计酬标准不得低于最低小时工资标准，劳动报酬结算支付周期最长不得超过 15 日。

人事知识延伸

对于高级管理人员的聘用往往需要注意，因其会接触到用人单位的商业秘密，所以为了防止高级管理人员将商业秘密泄露给他人损害用人单位的利益，最好能单独签订相应的保密协议。

企业高级管理人员往往对公司的高端机密业务掌握较多，为了更好的保护用人单位的利益，在与高级管理人员签订的劳动合同中根据实际情况添加竞业限制条款。

（2）劳动合同的变更

合同的变更是指合同成立以后，在尚未履行或未完全履行以前，当事人双方就合同的内容达成的修改和补充。

《劳动合同法》第三十五条规定，用人单位与劳动者协商一致，可以变更劳动合同约定的内容。变更劳动合同，应当采用书面形式，特征如下。

◆ 合同的变更必须经双方当事人协商一致，是在原来合同的基础上达成变更协议。

◆ 合同内容的变更是指合同内容的局部变化，不是合同内容的全部变更。

◆ 合同变更后，原合同变更的部分依变更后的内容履行，原合同没有变更的部分依然有效，即合同的变更并没有消灭原合同关系，只是对原合同的内容进行了部分修改。

（3）合同的终止

《劳动法》第二十三条规定，劳动合同期满或者当事人约定的劳动合同终止条件出现，劳动合同即行终止。劳动合同的终止是指劳动合同期满或当事人双方约定的劳动合同终止条件出现，劳动合同即行终止。

根据《劳动合同法》规定，满足下列情形的，劳动合同将终止。

◆ 劳动合同期满的。

◆ 劳动者开始依法享受基本养老保险待遇的。

◆ 劳动者死亡，或者被人民法院宣告死亡或者宣告失踪的。

◆ 用人单位被依法宣告破产的。

◆ 用人单位被吊销营业执照、责令关闭、撤销或者用人单位决定提前解散的。

◆ 法律、行政法规规定的其他情形。

除了以上规定的合同终止条件之外，当劳动者达到法定退休年龄的，劳动合同终止。

12.2.2 员工冲突的处理与预防

员工因工作产生冲突，对企业来说既有好的方面也有不好的地方。好的一面是可以充分将问题暴露出来，方便及时解决；不好的一面是容易造成员工关系紧张，不利于内部团结。

（1）员工冲突的处理

在面对员工冲突时，人事工作者应当如何进行解决呢？具体介绍如表 12-1 所示。

表 12-1　员工冲突的解决办法

办法	具体介绍
及时介入，避免恶化	面对员工冲突，人事工作者要及时介入，将双方分开，让双方冷静下来，不能置之不管，导致冲突恶化
了解原因，兼听则明	与矛盾双方进行交谈，了解出现冲突的原因，并向当时在场的其他员工了解情况，进行核实，但也不能受他人的言论、情绪影响
化解矛盾、消除误解	了解冲突的原因后，应当邀请冲突双方当事人和其直属领导进行沟通，协调解决问题。应让双方充分阐述自己的观点，然后对整个事件进行梳理，引导双方找出解决问题的办法。整个过程中人事工作者要保持中立和客观，并及时控制双方情绪
创造机会、促使和解	冲突化解之后，人事工作者还要做好工作，促使当事人双方化干戈为玉帛，达成友好和解。比如，在公司员工活动、饭局、酒场等情况下，创造和解机会，促使双方握手、拥抱、敬酒等互动，让大家举杯一笑泯恩仇

续上表

办法	具体介绍
适度处理、以儆效尤	员工之间产生冲突不利于企业友好的氛围，所以还是应当对双方当事人进行适度的批评教育，一方面表明企业的态度，同时还能对其他员工起到警示的作用
民主讨论、建立机制	可以利用公司的民主生活会、自由讨论会等，组织大家对这一问题进行探讨，寻求解决的方法、意见或建议，最后再由人事工作者根据讨论结果完善公司相关制度

（2）员工冲突的预防

员工冲突都是客观存在的，只是有的表现了出来，而有的没有表现出来。因此，人事工作者要学会预防员工冲突，具体介绍如表12-2所示。

表 12-2　预防员工冲突的方法

方法	具体介绍
加强制度建设	对员工冲突进行合理规范，采取制度的方式增加员工的认同感，从而产生一种威慑的效果，让员工能够遵守公司制度，预防员工冲突
加强培训	产生冲突的原因很多时候是因为员工不知道如何进行沟通、不知道压力如何宣泄，不会从别人的角度思考问题，而这些都是可以通过培训进行提高的，因此企业应当经常组织员工培训，帮助员工能够正视工作中的冲突
帮助员工做好关系管理	明确投诉渠道，不与对方产生直接冲突，能够有效避免员工冲突的出现。公司还可以定期组织团体活动，有助于增进员工间的彼此了解，加强员工关系管理，从而化解部分员工工作中的压力与误解
加强对员工的巡视和管理	人事工作者要经常了解员工的工作状况，对工作中存在的问题进行了解，并及时进行反馈。除此之外，还要加强巡视，对存在矛盾的员工进行劝解和开导，消除潜在的可能出现的员工冲突隐患

12.2.3 如何提升员工满意度

提升员工满意度是激发员工工作热情，提高企业整体效益的重要途径之一，特别是在人才竞争日益激烈的今天。员工作为企业的主体，是企业盈利的关键，因此知道如何提升员工满意度尤为重要。

◆ 进行员工满意度调查

影响员工满意度的因素较多，除了常见的"薪酬""福利"等，还包括成长、归属感、培训机会、人际关系、硬环境、岗位价值以及受关注度等。了解了影响员工满意度的因素后就能更加有针对性的进行解决。

为了避免盲目的对员工满意度进行优化，管理者首要的任务就是了解员工的满意度。因此，员工满意度调查是不可或缺的。

在调查员工满意度时可以通过问卷的形式进行，结合影响员工满意度的各项因素制订出符合公司实际需求的员工满意度调查表，从而获取员工最真实的想法。

◆ 提升员工满意度，做有效的优化工作

根据调查问卷得出数据可以进行分析，从而了解员工最希望获得的是什么。

例如，员工大多数认为公司的协作环境与氛围不和谐时，那么接下来管理工作重心在于提升部门之间的沟通频次，对具有相关性的工作、岗位、部门进行关系强化，亦可通过组织培训的形式对员工之间的协作支持进行落实、加深。而对于其他的指标项目，可以按照从低到高的顺序进行逐个优化。

针对员工提出的具体问题提出合理的解决措施，解决问题，从而提升员工满意度。

◆ 加强员工满意度管理，做到良性循环

提升员工满意度不是一次性工作，要将员工满意度做到可持续，这是每位管理者都应当知晓的。

通常而言，员工满意度是以年为单位的周期性工作，企业通常每年都会进行员工满意度调查，通过对比不同时期的满意度调查报告，可以发现提升员工满意度工作的具体成效，以此衡量管理的有效性。

【实用模板】员工满意度调查问卷

模板 \人事模块4\员工满意度调查问卷.docx

上述模板是某公司的员工满意度调查问卷的部分内容，其中首先对调查问卷的作用及要求进行了具体介绍，接下来就是具体的问卷内容，较为全面。包含了员工满意度调查的方方面面，可供人事工作者进行参考。

完成文件调查工作后往往还需要对问卷情况进行汇总、分析，从中得出具体的结论，才能对提升员工满意度工作起到指导的作用。

|12.3|
建立帮助计划（EAP），提升员工工作状态

员工帮助计划是由企业为员工设置的一套系统的、长期的福利与支持项目。通过专业人员对组织的诊断、建议和对员工及其直系亲属提供专业指导、培训和咨询，旨在帮助解决员工及其家庭成员的各种心理和行为问题，从而提高员工在企业中的工作绩效。

12.3.1　EAP 项目运营的准备工作

在建立帮助计划（EAP）之前首先需要了解 EAP 相关基础知识，做好准备。

◆　EAP 的主要作用

在行为科学的基础上，心理援助专家可以为员工和企业提供战略性的心理咨询、确认并解决问题，以创造一个有效、健康的工作环境。通过对员工的辅导，对组织环境的分析，帮助人事工作者处理员工关系的死角，消除可能影响员工绩效的各方面因素，进而提高组织的凝聚力，提升公司形象。

◆　EAP 服务分类

根据服务提供者的不同，可以将 EAP 服务分为内部 EAP 服务和外

部 EAP 服务，下面将分别进行介绍。

内部 EAP 服务。内部 EAP 服务是建立在企业内部，配置专门机构或人员，为员工提供服务。比较大型和成熟的企业会建立内部 EAP 培训，而且由企业内部机构和人员实施，能更贴近和了解企业及员工的情况，因而能更及时有效地发现和解决问题。

外部 EAP 服务。外部 EAP 培训由外部专业 EAP 培训服务机构提供相关服务。企业需要与服务机构签订合同，并安排 1 ~ 2 名 EAP 专员负责联络和配合。

需要注意的是，在没有实施经验以及专业机构的指导、帮助下，企业想马上建立内部 EAP 培训会很困难，所以绝大多数企业都是先实施外部 EAP 服务，最后建立内部的、长期的 EAP。

通常情况下，内部 EAP 服务比外部 EAP 服务更节省成本，但员工由于心理敏感和保密需求，可能不太信任内部 EAP。

◆　EAP 的主要功能

EAP 是企业进行员工管理的重要部分，对企业和员工都有一定的好处，下面建具体介绍 EAP 的功能。

对企业。通过实施员工帮助计划可以帮助企业更深入地了解员工的个人信息，能够更有针对性地解决员工问题，让员工保持良好的工作状态，对培养员工的忠诚度也有一定的帮助。

对员工。要让员工能够接受企业的援助计划，这就要求企业提供的计划具有高度的保密性。除此之外，具有实际的帮助性、可操作性和便利性的帮助计划，可以帮助员工减轻不少来自家庭以及工作方面的压力，能够全神贯注地投入到自己的职业生涯中，充分发挥自己的创造力及工作热情。

12.3.2 如何推行 EAP

了解了员工帮助计划后还需要了解如何推行员工帮助计划，以及推行过程中需要注意什么内容，如表 12-3 所示。

表 12-3 推行 EAP 的要点

要点	具体介绍
预防为主，咨询为辅	EAP 的目的是为员工提供诊断、辅导、咨询等服务，解决员工在社会、心理、经济与健康等方面问题，消除员工各方面的困扰，最终达到预防问题产生的作用。EAP 的主要目的是预防问题的发生，而不是解决问题，因此 EAP 的服务对象是正常员工，而不是出现问题的员工
创新模式，突出协助	EAP 服务工作者首先要协助企业及员工了解自身的问题和资源，并培训他们掌握分析的工具和方法，然后为企业设计个性化的 EAP 运行方案，宗旨是充分帮助企业及其员工学会利用自身资源优势，帮助企业及其员工获得自我解决问题的方法和能力。最后，在企业及其员工资源不能解决问题的情况下，通过为企业提供相应的资源及渠道，帮助解决问题
企业为主，机构为辅	企业应当作为 EAP 项目推进的主体，把自身作为 EAP 方案的设计者，方案实施的引导者、指导者和帮助者。企业必须放弃被动接受的错误观念及行为，积极主动的参与到 EAP 的过程中，并在适当的时候建立自己的 EAP 服务机构及团队，使 EAP 成为企业的一项重要管理举措，成为企业文化的重要组成部分
充分论证，长久绽放	企业在考虑是否引入 EAP 项目的时候，首先，明确引入 EAP 的目的是什么，为了实现该目的是否还有其他方法，对比 EAP 投入与产出情况如何等。其次，分析当前企业的短板是什么，EAP 与当前短板之间的关系是什么，现行状态下推行 EAP 会带来哪些结果。再次，分析现有资源是否支持在解决短板的同时推行 EAP 项目
深入分析，最佳合作	企业在引入 EAP 之前要做好分析工作，了解自身存在的问题。需要分析的问题有实现 EAP 的目的、EAP 可用资源有哪些、EAP 需要使用的资源有哪些。企业引进 EAP 服务后，一定要深入分析问题和自身的资源，在此基础上建立与外部专业机构最佳的合作模式

续上表

要点	具体介绍
把握项目关键，加强项目管理	项目开展前要尽可能获得企业高管的支持，使 EAP 获得更好的资源，同时加强项目宣传工作，可以通过书刊、公示栏等方式，还要加强对 EAP 项目工作人员的培训，才能更好地开展 EAP 服务。 在项目实施过程中要明确每一类工作人员的责任，还要建立对 EAP 项目工作人员的绩效考核制度，激励相关工作人员积极开展工作，并且需要注意 EAP 服务的保密性

　　企业在推行 EAP 项目时需要注意以上内容，更要加强对 EAP 项目工作人员的管理，这样才能起到更好的作用。

【实用模板】员工心理援助（EAP）实施计划书

（模板）\人事模块4\员工心理援助（EAP）实施计划书.docx

员工心理援助（EAP）实施计划书

第一部分：项目背景和目标

一、项目背景

我公司集供暖、供气及多种经营为一体，以雄厚的资质实力及优质、稳定的供热服务在广大用户心目中树立了良好的口碑形象，自公司×××年成立以来，公司规模、从业人员及业务量发展迅速。

作为一家快速成长型企业，公司在迅速发展的同时，内部也面临着新的挑战。快速发展企业在组织构架设置、薪酬方案、业绩考评、人事变动、员工协作、管理效率等诸多方面都处于"试水"阶段，要经过不断的"适应性"探索才能初步确定上述与每个员工息息相关的问题。

新进者员工主要的心理压力来自两方面：个人自我价值的实现与企业价值实现的匹配落差（面对新环境特别是新的人际关系所产生的种种不适应以及企业文化的陌生感）所造成的心理隔阂；同时，对业绩成长的忧患、对个人发展的困惑和对企业发展走向的担忧所形成的不可名状的心理压力。

对于以上员工的服务心态与服务技巧、自我压力与情绪管理、克服职业倦怠等还需要有定期的提升培训和跟踪评估的过程。

除了这种企业快速发展所造成的"外显"心理压力外，还有一种潜在的来自员工自身的"内隐"压力，诸如来自于员工婚姻、家庭和外地与本地文化差异而导致的挫败感和员工之间的冲突事件等。

为了保持和提高员工心理健康度，由企业为员工提供心理援

助（EAP）服务，并把它作为制度化的福利措施；同时运用行为、认知等疗法对员工的不良行为进行改善，让员工在工作中发挥出最高效率；而在选择管理人员时，用心理学方法对候选人已具备的能力、发展潜力进行全面深入了解和筛选，使企业能够正确用人和用最好的人，避免员工频繁跳槽而带来的业绩下滑和招聘培训成本的增加。

二、项目目标

本项目通过实施员工心理援助（EAP）项目，发展出企业新的管理理念。即经由员工心理上的人文关怀，以及通过有效的管理层咨询和员工心理培训，全面地促进企业的发展，建立良好的工作氛围和健康的心理工作模式；使企业在节省招聘费用、节省培训开支、减少错误解聘、提高组织的公众形象、改善组织气氛、提高员工士气、改进生产管理等方面获益。

本项目将同时获得：

1. 树立企业关怀员工的社会形象
2. 协调员工间的工作关系
3. 加强工作团队的协作精神
4. 增强员工的企业归属感
5. 提高企业和员工的工作效率

第二部分：项目组建、内容及评估

一、项目组建

（一）EAP项目工作室

宜布组建EAP项目工作室，工作室的性质应独立于公司其他部门之外，工作中强调其独立性，可与人力资源处密切合作，提

　　上述模板是某公司的员工心理援助（EAP）实施计划书的部分内容，其中对项目背景、项目组建、内容及评估、实施方案以及费用预算等

内容进行了详细介绍。

该计划书对项目的实施以及项目工作人员的职责进行了具体介绍，并且细化到了具体的时间点，可供人事工作者参考。

|12.4|
员工行为约束与激励，规范员工行为

通过对企业员工的行为进行规范，让员工具有较高的行为约束和工作准则，这不仅体现公司的管理水平，还能提升企业整体形象，是企业管理必不可少的。

12.4.1　员工手册的编写与管理

员工手册作为公司规章制度、公司文化与企业发展战略的浓缩，是企业内部员工管理的重要文件，具有承载传播企业品牌形象和企业文化的功能，是有效的管理工具，职工的行动指南。

下面具体来看员工手册编写、管理过程中需要特别注意的事项。

◆　员工手册包含的内容

员工手册作为将企业价值、期望以及任务传达给员工的重要工具，其内容的设定十分考究。

员工手册包含的大体内容也就相当于员工手册的目录，在设计时要考虑全面，避免出现漏洞，具体介绍如表 12-4 所示。

表 12-4　员工手册内容介绍

内容	具体介绍
欢迎词	接触或使用员工手册的通常是新进入企业的员工，所以员工手册的最开始应当是欢迎词，表达企业对新员工的欢迎，例如"欢迎您加入我们共同的事业……"
文化简介及文化理念	每个企业都有自己独特的企业文化和文化理念，而员工手册是一个很好的传递企业文化的机会，通过这种方式能够让企业新员工更加了解自身所处的企业氛围
办公区域指南	新入职的员工可能对企业的办公区域的各项设施不是很熟悉，在员工手册中可以对企业的办公设施进行介绍，方便员工快速融入企业
组织架构	组织架构是企业的流程运转、部门设置及职能规划等最基本的结构依据，常见的组织架构形式包括中央集权制、分权制、直线式以及矩阵式等，这也是需要在员工手册中进行具体介绍的
规章制度	这是员工手册的重点内容之一，需要详细记录企业的规章制度。其中需要包括的规范制度涉及较多，例如工作行为规范制度、考勤制度、请假制度、佩带工牌管理制度、图书管理制度、办公区域维护规范等
人事变动手续	人事变动手续指当出现人事变动时需要的手续，所以需要清楚地告知员工，方便员工操作
薪酬与福利	薪资与福利是入职员工比较关心的内容，因此需要在员工手册中详细展示，例如企业的薪金系列、福利津贴、假期保障以及发薪日期等
绩效考核管理	企业不同岗位的考核方式都不相同，所以应当在员工手册中详细记录各岗位员工的考核方式，方便员工了解自身所处岗位的考核方式
员工关系管理	通过员工关系管理能够有效的保障员工关系和谐，从而更好地实现自身价值，为企业带来收益，员工手册应当进行具体规定，让员工有明确的制度可以遵守

◆　员工手册编写注意事项

在编写员工手册时不仅要内容齐全，还要了解相关注意事项，才能让制度发挥最大的作用。

与国家规定不发生冲突。遵守国家相关法律法规，它是最基础的一条。任何违反规定的条款都不可以出现在员工手册中，有违反纪律嫌疑的，也应及时避开。法律、政策如有新调整的，手册相关内容也应随时予以更新。

与专业培训考核建立联系。员工手册中的相关具体内容还可以纳入岗位培训考核的条目当中，特别是公司员工非常容易出错、忘却的方面可以在培训中扩大实地考察的工作力度，力求通过考察使公司员工熟练掌握。

及时性更新不遗漏。员工手册应不断地加以完善，建议人才资源管理部门每年在固定的时间（通常为年底前），融合企业具体情况及公司员工的意见和建议对员工手册进行修订，力求不断完善。

◆ 员工手册编写的其他事项

员工手册编写对撰写人员也有要求，另外员工手册的发放与管理同样需要进行规范，下面继续进行具体介绍。

撰写工作人员的个人素质要求。作为员工手册的撰写人员，除了在撰写过程中做到认认真真、仔细外，还务必要对员工手册上的内容有深入细致的了解，达到会讲解、会解释的水平，为员工更好地了解内容服务。另外，随着手册内容的更新，编写人员也应不断更新知识，提高水平。

员工手册的发放及回收。员工手册应由人才资源管理部门担负统一的发放、回收工作，一般来说普通员工在员工报到之日发放，运行部员工应在岗位培训之前发放，作为培训教材使用。员工离职应及时交还手册，鉴于某些原因无法交还的，在离职手续申办时说明理由。由人才资源管理部门统一保管员工交还的员工手册。

员工手册的保管。因为员工手册的内容可能牵涉到公司的核心内容，因此员工在公司期间应妥善保管员工手册，以防内容外泄，为其他相关行业利用。

12.4.2　健全激励机制提升员工积极性

健全员工激励机制有助于培养员工的主人翁意识，不断提高企业品牌效应的信誉度。员工激励机制不完善主要现在两个方面，分别是物质激励和精神激励，如表 12-5 所示。

表 12-5　两种常见激励方式的介绍

激励方式	具体介绍
物质激励	物质激励是以满足人们物质欲望为基础，通过人们本能需求的满足感来调动人们的积极性，刺激生产动力的一系列行为手段。物质激励模式主要以额外奖金、增加薪酬等方式实现。目前，人们物质生活尚未得到充分满足，以物质激励的方式刺激生产动力是不可缺少的一种手段。
精神激励	精神激励即内在激励，是指精神方面的无形激励。比如向员工授权，对他们工作绩效的认可，公平公开的晋升制度，提供学习和发展的平台，创造进一步提升的机会，制订灵活的工作时间制度以及适合个人发展的职业生涯规划等

每一位管理者都必须坚信，员工缺失激情不是他们自己的错，而是管理者和组织机制的错，员工绝不是天生缺失激情。一个浑身上下充满激情的人进入一个冷冰冰的组织，他的激情会慢慢被稀释和消解；一个死气沉沉的人进入一个激情四射的团队，他也会被集体的热情所带动，变得富有激情。

管理者要明白，员工的激情不会凭空产生，不适宜的管理方式和组织机制会消磨员工的激情。因此，想要激发员工的热情，管理者必须掌握科学有效的领导和管理艺术，使用正确的激励方法，并在组织内构建合理的激励机制和激励文化。

同样的，对那些在企业运营过程中做出重大贡献的员工、部门或团体予以适当的表扬或物质激励，可以提高团队凝聚力。管理人员在制订激励机制时，主要可以从以下几个方面进行展开。

◆ 奖励条件

奖励条件主要是指满足相关条件的个人或团体才能获得奖励，因此奖励条件需要明确告知所有员工。

先进行为。员工有拾金不昧（达到一定金额或等价的物品）、见义勇为、舍己为人等先进行为。

评价优异。在企业年度评选中被评为先进，或是季度、半年、年度优秀员工，企业应当根据具体情况给予表彰。

受到表彰。个人或团体代表企业参加外部组织的比赛，受到省、市级表扬或为公司提供合理化建议、技术创新的，企业应当进行适当的表扬。

◆ 奖励流程

奖励的领取流程同样需要进行规范。例如，领奖人需要填写相关申请表，然后由人力资源部门进行核实，最后经相关部门批准，发放奖励。

◆ 违规处罚

为了健全奖励制度，还应当设立违规处罚机制，保证绝对的公平公正。对违规上报申请的员工和部门予以加倍处罚，以此来杜绝一些企业内部的不公平现象。

|12.5|
劳动争议处理，维持企业稳定

　　企业在运营过程中难免会出现劳动争议，企业人事工作者需要对劳动争议的处理办法有所了解，尽可能将损失降到最低，以维持企业稳定运行。

12.5.1　劳动争议的处理方式

　　用人单位与劳动者发生劳动争议，当事人可以依法申请调解、仲裁、提起诉讼，也可以协商解决，下面具体对这 4 种途径进行详细介绍。

　　协商程序。协商是指用人单位与劳动者就争议的问题直接进行协商，积极寻找纠纷解决的具体方案。劳动争议的特点在于劳动争议的当事人一方为单位，一方为单位员工，因双方已经发生一定的劳动关系而使彼此之间相互有所了解。双方发生纠纷后最好先协商，通过自愿达成协议来消除隔阂。但是，协商程序不是处理劳动争议的必经程序。双方可以协商，也可以不协商，完全出于自愿，任何人都不能强迫。

　　申请调解。调解程序是指劳动纠纷的一方当事人就已经发生的劳动纠纷向劳动争议调解委员会申请调解的程序。根据《劳动法》规定：在用人单位内，可以设立劳动争议调解委员会负责调解本单位的劳动争议。调解委员会委员由单位代表、职工代表和工会代表组成。一般具有法律知识、政策水平和实际工作能力，又了解本单位具体情况，有利于解决纠纷。除因签订、履行集体劳动合同发生的争议外均可由本企业劳动争议调解委员会调解。但是，与协商程序一样，调解程序也由当事人自愿选择，且调解协议也不具有强制执行力，如果一方反悔，同样可以向仲裁机构申请仲裁。

仲裁程序。仲裁程序是劳动纠纷的一方当事人将纠纷提交至劳动争议仲裁委员会进行处理的程序。该程序既具有劳动争议调解灵活、快捷的特点，又具有强制执行的效力，是解决劳动纠纷的重要手段。劳动争议仲裁委员会是国家授权、依法独立处理劳动争议案件的专门机构。申请劳动仲裁是解决劳动争议的选择程序之一，也是提起诉讼的前置程序，即如果想提起诉讼，必须要经过仲裁程序，不能直接向人民法院起诉。

诉讼程序。根据《劳动法》第83条规定："劳动争议当事人对仲裁裁决不服的，可以自收到仲裁裁决书之日起15日内向人民法院提起诉讼。一方当事人在法定期限内不起诉，又不履行仲裁裁决的，另一方当事人可以申请人民法院强制执行。"诉讼程序的启动是由不服劳动争议仲裁委员会裁决的一方当事人向人民法院提起诉讼后启动的程序。诉讼程序具有较强的法律性、程序性，作出的判决也具有强制执行力。

12.5.2　如何预防劳动争议

造成企业劳动争议的原因是多方面的，因此制订劳动争议预防的措施也应该是多方面的。做好劳动争议预防工作，能够为企业减少许多不必要的麻烦。

要想切实预防劳动争议，主要可以从以下4个方面着手，具体介绍如表12-6所示。

表 12-6　预防劳动争议的 4 个方面

方面	具体介绍
树立合同意识	通过合同的方式将双方的权利和义务以契约的方式固定下来，这是解决纠纷的最佳方法。在制订合同时，企业要严格按照《劳动合同法》的规定进行。明确约定员工工作内容、工作时间、劳动保护、劳动条件和职业危害防护、在职培训、费用负担及服务期、竞业限制和保守商业秘密、补充保险和福利待遇、辞职、辞退、违约责任等条款
依法保障员工的合法权益	在签订合同时，应当明确告知员工的工作内容、工作地点以及职业危害等事项，并对工资标准等进行规范。企业自身也要规范用工和考勤标准，建立完备的休假制度，要按规定为职工缴纳养老、医疗等社会保险，自觉承担职工工伤治疗费用及补偿等，保障员工的基本权益
建立健全企业管理制度	为了保障企业的生产经营正常进行，必须制订各种合法的规章制度，要求员工遵守。对涉及职工利益的制度，一定要提交职代会审议通过，并应保留好职工代表大会或者全体职工大会讨论、协商的书面证据。既要避免激化劳资矛盾，又要有利于企业今后的管理和发展
构建有效防范劳动争议的内部机制	建立一套有效的劳动争议内部防范机制，一旦发生劳动纠纷，企业既可以从容应对，也可以最大限度地维护自身利益。可以在企业内部建立健全劳动争议调解委员会，通过内部调解机制，尽量将劳动争议苗头扼杀在萌芽状态

除了上面介绍的内容外，员工的辞退、除名、开除需慎重行事，涉及到劳动权利保护问题时，要慎重对待，因为不合理的辞退、除名或开除最容易产生劳动争议。

企业对职工辞退、除名、开除的决定书，必须及时送达给被处理者本人，并应告知处理者享有的申辩、仲裁、诉讼等权利。如果被处理职工长期在外不归或去向不明，应将处理决定书送达其共同居住的成年家属签收。如果拒不签收处理决定书者，应有两名无利害关系人在场证明，将决定书留置送达。

【实用模板】劳动争议管理制度

模板 \人事模块4\劳动争议管理制度.docx

劳动争议管理制度

第一章 总则

第一条 目的

为了妥善处理公司劳动争议，保障公司与员工双方的合法权益，维护正常的生产经营秩序，发展良好的劳动关系，依据劳动关系实际情况及《中华人民共和国企业劳动争议处理条例》，特制定本方案。

第二条 适用范围

本制度适用公司与其员工之间的劳动纠纷。因企业录用、考核、薪酬、调动、开除、辞职、辞退、自动离职等方面发生的纠纷，具体包括以下几个方面。

①因公和非因公病、伤残、死亡和待聘、离退休、培训、社会和生活福利待遇方面发生的争议。

②因奖惩产生的争议。

③因工作报酬发生的争议。

④因执行、变更、解除、终止聘用合同发生的争议。

⑤因女职工特殊保护及未成年工问题发生的争议。

⑥其他涉及人事劳资的争议。

第三条 适用对象

本公司全体职工。

第二章 劳资纠纷预防

第四条 各部门管理人员应及时了解下属员工的情况和劳动关系矛盾，并协同人力资源部采取有效措施，防患于未然。

第五条 人力资源部应广开言路，积极深入到员工生活、工作中，了解公司员工的整体思想动态。

第六条 对现有劳动关系形式进行分析，预见可能发生的劳资纠纷问题，及时加以了解和解决。

第三章 劳动纠纷协商

第七条 劳动纠纷发生后，双方当事人（员工与员工所在部门、员工与人力资源部）在合法及兼顾双方利益的前提下进行协商。

第八条 协商有利益自愿达成协议，解决争议，消除隔阂，加强团结，防止事态的进一步恶化。

第九条 任何一方不能强迫对方进行协商，一方不愿协商和协商不成的，可以向人力资源部员工关系专员反映申请调解。

第四章 劳动纠纷调解

第十条 经人力资源部劳动关系专员与纠纷双方调解无效的情况下，进入劳动纠纷调解程序。

第十一条 调解委员会

调解委员会是企业中解决劳动纠纷的专门机构，由人力资源部劳动关系或是工会代表负责组成，成员包括员工所在部门主管或是经理及人力资源部相关人员。

第十二条 调解程序及期限

调解委员会调解劳动纠纷，一般包括调解准备、调解开始、实施调解、调解终止等几个阶段。

第十三条 调解申请必须于纠纷之日起5日内向人力资源部以书面或是口头提出申请，人力资源总监应在7个工作日内做出是否受理的决定，对不受理的，应说明理由。

上述模板是某公司的劳动争议管理制度的部分内容，其中对劳动争议预防和处理纠纷进行了具体介绍。主要包括的内容有劳资纠纷预防、劳动纠纷协商、劳动纠纷调解以及仲裁和申诉等。

人事工作者在编写劳动争议管理制度时，要注意将劳动争议的处理流程和方法进行具体介绍，要让员工知道如何避免出现劳动纠纷，同时也方便处理劳动纠纷的人员正确解决劳动纠纷。

员工绩效管理

绩效管理是人力资源管理中的重要组成部分，也是目前大多数企业都在实行的。人事工作者不仅要知道如何进行绩效考核，还要能处理绩效考核过程中出现的问题。

|13.1|
图解员工绩效管理流程

13.1.1 图解绩效目标设定流程

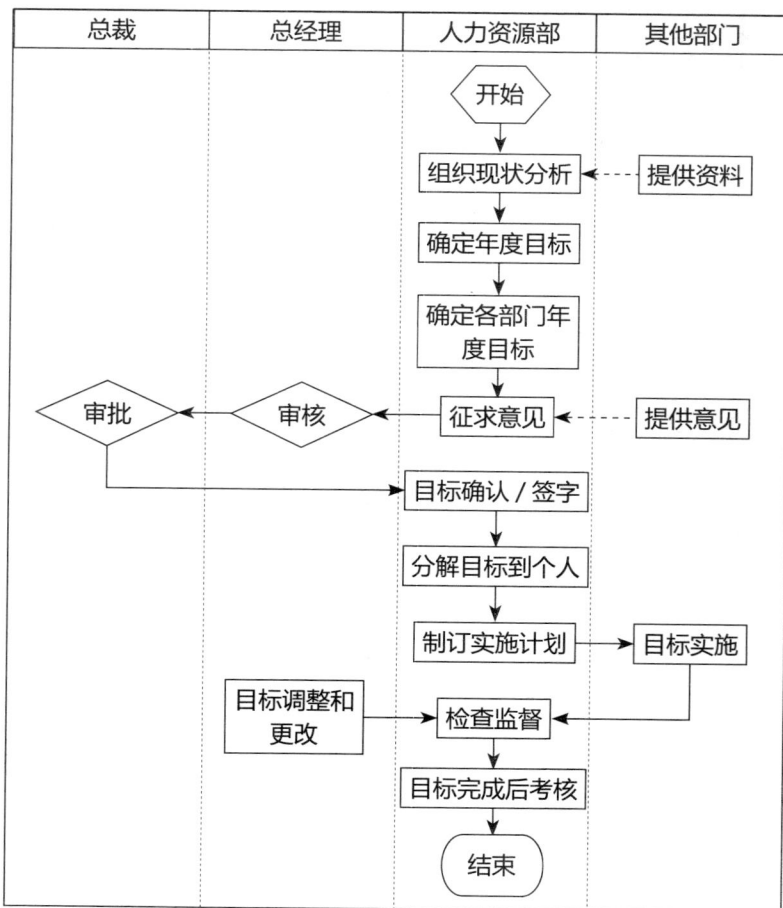

总裁	总经理	人力资源部	其他部门

```
                              ┌──────────┐
                              │   开始   │
                              └────┬─────┘
                                   │
                            ┌──────▼──────┐        ┌──────────┐
                            │ 组织现状分析 │◄ ─ ─ ─│ 提供资料 │
                            └──────┬──────┘        └──────────┘
                                   │
                            ┌──────▼──────┐
                            │ 确定年度目标 │
                            └──────┬──────┘
                                   │
                            ┌──────▼──────┐
                            │确定各部门年 │
                            │   度目标    │
                            └──────┬──────┘
         ◇审批◇ ◄──── ◇审核◇ ◄───┤征求意见│◄ ─ ─ ┤ 提供意见 │
                                   │
                            ┌──────▼──────┐
                     └─────►│ 目标确认/签字│
                            └──────┬──────┘
                                   │
                            ┌──────▼──────┐
                            │ 分解目标到个人│
                            └──────┬──────┘
                                   │
                            ┌──────▼──────┐        ┌──────────┐
                            │ 制订实施计划 │─────►│ 目标实施 │
                            └──────┬──────┘        └──────────┘
         ┌──────────┐       ┌──────▼──────┐
         │目标调整和│──────►│ 检查监督   │◄──────┘
         │  更改   │       └──────┬──────┘
         └──────────┘             │
                            ┌──────▼──────┐
                            │目标完成后考核│
                            └──────┬──────┘
                                   │
                              ┌────▼─────┐
                              │   结束   │
                              └──────────┘
```

13.1.2　图解考核标准制订流程

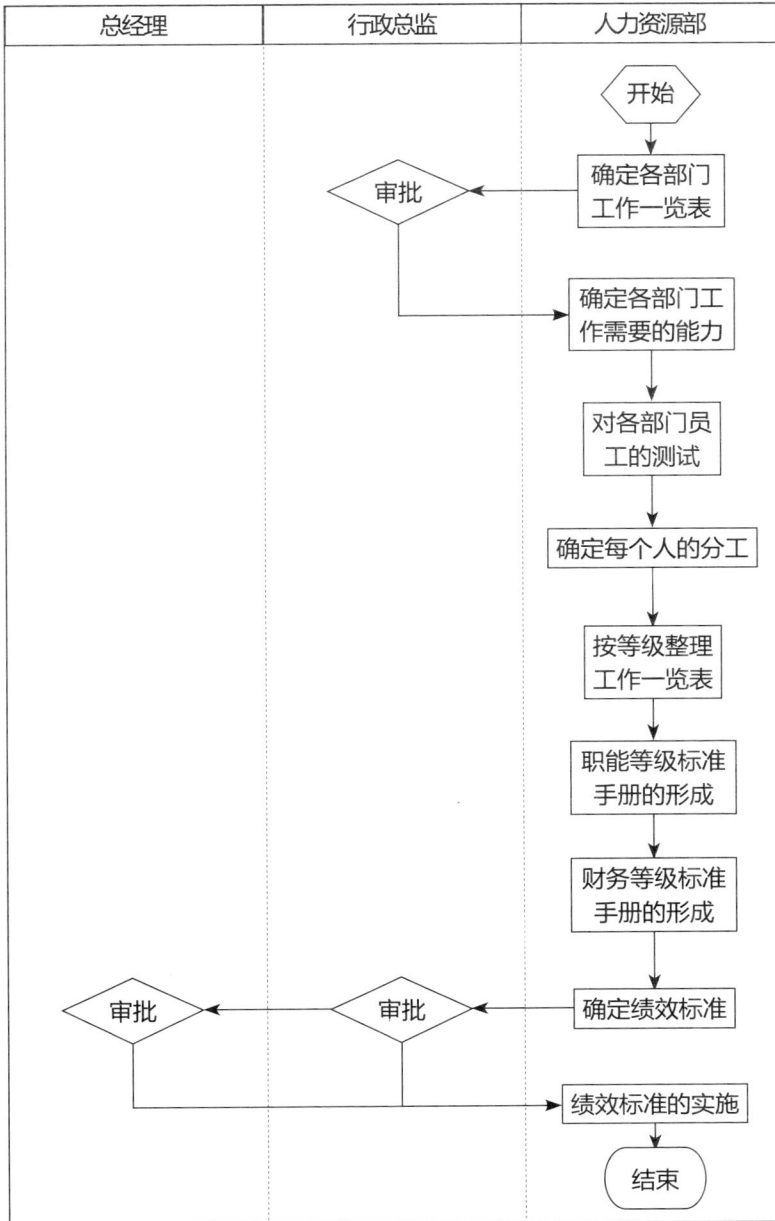

13.1.3 图解绩效管理工作流程

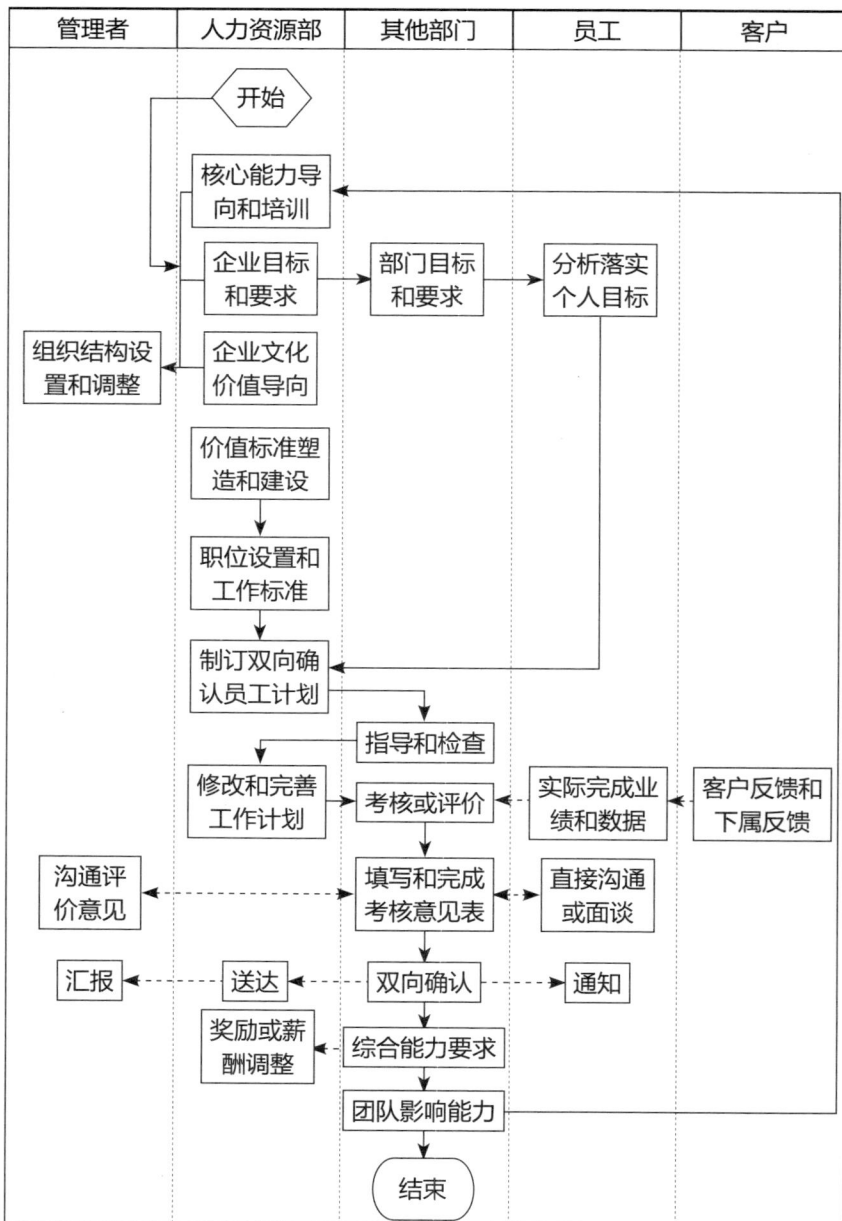

管理者	人力资源部	其他部门	员工	客户
	开始			
	核心能力导向和培训			
	企业目标和要求	部门目标和要求	分析落实个人目标	
组织结构设置和调整	企业文化价值导向			
	价值标准塑造和建设			
	职位设置和工作标准			
	制订双向确认员工计划			
		指导和检查		
	修改和完善工作计划	考核或评价	实际完成业绩和数据	客户反馈和下属反馈
沟通评价意见		填写和完成考核意见表	直接沟通或面谈	
汇报	送达	双向确认	通知	
	奖励或薪酬调整	综合能力要求		
		团队影响能力		
		结束		

13.1.4　图解员工绩效考核流程

13.1.5 图解考核申诉管理流程

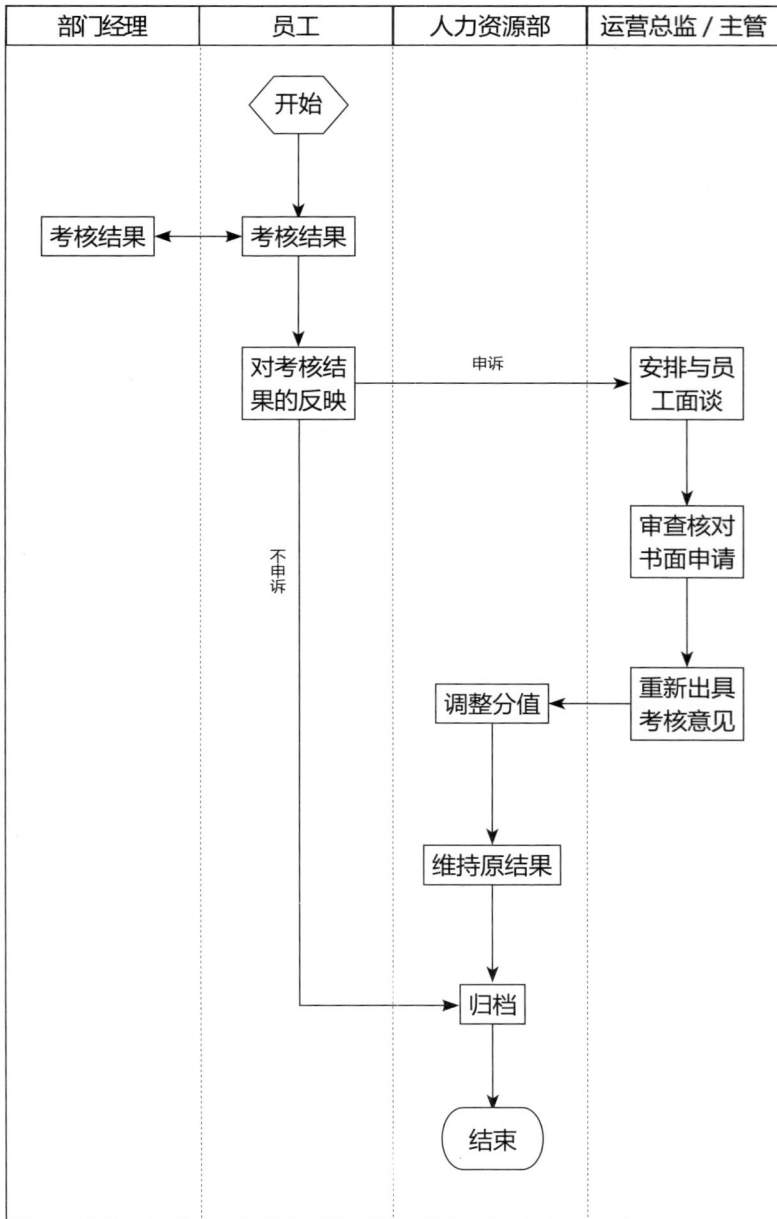

部门经理	员工	人力资源部	运营总监／主管

```
                    ┌──────────┐
                    │   开始    │
                    └──────────┘
                          │
                          ▼
┌────────┐◄──────┌──────────┐
│ 考核结果 │       │ 考核结果  │
└────────┘       └──────────┘
                          │
                          ▼
                   ┌──────────┐   申诉   ┌──────────┐
                   │ 对考核结  │────────►│ 安排与员 │
                   │ 果的反映  │         │ 工面谈   │
                   └──────────┘         └──────────┘
                      │                        │
                   不申诉                      ▼
                      │                  ┌──────────┐
                      │                  │ 审查核对 │
                      │                  │ 书面申请 │
                      │                  └──────────┘
                      │                        │
                      │                        ▼
                      │   ┌────────┐◄──┌──────────┐
                      │   │ 调整分值 │   │ 重新出具 │
                      │   └────────┘   │ 考核意见 │
                      │        │       └──────────┘
                      │        ▼
                      │   ┌──────────┐
                      │   │ 维持原结果 │
                      │   └──────────┘
                      │        │
                      │        ▼
                      └───►┌──────┐
                           │ 归档  │
                           └──────┘
                               │
                               ▼
                           ┌──────┐
                           │ 结束  │
                           └──────┘
```

|13.2|
科学的绩效考核，增加企业效益

绩效管理指各级管理者为了达到组织目标，共同参与计划制订、计划考核以及绩效目标提升的循环过程，其目的在于提升个人、部门和组织的绩效。

13.2.1　绩效管理的实施原则和模式

绩效管理是目前大多数企业都在实施的一种方法，主要为了提升员工工作积极性，从而为企业创造更多收益。在了解如何进行绩效管理前，首先需要知道绩效管理的实施原则，以及常见的绩效管理模式有哪些。

（1）绩效管理的实施原则

在实施绩效管理时要遵循一定的原则，不能盲目的开展绩效工作，否则容易适得其反，绩效管理的实施原则如下所示。

清晰的目标。绩效考核是为了让员工能够实现企业的目标和要求，所以目标一定要清晰，并且由目标引导行为。

量化的管理标准。在制订绩效考核标准时，要遵循公平、客观的原则。很多企业的绩效考核不按照要求推行到位，最终沦为走过场，其根本原因在于标准不够清晰，要求没有量化。

良好的职业化心态。绩效考核的推行要求企业必须具备相应的文化底蕴，且员工要具备职业化素质。事实上，优秀的员工往往并不惧怕考核，甚至喜欢考核。

与利益、晋升挂钩。与薪酬不挂钩的绩效考核没有实际意义，往往沦为走过场，考核必须与利益、与薪酬挂钩，才能够引起企业由上至下的重视和认真对待。

具有掌控性、可实现性。绩效考核是企业进行员工管理的一种方式，企业通过指定目标来表达要求。因此，考核过程必须为企业所掌控。

除了前面介绍的原则外，要想绩效管理真正起作用，还应遵循以下的"三重一轻"原则。

重积累。绩效考核应当考察平常工作中的点点滴滴。

重成果。成果能够直观的展现员工的工作情况，能够看到进步，员工才能够拥有做得更好的动力。

重时效。绩效管理的考核工作要及时进行，不能出现长时间未考核，造成考核内容遗忘，影响员工考核结果。

轻便快捷。如果绩效考核方式过于复杂，则需要专业人士才能获得较好的评估效果。对于中小企业而言，则应通过轻量的方式，为管理者积累考核素材。

（2）绩效管理的几种典型模式

前面介绍了绩效考核的制订原则，下面将对常见的几种绩效管理模式进行介绍，如表 13-1 所示。

表 13-1　绩效管理的几种常见模式

模式	内容
德能勤绩	"德能勤绩"考核的本质特征主要是业绩方面的考核，相对"德""能""勤"方面比较少，大多数情况下考核指标的核心要素并不齐备，没有评价标准，更谈不上设定绩效目标。考核内容更像是对工作要求的说明，这些内容一般来源于公司倡导的价值观、规章制度、岗位职责等
检查评比	"检查评比"式主要是按工作流程和职责列出工作要求标准，且考核项目众多，但单个项目所占比重较小。这种多为扣分项，稍有加分项，绝大多数考核指标信息来自抽查检查。"检查评比"式考核对提高工作效率和质量是有很大作用的，通过定期进行不定期的检查考核，员工会感受到压力，自然会在工作要求及标准方面尽力按着公司要求去做
共同参与	"共同参与"模式主要在国有企业和事业单位中较为常见，因为公司变革能力不足，公司负责人往往从发展的角度进行考虑，不愿冒太大风险。"共同参与"式绩效管理对提高工作质量，对团队精神的养成是有积极作用的，可以维系组织稳定的协作关系，约束个人的不良行为，督促个人完成各自任务以便团队整体工作的完成
自我管理	"自我管理"式的绩效管理方式能够在一定程度上调动个人的积极性，因此，激励能力较强。通过制订激励性的目标，让员工自己为目标的达成负责；上级赋予下属足够的权利，一般很少干预下属的工作；很少进行过程控制考核，大都注重最终结果；崇尚"能者多劳"的思想，充分重视对人的激励作用，绩效考核结果除了与薪酬挂钩外，绩效考核结果还决定着员工升迁或降职

13.2.2　绩效考核的误差规避

对于大多数企业而言，绩效考核一个很重要管理方式，它将高绩效的员工和低绩效的员工区分开。但是无论采取 KPI、MBO 或平衡记分卡等何种绩效考核方法，都会出现种种误差。

（1）绩效考核的误差类型

要使绩效评分公平，对绩效考核的结果做出解释，就要求管理者需要对常见的绩效考核误差类型有一定了解。

类我误差（评分者的个人偏见）。 由于员工之间的个人差异（主要指年龄、性别、身体特征、家庭或经济背景、态度等），可能会由于与评分人员自身的某种相似性，导致评估结果与实际的工作绩效不相符。评分人员往往会由于某种情感因素，倾向于某些员工，这种情况一般会出现在难以定量的考核中，尤其是能力态度等方面的考核。

分布误差。 评分者常常倾向于只使用评分表的一部分——低分、高分或中间部分。有的时候一组员工确实做得一样好（或差），但是对一个群体的所有成员都给予相近的评分，并不能够准确地描述绩效，是一种分布误差。

过分严格或宽容。 当评分者不正确地给所有员工都打高分时，这种误差被称为宽松误差。当评分者以不合理的高标准来要求员工，不正确地给所有员工都打低分时，导致的误差被称为严格误差。用类似"平均分"给每个员工打分。

晕轮效应。 也被称为"晕轮"效果，这是根据对员工某一个或几个方面的性格特点形成的模糊印象来评估员工肯定是什么样的一种倾向，以偏概全。

近期效应。 因为近期发生的事件对某些员工产生了好（差）的印象，所以在进行评分时容易产生误差。

（2）如何避免误差

误差是在所难免的，但是要尽量规避。避免误差，需要注意以下几方面的问题。

◆ 要确保已经对上述几种绩效考核中容易出现的问题都有了清楚的了解，并且为避免这些问题采取有效的方法。

◆ 对于不同考核者评分标准的不同所造成的误差，企业可以采用图尺度评价工具与其他绩效考核工具相混合的方法。正确使用图尺度评价法，可以较清晰地界定绩效评价标准。

◆ 要避免晕轮效应，需要评价者本人能够自主意识到这个问题，加强对主管人员培训也会有助于避免这一问题的产生。

◆ 加强对考核者的培训，提升综合素质，增强其规避错误的能力，同样有助于规避误差。

人事知识延伸　　选择合适的绩效考核工具也有助于规避误差，目前普遍采用的各种考核工具包括：图尺度评价法、交替排列法、强制分步法、管件事件法、行为锚定评价法、目标管理法、混合法等。它们都有各自的优缺点，企业可以针对自身状况使用不同工具，这里不做赘述。混合法是目前采用较多、效果较好的考核方法。

|13.3|
正确处理员工反馈，完善绩效制度

在实施绩效管理的过程中，人事工作者不能一味的埋头思考，还要及时获取员工反馈，了解员工对绩效制度的看法和意见，及时调整绩效制度，以便最终制订出适合当前企业发展的制度。

13.3.1　绩效面谈过程中的技巧和语言禁忌

绩效面谈是现代企业绩效管理工作中非常重要的环节，通过绩效面谈实现上级主管和下属之间对于工作情况的沟通和确认，找出工作中的优势及不足，并制订相应的改进方案。

（1）绩效面谈技巧

要想绩效面谈工作能够顺利进行，组织绩效面谈的主管人员或人事工作者应当掌握一定的技巧。

选择一个安静的环境。绩效面谈对环境的要求特别高，因为环境会影响一个人的心情。环境的选择应当遵循噪音小，且不受外界干扰（将手机静音）为原则。最好不在办公室进行，以免受到他人影响，且最后不要有第三者在场。

营造彼此信任的氛围。信任是正常沟通的前提，绩效沟通实则是上级与下级之间就绩效情况的相互了解。因此，营造彼此信任的氛围是十分有必要的。在面谈中双方尽量不要隔着桌子对坐，利用一个圆型的会议桌更容易拉近与下属的距离。信任还来自尊重，当下属发表意见时，主管要耐心地倾听，不要随便打断，更不要武断地指责。

明确绩效面谈的目的。在面谈开始时，主管人员就应当明确告知下属面谈的目的，方便下属清楚面谈的意义。主管应尽可能使用比较积极的语言，比如，"我们今天面谈的主要目的是讨论如何更好地改善绩效，并且在以后的工作中需要我提供什么指导，以便我们能够共同完成目标"。

鼓励下属充分参与。要想面谈获得成功，双方都需要积极投入，主管应避免填鸭式的说服。如果下属是一个非常善于表达的人，就尽量允许他把问题充分暴露出来。如果下属不爱说话，就给他勇气，多一些鼓励，同时尽量用一些具体的问题来引导下属多发表看法。

以事实为依据。如果主管发现下属在某些方面的绩效表现不好时，要尽量收集相关信息资料，并结合具体的事实指出下属的不足之处，这样不仅可以让下属心服口服，更能让下属明白业绩不佳的原因，有利于下属更好地改进工作。

避免使用极端化字眼。所谓的极端字眼主要是指总是、从来、从不、完全、极差、太差等语气强烈的词语，当主管人员情绪不稳定时容易使用这些词语。极端的否定容易使员工情绪不满，同时还有可能感到心灰意冷，对自己产生怀疑。因此，主管人员应多使用中性词。

以积极的方式结束面谈。面谈结束时，即使该员工的绩效考核不理想，主管也应该让员工树立起进一步把工作做好的信心。例如，可以热情地和员工握手，并真诚地说"我感觉今天的沟通非常好，希望将来你能够更加努力地工作，如果需要我提供指导，我将全力帮助你"。

（2）绩效面谈中的语言禁忌

绩效面谈过程中的语言交流是主要的内容，主管人员要注意合理使用语言，避免绩效面谈沦为走过场。下面讲具体介绍绩效面谈中的语言禁忌。

一忌无证据无数据的乱说。经理或主管人员在绩效面谈时，如果没有收集到完善的考核数据，就不要轻易对员工的绩效表现进行评价，这样容易打击员工的积极性。

二忌指手划脚教训人。绩效面谈是一个相互沟通的过程，而不是对犯错员工进行批评教育。因此，在绩效面谈中应避免一味批评和教育，而忘记帮助员工改善绩效的初衷。

三忌做好好先生。经理在绩效面谈不要只看到员工好的地方，对存在的不足同样需要指出来，如果员工察觉不到自身的不足，就无法明白应该如何进行改进。

四忌听不进下属的意见。绩效面谈是一个相互的过程，主管人员在绩效面谈中要注意倾听员工的想法，不要只是自己滔滔不绝得讲，很有可能自己忽视了某些环节，导致信息不对称，静下心来听听员工的看法，会对绩效面谈起到帮助作用。

五忌毫无建设性和指导性的废话。主管人员在绩效面谈时要注意使用描述性语言，注意陈述事实而不是自己的主观判断。

六忌反馈笼统模糊、不知所云。主管人员在绩效面谈中使用的语言要具体精确，不要笼统地说员工不好，要细化到各个点上。

七忌牵扯与工作无关的评价。主管人员在绩效面谈中要注意集中于员工的绩效表现，不要牵涉员工的个性或者私事。

八忌只"泼冷水"。一次考核结果不好，并不能代表员工能力不足，可能只是发挥失常，主管人员在绩效面谈中注意使用积极性语言。

九忌无重点随意沟通。主管人员在绩效面谈中谈话应以员工的绩效表现的优点、缺点、改进措施为主线，不要随意乱说，毫无章法，容易让员工感到迷惑，不知该如何进行沟通。

13.3.2　员工绩效投诉的处理技巧

在绩效考核中难免会引起员工的不满和投诉。投诉的种类很多，例如对考核方式的不满、对考核程序的不满，认为自己受到了不公平的待遇。当然，也有些投诉是恶意中伤、有无中生有的，这需要客观分析、冷静对待。

（1）对考核方式不满的投诉

在考核制度改革的初期，难免会出现员工对绩效考核不满的情况，主要因为制度不完善还处于摸索阶段或是员工对绩效考核理解有偏差。

有些人员对考核制度不满意，抵制考核，还是喜欢大锅饭式的管理思想；有些员工对考核模式、方式、流程设计不满意，对于使用 360 度考核、平衡计分卡还是基于素质考核等理解不一致，对绝对考核还是相对考核理解不一致；有些员工对考核指标设置或者权重设置不满意，比如财务部为什么要考核营收指标，采购部为什么要考核质量指标等。

对于员工的投诉，管理人员不应该制止，而要欢迎员工进行投诉，因为这样能充分了解不同层次人群对绩效管理的看法和矛盾。

出现这种问题，主要还是缺乏制度设计层面的沟通和解释，可以集合相关部门，让员工能够参与这方面的讨论，如果是设计上的问题，则更需要对制度、方式、流程进行调整，如果是理解上的偏差，则需要在更大的范围进行宣传和沟通。这种问题解决和沟通的越多、范围越广，绩效考核的思想则更能深入人心。

（2）对考核结果不满的投诉

在对考核结果的投诉中，多数员工都认为自己的表现应该高于公司给予的绩效评价，认为考核不公平。对于考核结果的投诉，可以从几个维度进行考虑。

接纳员工的意见。通常情况下员工如果不是真的有怨言的话，是不会采取投诉的方式解决问题的，因为投诉的方式在一定程度上会影响上下级的关系。

由直接领导解决问题。员工的投诉最好是由直接上级进行解决，可以让双方开诚布公的进行交流消除误会。如果行不通，再由绩效考核负责人进行沟通。

确保绩效评定程序的公正性。如员工是否有机会自评、主管是否搜集了周边意见、结果是否进行了管理层评议或审批等。如果程序有问题，则需要请双方按照正确的绩效考核程序再次审核，对此，主管应该承担管理责任。

审视评价结果的公平公正。如果绩效考核的程序合理，则由双方提供各自的意见，必要时可由考核委员会进行评判。如果是主管绩效管理能力问题，则支持主管意见，但对此主管要进行相应的绩效管理培训；如果发现主管打击报复，则按照公司规定对主管进行处理。

调查结论并进行沟通。如果经过调查，员工绩效没有问题，依然维持原来的结果，则需要将调查结果和结论告知员工，并进行进一步沟通，对事不对人，鼓励员工向前看。

【实用模板】员工绩效申诉表

模板 \人事模块5\员工绩效申诉表.docx

员工绩效申诉表

姓名		部门	
岗位		考核结果	
申诉理由：（事实清楚、数据真实、里有客观）			
		申诉人：	日期：
运营部意见		签字：	日期：
复审小组意见		签字：	日期：
薪酬委员会意见		签字：	日期：

注：1.该申诉表由员工本人填写，在绩效反馈并与直接上级沟通未达成一致意见后，2个工作日内提交运营部。
2.申诉理由须填写详实，以客观事实、数据、资料加以阐述。

个人与组织绩效如何有效协调

个人和组织分别是绩效考核中的两个主体，但事实上这两者之间却总是难以相互平衡得到有效的协调，导致两者之间总是矛盾不断，只有充分协调双方的关系才能使企业稳定发展。

13.4.1　绩效考核平衡方法设计

绩效考核是为了让员工提高工作效率的，所以很多企事业单位都比较推崇，也希望人力资源部门可以做好这项工作。绩效考核对象本身就千差万别，适用的考核方法、指标设置、评分标准与考核结果都各不相同，再加上考核方式不够细致，所以难以平衡。

下面主要介绍几种平衡绩效的方法，如表 13-2 所示。

表 13-2　常见的绩效平衡方法

方法	具体介绍
难度系数调整法	在考核指标中加设"完成难度"这一项考核指标，以"难度系数"的形式设立，与考核的结果相乘，来进行修正，从而使总体得分更为客观。 在确定难度系数时，需要进行岗位分析、多加考证，并且最好在高层会议上通过，经各部门认可，避免出现新的矛盾
部门分块平衡法	首先根据部门整体的绩效划分绩效金额，然后根据部门内部的员工的考核成绩划分每个人的绩效奖金。也就是说，原先的方法是公司整体一个大蛋糕，大家一起去分。而这个方法则是做成不同部门大小不一的蛋糕，然后部门自己内部切蛋糕

方法	具体介绍
目标设定调整法	目标设定时要处理好部门和岗位之间的关系平衡，不同员工在部门与项目中发挥不同的角色、承担不同的责任、考核不同的指标、采取不同的薪酬政策。 在目标分解时，不要生般硬套的采取自上而下分解目标的方式将目标分解到个人，这是很难行的通的，所以管理者一定要做到心中有数，不要顾此失彼
强制正态分布法	强制正态分布法也称为"强制分布法""硬性分配法"，该方法是根据正态分布原理，预先确定评价等级以及各等级在总数中所占的百分比，然后按照被考核者绩效的优劣程度将其列入其中某一等级。 如果员工的业绩水平事实上不遵从所设定的分布样式，那么按照考评者的设想对员工进行硬性区别容易引起员工不满
权重组合平衡法	对每一个指标设定合适的权重，让被考核部门的注意力有所聚焦，知道努力的方向。考评对象可以扩展，即不同考核人进行多方考评，并配以不同权重，从而对绩效得分进行修正。 在设定指标权重时，面面俱到都不想舍弃等于没有差别，也就失去了考评意义，所以关键的指标也不要太多，要尽可能保持岗位之间的平衡
调整薪酬结构法	在确定考核结果时，采取一些技术手段，保证考核结果的相对客观性。比如大家经常提到的"强制分布法"之类的，都是通过一些技术手段加以调整。避免在绩效考核中一些主观因素的影响，从而部分消除一些偏差现象。 要设置好权重与激励方式，也就是每个一个指标，都配置对应的绩效工资，对应的每一个指标切记平均分配工资

13.4.2 建立个人和组织的信任感

对于任何一个正常运转的企业来说，新人都是企业管理的关键要素。因此，是哪些因素促成了组织内的信任或不信任？组织内不同层级的员工之间是否有可能建立信任？

通常情况下，管理者和员工之间建立信任，是一个基于重复行为的循环过程。当管理者的行为值得员工信赖时，员工就会更加信任他们，进而以更大的热情投入工作。同样的，员工更加热情地投入，又会增进管理者对他们的信任。

在企业实际运转过程中，管理者的 6 种重要行为，有助于在员工心里撒下信任的种子，如表 13-3 所示。

表 13-3　获取员工信任的 6 种行为

行为	具体介绍
一贯性和可预见性	如果管理者做事始终如一、有逻辑、前后不矛盾，并且愿意向员工解释各项决策和行动，员工心中就会产生较大的信任；相反，如果管理者做事冲动，经常朝令夕改，员工可能仍然会听从他们的命令，但是会产生一种缺乏信任的感觉
正直诚信	管理者必须在行动中体现诚信，也就是说，他们的行动必须符合道德准则。这意味着管理者不能说空话，并且要做到言出必行，而且是切切实实的行动
公开沟通	公开沟通是建立信任的基本要点，无论决策或真相有多么令人不快，管理者也不能隐瞒员工。如果只是一味的回避问题，员工很可能会产生不信任感，自行其是
分派工作和授权	将工作分配给员工自行完成，并授权给他们，不去干预他们的工作，这样也能激发信任
关爱员工	关爱员工不是流于表面，而是对员工表达真挚的关切，留意他们如何融入团队，这样就更有可能赢得员工的信任，因为同理心最能帮助管理者激发员工的信任
忠诚	要保持员工的信任往往比建立信任更困难，要建立信任，管理者必须对员工表现出忠诚。当员工的工作遭到外界质疑时，管理者应该站在他们这一边，为他们辩护。即使最后证明员工有错，管理者也要相信他们

通常来说，建立了组织信任会在 3 个方面对组织管理产生影响，分别是降低组织内部事务的管理成本、增加组织成员自发的社会行为和形成服从组织权威的正确方式。

在一定情境下，如果管理人员和下属、组织成员相互信任程度高，他们就会采取合作行为，比如产生单方面的合作、利用职务外的时间工作等自发行为。并将更多的时间和精力致力于集体目标的实现，自愿服从组织的规章、制度、指令和领导，使物流和信息流在各个管理环节畅通传递，效率提高，减少失败风险，消除管理过程中的大部分阻力，帮助实现组织的集体目标。

由此可见，建立个人和组织的信任感的重要性。组织信任能够使组织更加流畅的运转，工作效率更高；相反的，如果缺乏组织信任，组织之间的物质传递、信息传递的效率将会大幅下降，甚至会直接影响到工作效率。

薪酬与福利管理

人力资源薪酬福利管理是补偿、激励员工的最有效手段之一，也是员工比较关注的问题。良好的薪酬福利管理模式能够形成良好的激励机制，对于企业的经营和发展有重要意义，如何做好薪酬福利管理是企业人力资源管理的重要内容。

|14.1|
图解员工薪酬管理流程

14.1.1 图解员工工资调整流程

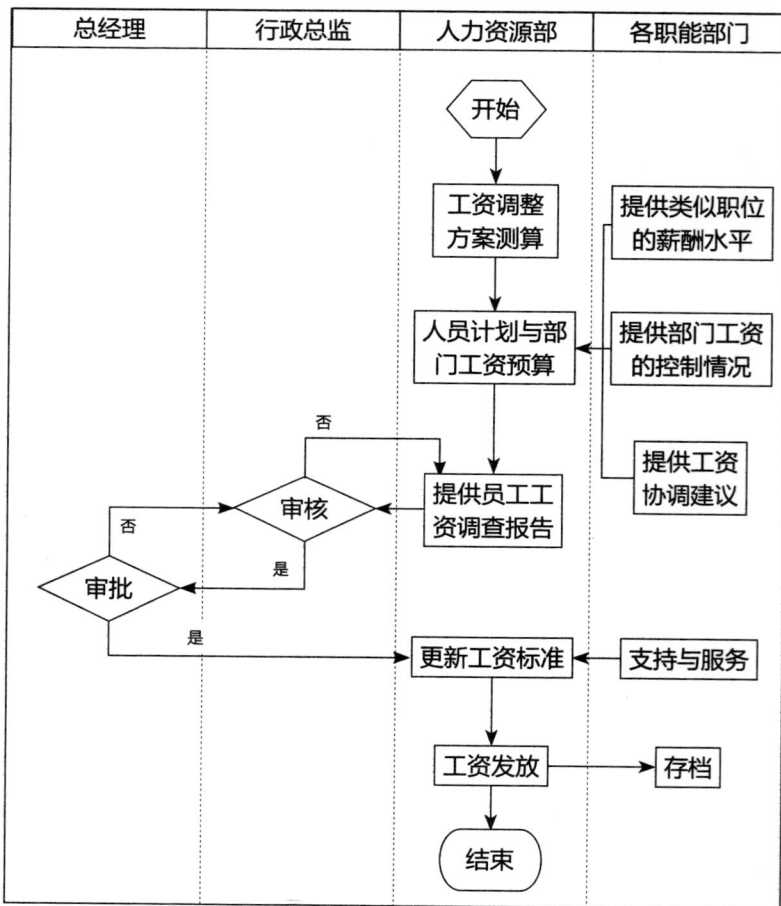

总经理	行政总监	人力资源部	各职能部门

```
                                    ⬡ 开始 ⬡

                          ┌──────────┐      ┌──────────┐
                          │ 工资调整 │      │ 提供类似职位 │
                          │ 方案测算 │      │ 的薪酬水平 │
                          └──────────┘      └──────────┘
                              │                  │
                          ┌──────────┐      ┌──────────┐
                          │ 人员计划与部 │◄─│ 提供部门工资 │
                          │ 门工资预算 │      │ 的控制情况 │
                          └──────────┘      └──────────┘
                    否        │
              ◄───────────┐  │              ┌──────────┐
                          ◇  ▼              │ 提供工资 │
         否            审核   ┌──────────┐   │ 协调建议 │
   ◄────────◇          ◇──► │ 提供员工工 │   └──────────┘
         审批        是      │ 资调查报告 │
         ◇──────────►        └──────────┘
              是
              └──────────►  ┌──────────┐      ┌──────────┐
                            │ 更新工资标准 │◄─│ 支持与服务 │
                            └──────────┘      └──────────┘
                                │
                            ┌──────────┐      ┌──────────┐
                            │ 工资发放 │──►  │ 存档 │
                            └──────────┘      └──────────┘
                                │
                            ( 结束 )
```

14.1.2　图解员工工资发放管理流程

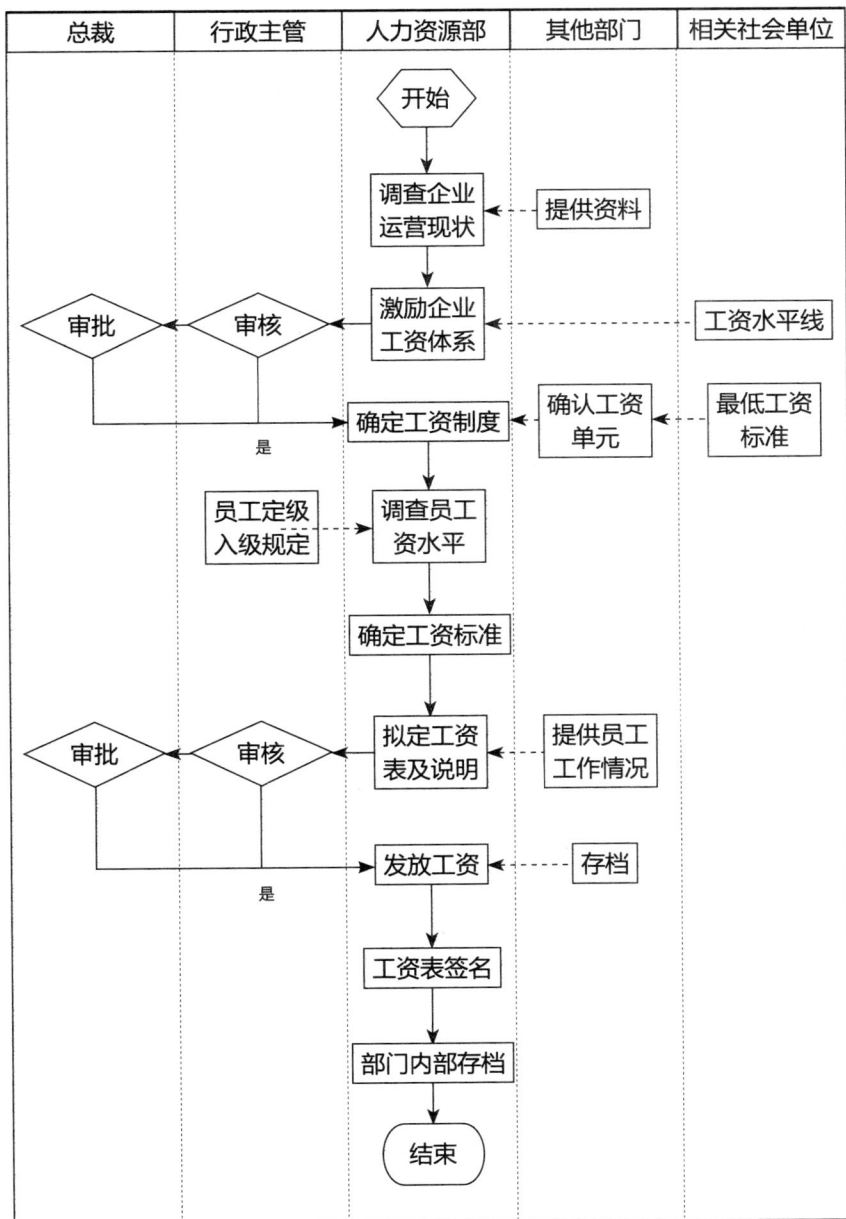

总裁	行政主管	人力资源部	其他部门	相关社会单位

开始

调查企业运营现状 ← 提供资料

审批 ← 审核 ← 激励企业工资体系 ← 工资水平线

是 → 确定工资制度 ← 确认工资单元 ← 最低工资标准

员工定级入级规定 ⋯ 调查员工资水平

确定工资标准

审批 ← 审核 ← 拟定工资表及说明 ← 提供员工工作情况

是 → 发放工资 ← 存档

工资表签名

部门内部存档

结束

14.1.3 图解员工薪酬福利管理流程

总经理	行政总监	财务部	人力资源部	各单位

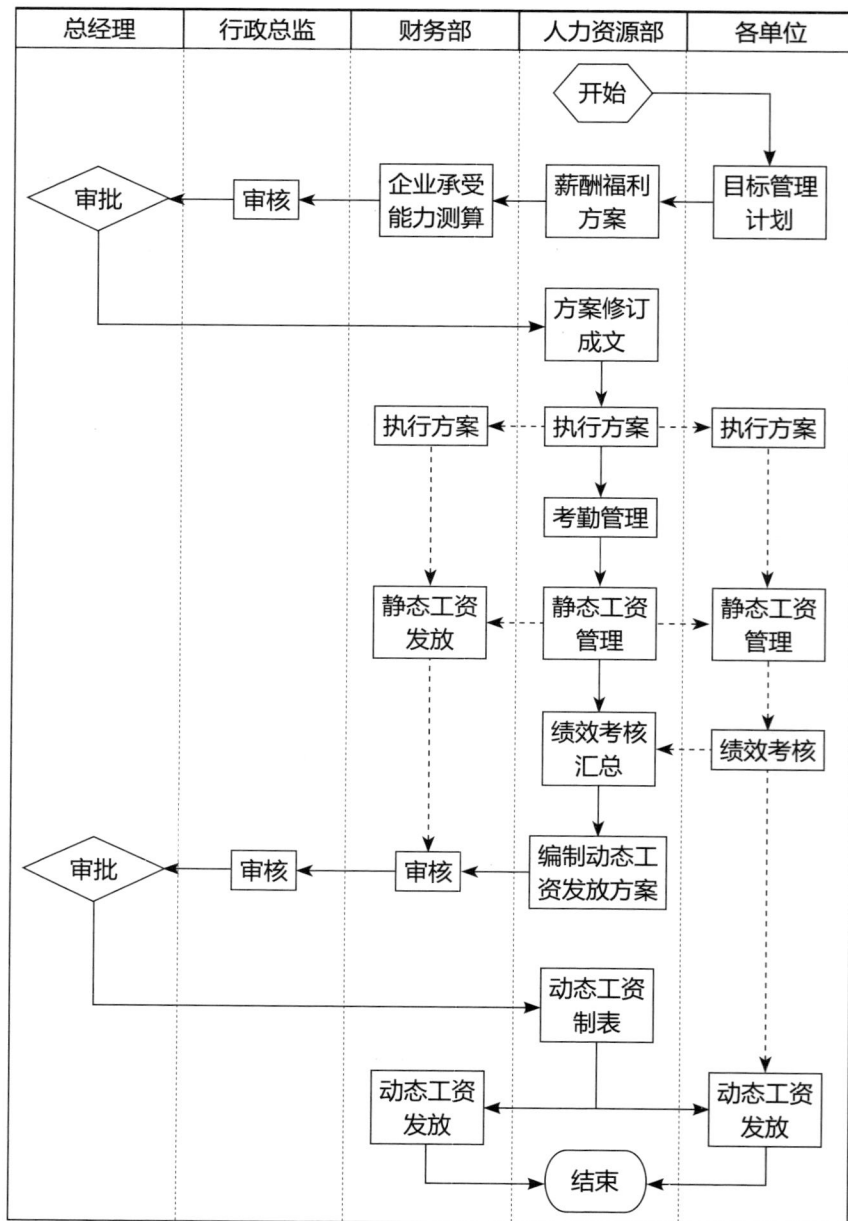

14.1.4 图解员工奖金发放管理工作流程

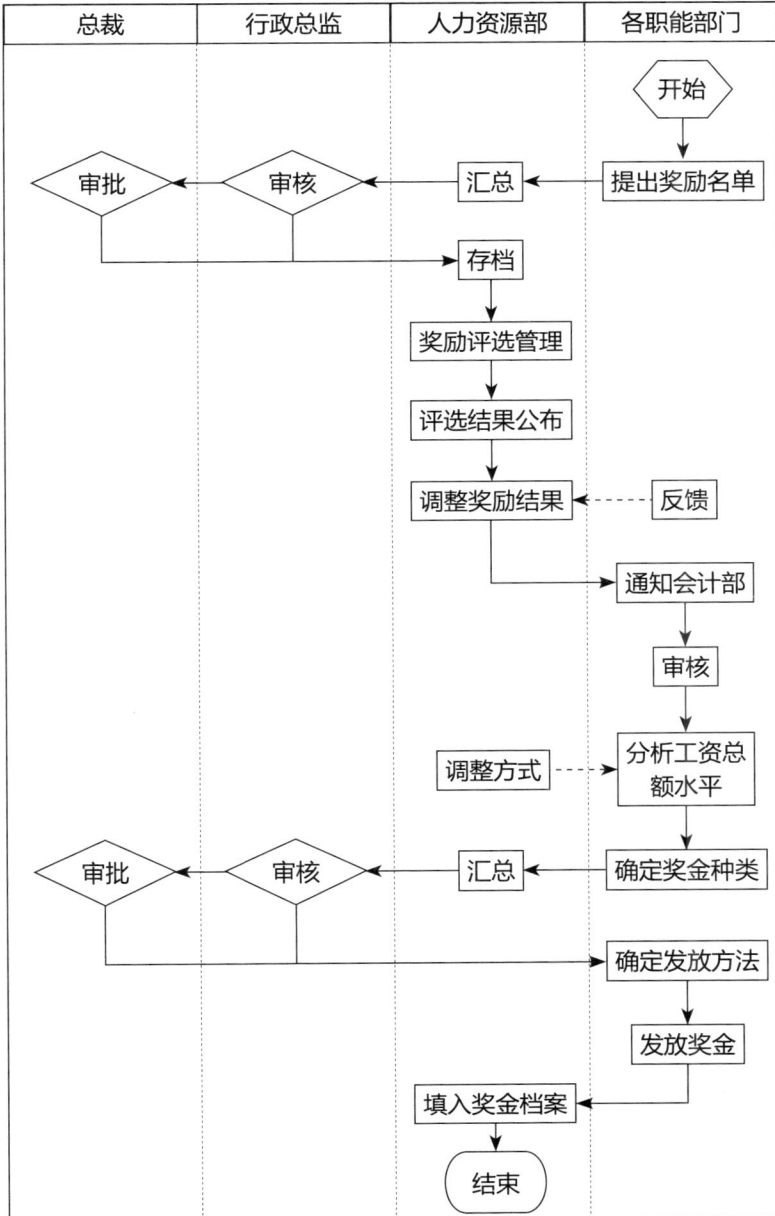

总裁	行政总监	人力资源部	各职能部门

```
                                                    ┌──────┐
                                                    │ 开始 │
                                                    └──┬───┘
                                                       ↓
  ┌─────┐       ┌─────┐      ┌──────┐      ┌──────────┐
  │审批 │ ←──── │审核 │ ←─── │汇总  │ ←─── │提出奖励名单│
  └──┬──┘       └──┬──┘      └──────┘      └──────────┘
     │             │
     └─────────────┴───────→ ┌──────┐
                             │ 存档 │
                             └──┬───┘
                                ↓
                          ┌──────────┐
                          │奖励评选管理│
                          └────┬─────┘
                               ↓
                          ┌──────────┐
                          │评选结果公布│
                          └────┬─────┘
                               ↓
                          ┌──────────┐       ┌──────┐
                          │调整奖励结果│ ····· │ 反馈 │
                          └────┬─────┘       └──────┘
                               │
                               └──────────→ ┌──────────┐
                                            │通知会计部 │
                                            └────┬─────┘
                                                 ↓
                                            ┌──────┐
                                            │审核  │
                                            └──┬───┘
                                               ↓
               ┌──────────┐             ┌──────────┐
               │调整方式   │ ·········· │分析工资总 │
               └──────────┘             │额水平    │
                                        └────┬─────┘
  ┌─────┐       ┌─────┐      ┌──────┐      ┌──────────┐
  │审批 │ ←──── │审核 │ ←─── │汇总  │ ←─── │确定奖金种类│
  └──┬──┘       └──┬──┘      └──────┘      └──────────┘
     │             │
     └─────────────┴───────→ ┌──────────┐
                             │确定发放方法│
                             └────┬─────┘
                                  ↓
                             ┌──────────┐
                             │发放奖金   │
                             └────┬─────┘
            ┌──────────┐          │
            │填入奖金档案│ ←───────┘
            └────┬─────┘
                 ↓
            ┌──────┐
            │ 结束 │
            └──────┘
```

薪酬管理，提高员工积极性

薪酬是企业内每个人都十分在意的重点内容，合理且良好的薪酬管理不仅能让员工得到合理的报酬，同时还能对员工产生一种激励效果，让员工为企业创造更高的效益。

14.2.1　如何建立合理的薪酬制度

要建立薪酬制度首先需要建立合理的薪酬体系，这也是薪酬制度的重中之重，合理的薪酬体系能够帮助企业留住人才，甚至吸引人才，下面进行具体介绍。

（1）建立合理薪酬体系的步骤

薪酬体系具有一定的规范性，在制订时需要遵循一定的步骤，才能使制订的薪酬体系内容完备，更符合实际需求。

◆　工资分配模式多元化

工资分配的模式主要包括职务工资、职能工资、绩效工资以及资历工资等。以职务工资为例，员工所承担责任的大小、对企业的贡献程度等是影响员工工资收入的主要因素。在确定工资分配方式时尽量多元化，更有利于企业发展。

◆　非工资性薪酬"自助化""个性化"

薪酬不止包括工资和奖金，带薪休假、商业保险、购房津贴等各种福利，甚至员工持股和股票期权等激励方式都可以从广义上算作薪酬。因此，在设计薪酬制度时，眼光不能局限于工资制度，各种非工资性制度也应纳入考虑范围。

◆　重视集体绩效与集体奖励

现在企业在设计薪酬制度时越来越重视员工绩效表现与薪酬收入之间的紧密联系。企业除了要重视员工个人的绩效考核，还要关注集体的绩效。

◆　在公开与保密之间做出适当选择

薪酬的公开或保密一直是一个值得企业思考的问题，因为企业状况不同，企业的薪酬政策也不同。常见的薪酬政策主要有 3 种，一是完全公开，包括企业的薪酬政策，不同员工的薪酬标准、金额等完全公开；二是部分公开、部分保密，一般是企业政策公开，但每个员工薪酬标准、金额保密；三是完全保密，即企业的薪酬政策，工资标准、金额等完全保密。

（2）建立薪酬管理制度

企业薪酬制度是诱导员工行为因素集合与企业目标体系最佳的连接点，即达到特定的组织目标，员工将会得到相应的奖酬。制订健全科学的薪酬制度，是管理中的一项重大决策。

◆　确定企业薪酬的原则与策略

企业薪酬原则和策略也属于企业文化的一部分，是企业许多环节进行的前提。在此基础上，确定企业的有关分配政策与策略，如分配的原则、拉开差距的标准、薪酬各组成部分的比例等。

◆　职位分析

职位分析是确定薪酬制度的基础，在对企业业务分析和人员分析的基础上，结合企业经营目标明确部门职能和职位关系，并编制组织结构图。

◆ 职位评价

职位评价主要是解决薪酬的内部公平性问题，其目的可以分为两个方面。

①比较企业内部各个职位的相对重要性，得出职位等级序列。

②为进行薪酬调查，建立统一的职位评估标准，消除不同企业间由于职位名称不同，或即使职位名称相同，但实际工作要求和工作内容不同所导致的职位难度差异，使不同职位之间具有可比性，为确保薪酬的公平性奠定基础。

◆ 市场薪酬调查

通过市场调查了解市场中该岗位的具体薪资状况，从而解决外部竞争性问题。薪酬调查的对象最好选择与自身有竞争关系的企业，了解员工流失去向和招聘来源。

◆ 确定薪酬水平

这也是薪酬管理的主要步骤，通过薪酬结构设计为企业中的不同岗位设定薪酬标准，但是每个岗位都设置不同薪资容易引起混乱。实际工作中可以采取设置登记的方式，这样只需要给不同等级设置工资标准即可。

◆ 薪酬的实施与修正

建立薪酬制度后，就需要按制度执行，但是在执行过程中，还需要根据实际情况对薪酬制度进行调整，例如激励制度等，不断完善薪酬管理。

【实用模板】薪酬管理制度

模板 \人事模块6\薪酬管理制度.docx

薪酬管理制度

一、目的

为适应企业发展要求，充分发挥薪酬的激励作用，进一步拓展员工晋升的职业发展通道，建立一套相对科学、合理的薪酬体系，根据公司现状，特制订本制度。

二、范围

适用于公司正式聘用员工和试用期员工，但特殊岗位另行制定的除外。

三、原则

本制度为确定员工薪酬的直接依据。员工最低工资的保障和业绩考核的结果相结合，以体现公平、公正原则。

薪酬指员工因被雇佣而获得的直接和间接的报酬。为简便起见，本薪酬管理制度中薪酬与工资同义，统一称为工资。

四、薪酬结构

1. 基本工资：即劳动者所得工资额的基本组成部分，用于保障员工基本生活，较之工资的其他组成部分具有相对稳定性。

2. 岗位工资：是指以岗位劳动责任、所需知识技能、劳动强度、劳动条件等为依据确定的工资。

3. 工龄工资：公司根据员工为公司服务年限的长短给予的津贴。（员工无论基于何种理由离开公司后又回来工作的，工龄从新入职起计算）

4. 绩效工资：绩效工资是指员工完成岗位责任及工作，公司对其岗位所达成的业绩而予以支付的薪酬部分。绩效工资的结算

及支付方式详见《绩效考核管理规定》。

5. 各类补贴：是对员工的工作经验、劳动贡献等等的积累所给予的补偿。公司可根据实际情况对各类补贴项目及享受标准进行调整。

6. 个人相关扣款：扣款包括各种福利和个人必须承担的部分、个人所得税及因员工违反公司相关规章制度而被处罚的罚款。

7. 销售提成：公司相关销售人员享受销售提成，按公司销售提成相关管理规定执行。

8. 奖金：奖金是公司为完成专项工作或对做出突出贡献的员工的一种奖励。公司可根据实际情况对奖金及享受标准进行调整。

工资＝基本工资（岗位工资＋工龄工资＋各类补贴）＋绩效工资＋个人扣款＋销售提成＋奖金

岗位工资等级表

| 等级 | 岗位名称 | 岗位工资标准 | | | 工龄工资 | 绩效工资考核基数 | 备注 |
		A	B	C			
1	总经理　副总经理	4500	4200	3800	50 元/年	20%	
2	部门经理　会计	3500	3200	3000	50 元/年	20%	
3	质管　出纳　采购　助理　养护　验收　销售　复核　库管　运输　开单	2800	2500	2200	50 元/年	20%	

注：对公司有特殊才能、特殊岗位的人员、部分销售人员或另外制定的除外。

五、试用期薪酬

凡公司新进人员在试用期内薪资标准按核定岗位等级薪资标准的80%执行，具体可由行政人事部按具体情况确定，试用考核合格后予以升到核定岗位标准工资。

上述模板展示了某公司薪酬管理制度的部分内容，制度中首先介绍了制度制订的目的以及适用范围，同时表明了制度制订的原则。接下来是对薪酬结构的介绍，对各岗位的公职进行了具体介绍，最后介绍了试用期薪资、薪资支付以及薪资调整的相关规定。

人事工作者在制订薪资管理制度时可以参考本制度进行制订，主要内容基本相同。

14.2.2　薪酬满意度调查及改进方法

薪酬满意度调查是指企业采用科学的方法，通过各种途径，采集企业各类岗位工作人员对其工资、福利以及支付状况等情况的满意程度。该调查可以帮助管理人员及时了解企业员工的薪资状况。

（1）薪酬满意度调查方法

薪酬满意度也可以在一定程度上展示员工对企业的看法，薪酬满意度高表示员工对企业当期的薪资状况感到满意；而薪酬满意度低，表示员工不满意企业当前的薪资标准，长此以往，可能会出现员工大面积离职的现象。

员工满意度调查方式多种多样，通过不同的分类标准，又会有不同调查方法。

调查方式的正式性。按照调查方式是否正式，可以分为正式调查和非正式调查。正式调查主要是通过正式的方法进行调查，例如问卷调查、员工反馈制度等；非正式调查则是通过私下询问或交流的方式了解。

调查的目的。企业进行薪酬满意度调查的目的是不同的，有的薪酬满意度调查是为了了解企业薪资结构是否存在不足的地方，方便进行改进；另一方面是为了了解员工对企业薪酬的满意度，以及存在的问题。

（2）提高薪酬满意度的六大技巧

一个有效的薪酬体系，应该是对外具有竞争力，对内具有公正性，对员工具有激励性。而目前大多数企业在这些方面都有所欠缺，薪酬管理没有达到员工的需求，下面具体介绍提高员工薪酬满意度的方法，如表14-1所示。

表14-1　提高薪酬满意度技巧

技巧	具体介绍
了解员工期望	了解员工对薪酬福利水平、薪酬的结构、薪酬的决定因素、薪酬的调整以及发放方式的看法、意见，了解员工对企业薪酬管理的评价以及期望，以及了解员工最关注什么

技巧	具体介绍
确定薪资水平	了解市场薪酬水平及动态，尤其是同行业其他企业的薪酬水平，从而检查分析本企业各岗位薪酬水平的合理性，确定工资在市场上的地位和竞争力，并及时做出调整
评估岗位相对价值	评估出各岗位的相对价值，并根据岗位相对价值和对企业的贡献度，划分出职位等级，确定各岗位之间的相对工资率和工资等级。要保证薪酬体系准确地反映各岗位之间的薪酬水准差异，企业就要具备一套规范、合理、公正的岗位评估体系和程序，通过严格而科学的岗位测评，使各岗位之间的相对价值得到公平体现
保证薪酬的公平性	通过岗位评估，了解岗位价值。建立科学、完善的绩效考核体系，对员工的实际贡献进行客观的评估，并将考核业绩与收入挂钩。有利于改善和提高员工对薪酬的公平感与满意感，进一步解决内部公平和个人公平的问题
意外性收入，提升满意度	固定的工资和奖金难以起到刺激和激励员工的作用，可以通过"绩效薪酬"让员工的薪资产生较大的变化，或是增加一些小福利项目，给员工带来一定的惊喜
确保内部横向公平	企业内部可以采用多样化的工资体系，即对不同类别的员工采用不同的工资体系，如高管层可以采用年薪制、管理人员可以采用岗位工资制、技术人员可以采用技能工资制度。这样既能防止员工盲目地横向比较，又能让员工看到薪酬的晋升空间

薪酬满意度的调查方式多种多样，但是内容还是大致相似的，主要包括 7 项内容：员工对薪酬水平的满意度、员工对薪酬结构、比例的满意度、员工对薪酬差距的满意度、员工对薪酬决定因素的满意度、员工对薪酬发放方式的满意度、员工对工作本身（如自主权、成就感、工作机会等）的满意度、员工对工作环境（如管理制度、工作时间、办公设施等）的满意度。

【实用模板】薪酬满意度调查问卷

模板 \人事模块6\薪酬满意度调查问卷.docx

薪酬满意度调查问卷

感谢您在繁忙的工作中抽出时间填写这份问卷，此次调查是为了全面、系统地了解您对公司目前薪酬体系的感受，从而为优化现行薪酬体系提供依据。此次调查采取不记名方式，有关数据仅用于薪酬体系优化工作，请认真填写，您的支持与配合对公司薪酬体系的优化改进非常重要。谢谢您的参与！

一、您的基本信息

1.您的性别：
○男　○女

2.您的婚姻状况：
○未婚　○已婚　○离异

3.您的职务
○高层管理　○中基层管理　○员工

4.您的职能：
○产品、技术工程　○市场或招商　○运营或客服
○销售或交易　○人力资源、法务或财务

5.您进入公司的时间：
○1年以下　○1～3年　○4～5年　○5年以上

二、薪酬满意度调查

1.您对自己目前的薪酬水平：
○非常满意　○满意　○一般　○不满意　○非常不满意

2.与同行业其他单位同岗位人员相比，您认为本公司的工资水平：
○偏高　○差不多　○偏低

3.您认为目前的薪酬制度公平吗？
○非常公平　○比较公平　○一般　○不公平　○非常不公平

4.您认为目前的薪酬保密制度合理吗？
○合理　○说不准　○不合理

5.您对目前的考核、晋升制度是否满意？
○非常满意　○满意　○一般　○不满意　○非常不满意

6.您认为多长时间调整一次工资比较合理？
○三个月　○半年　○一年　○两年

7.您对目前薪酬结构中哪部分设计比较满意？
○固定工资　○绩效工资　○提成　○职权

8.您对目前薪酬结构中哪部分设计最不满意？
○固定工资　○绩效工资　○提成　○职权

9.您认为你的工资中绩效工资占总收入的比例：
○偏低　○合适　○偏高

10.您认为目前的绩效工资或提成是否能准确的对您的工作进行评价？
○能准确评价　○偶尔准确　○不能准确评价

11.您认为自己的工作付出和薪酬回报之间的公平性如何？
○非常公平　○比较公平　○一般　○不公平　○非常不公平

12.您认为目前的工资制度对员工的激励作用：
○非常强　○较强　○一般　○较弱　○非常弱

13.您认为影响您工资水平的主要因素是什么？
○职位　○工龄　○工作表现　○其他

14.您认为自己的能力是否得到了充分发挥？
○已尽我所能　○未完全发挥
○对我能力有些浪费　○没有能让我施展的机会

15.您是否清楚地了解公司的薪酬制度和政策？
○很清楚　○部分项目不清楚　○完全不清楚

三、非货币薪酬调查：

1.如果您工作出色，您最希望得到以下何种奖励？
○工资提高
○职权提升
○职位晋升
○嘉奖和表彰
○培训机会
○带薪休假

上述模板展示了某公司薪酬满意度调查问卷的部分内容，从中可以看出调查内容包含了薪酬管理的各个方面，十分全面，可供人事工作者参考使用。

14.2.3　如何准确计算员工薪资

员工薪资计算虽然不是主要由人事工作者负责，但人事部有的时候还是会涉及到员工工资计算。那么应当如何准确计算员工的薪资呢？下面将进行具体介绍。

（1）了解月平均计薪天数和月度工作日

月平均计薪天数和月度工作日都是在计算薪资时会涉及到的重要数据。根据《全国年节及纪念日放假办法》（国务院令 513 号）的规定，一年法定节假日为 11 天。

◆ **月平均计算天数**：根据《劳动法》规定，法定节假日用人单位应当依法支付工资，故月计薪天数=（365 天－104 天双休日）÷12 个月=21.75（天）。

◆ **月制度工作日**：每年共有 52 周，每周休息 2 天（五天工作制），全年合计 104 个休息日；加上每年的法定节假日有 11 天，所以每年工作日是 250 天。月制度工作日=（365 天－104 天双休日－11 天法定节假日）÷12 个月=20.83（天）。

（2）运用平均计薪天数计算员工薪资

"21.75"是月平均计薪天数，仅是一个平均数的概念。但实际上，每月的计薪天数并不是 21.75 天，有的月份是 20 天，有的月份是 23 天。如果我们要运用"21.75"来计算月工资的，就必须要把当月应出勤天数和"21.75"结合起来，这样才能得出正确的结果。

正算：工资=月薪÷21.75×员工当月可计薪天数×出勤天数比例

反算：工资=月薪－月薪÷21.75×员工当月缺勤天数×出勤天数比例

例如，王某标准工资为 3 500 元／月，2019 年 8 月份请了 1 天事假。王某 8 月份绩效工资 500 元，应出勤天数为 22 天，实际出勤天数 21 天，缺勤 1 天（事假），工资计算如下：

8 月工资=（3 500+500）÷21.75×（22－1）×（21.75÷22）≈3 818.18（元）

或：8 月工资=（3 500+500）－（3 500+500）÷21.75×（22－21）×（21.75÷22）≈3 818.18（元）

在实际工作中许多企业并不是使用平均计薪天数这一指标来计算工资，但是同样可以进行计算，具体介绍如下。

工资 = 月薪 ÷（当月应出勤天数 + 当月法定节假日天数）×（当月实际出勤天数 + 当月法定节假日天数）

同样以上述案例进行计算介绍。

8 月工资 =（3 500+500）÷（22+0）×（21+0）≈ 3 818.18（元）

人事知识延伸

《劳动法》规定，企业须保证劳动者每周至少有 1 天休息时间，每日工作时间不超 8 小时，每周工作时间不超 40 个小时。也就是说企业在满足以上条件的前提下实行单休并不违法。实行单休的企业计算月工资的方式，仍然可以运用下列这个公式：

工资 = 月薪 ÷（当月应出勤天数 + 当月法定节假日天数）×（当月实际出勤天数 + 当月法定节假日天数）

（3）计算员工实发工资

前面第（2）小节中介绍的计算员工工资的方式就是计算员工的应发工资。根据应发工资即可计算员工实发工资。

应发工资 = 基本工资 + 奖金 + 津贴或者补贴 + 加班加点工资 + 特殊情况下支付的工资 – 劳动者因个人原因缺勤或旷工造成的工资或者奖金减少的部分

实发工资 = 应发工资 – 五险一金个人缴纳部分 – 应缴个人所得税

在计算实发工资时，五险一金主要根据企业的实际状况进行计算，而个人所得税则需要根据国家实际规定进行计算，具体的计算公式如下所示。

个人所得税计算明细 =（税前收入 –5000 元（起征点）– 专项扣除（五险一金等）– 专项附加扣除 – 依法确定的其他扣除）× 适用税率 – 速算扣除数

|14.3|
多样化福利，更具吸引力

企业员工福利是企业人力资源薪酬管理体系的重要组成部分，是企业以福利的形式提供给员工的报酬。多样化的企业福利，对吸引和留住企业人才具有较大的帮助。

14.3.1　福利的形式、原则及选择方式

在进行实际制订企业福利之前，人事工作者首先需要了解福利的形式有哪些、福利管理的原则是什么以及该如何选择适合企业当前状况的福利制度。

◆　福利的形式

根据福利的范围不同，有不同的划分方式，具体的福利形式如表14-2 所示。

表 14-2　福利形式的划分

划分依据	具体介绍
福利的范围	国家性福利：在全国范围内以社会成员为对象举办的福利事业。 地方性福利：在一定地域内以该地区的居民为对象的福利事业。 家庭性福利：在家庭范围内商定的为家庭成员对象的福利事业
福利的内容	法定福利：政府通过立法要求企业必须提供的，如社会养老保险、社会失业保险、社会医疗保险、工伤保险等。 企业福利：用人单位为了吸引人才或稳定员工而自行为员工采取的福利措施。比如工作餐、工作服、团体保险等

续上表

划分依据	具体介绍
享受的范围	全员性福利：全体员工可以享受的福利，如工作餐、节日礼物、健康体检、带薪年假、奖励礼品等。 特殊群体福利：指能供特殊群体享用，往往是对企业做出特殊贡献的技术专家、管理专家等。福利包括住房、汽车等项目

◆ 福利制度的原则

在确定公司福利计划或制度时，需要遵循一定的原则，这样才能让福利制度发挥出最大的作用，让员工感受到关怀，如表14-3所示。

表14-3　制订福利制度的原则

原则	具体介绍
合理和必要原则	在设置福利和福利制度时要充分考虑福利是否合理，是否符合员工需求，如果给员工一些基本享受不到的福利，不仅浪费企业资源，也会降低员工的好感度和积极性
量力而行原则	福利本质上也算是企业的一项开支，所以应当量力而行，不能为了和大企业进行比较，设置较高的福利标准，这样会增加企业负担
统筹规划原则	在指定福利制度时，要将各种情况考虑在内，要充分考虑企业各个层级的员工
公平的群众性原则	企业福利制度应当体现出公平性，面向企业所有的员工，不能让福利沦为某些人员谋私的工具

◆ 福利的选择技巧

福利的选择也比较重要，只有员工满意或需要的福利才能起到激励员工不断进取的作用。

口碑好的。员工一般都很注重福利的口碑，喜欢稍有名气的东西。

方便性。方便性也是员工最关注的一个方面，而像各大商场和网站，比如：京东、红旗等推出的礼品卡/券，员工要什么自己就可以去网上或店铺寻找，替代企业强制性订购了。

【实用模板】员工福利合同

模板　\人事模块6\员工福利合同.docx

<table>
<tr><td>

员工福利合同

甲方：＿＿＿＿＿＿＿

乙方：＿＿＿＿＿＿＿

根据《中华人民共和国合同法》，甲乙双方就乙方员工使用甲方医院、学校、幼儿园等福利机构和公共、公益设施，甲方为乙方员工提供服务事项，达成如下协议：

第一条　适用范围

1.1　本合同所指乙方员工为与乙方签订劳动合同的在职人员。

1.2　乙方应于每年第一个月的10日前向甲方提交乙方员工名单。

第二条　服务费用的支付方式及期限

2.1　甲方向乙方职工提供学校、幼儿园等教育服务所产生的服务费用，按以下方式承担：乙方每年向甲方支付教育经费＿＿＿＿元。

2.2　乙方职工在甲方所设立的医院就医，按国家的医疗保险制度执行，不再支付其他费用。

2.3　乙方应于享受甲方服务当年的下一年度六个月之内，按乙方应负担的比例向甲方支付享受服务当年的服务费等相应费用。

第三条　甲方的权利与义务

3.1　甲方有权要求乙方按照双方各自应当承担的部分承担服务费用。

3.2　甲方提供给乙方员工的福利标准（包括向乙方收取的学

</td><td>

校、幼儿园、医院等费用标准）应与甲方向甲方员工提供的福利标准一致。

3.3　甲方负责协调、处理乙方员工就甲方提供的服务所提出的合理要求，在乙方认为必要时，乙方应给予必要的配合。

第四条　乙方的权利与义务

4.1　如甲方向乙方员工提供的服务违反我国相关法律、法规的规定，乙方有权要求甲方及时协调、处理。

4.2　乙方根据自身的情况决定提高乙方员工的福利费用标准时，应自做出提高其员工福利费用的决定之日起一个月内通知甲方，并以书面形式将提高标准的具体情况提交甲方。双方应另行商定服务费用的数额。

第五条　其他

5.1　如因国家法律、法规或相关政策的变动造成员工福利标准的提高或项目的增加，则服务费用按国家规定提高的幅度或增加的项目情况支付。

5.2　甲乙双方约定，公共、公益设施部分，由甲方建设，乙方按照投资总额的一定比例支付使用费。

5.3　本合同有效期为＿＿＿＿年，自＿＿＿年＿＿月＿＿日起，至＿＿＿年＿＿月＿＿日止。

5.4　本合同自甲、乙双方签字盖章并经乙方之股东大会在关联股东回避表决的情况下审议通过之日起生效。

甲方（盖章）：＿＿＿＿＿　乙方（盖章）：＿＿＿＿＿

负责人（签字）：＿＿＿＿　负责人（签字）：＿＿＿＿

＿＿＿年＿＿月＿＿日　＿＿＿年＿＿月＿＿日

</td></tr>
</table>

　　如上所示为某企业的员工福利合同模板，通过模板将企业与员工的福利事项进行规范，方便加强员工福利管理。

14.3.2　如何设置符合员工要求的福利

　　福利应该是员工为公司奋斗的基本的保障条件，怎么合理地给员工设置福利是一件非常重要的事情。设置的福利不仅要符合员工要求，更要符合企业当前状况，使企业能够稳定发展，下面具体进行介绍。

　　设置弹性福利。弹性福利主要指在现有的福利计划之外，再提供其他不同的福利措施或扩大原有福利项目的水准，让员工去选择。不仅能够让员工参与到工作中，更增加了员工的自主性。

推出组合福利。企业可以确定一些福利为"核心福利",即不可选择的,每个员工都有的基础福利,将可以选择的福利全部归类到"弹性福利"中,并且对这些福利进行组合,让员工进行选购。

设置福利套餐。企业可以将当前拥有的福利进行不同形式的打包,即"福利套餐",供员工进行选择,且每个福利组合的内容都有所不同。在规划此种弹性福利制时,企业可依据员工群体的背景(如婚姻状况、年龄、有无眷属、住宅需求等)来设计。

选高择低型福利。这种方式一般会提供几种项目不等、程度不一的"福利组合"供员工选择,以组织现有的固定福利计划为基础,再据以规划数种不同的福利组合。这些组合的价值和原有的固定福利相比,价格不一,有高有低。如果员工看中了一个价值较原有福利措施还高的福利组合,那么他只需要支付该组合较原来福利的差价即可。

实时改进企业福利。刚开始时员工可能觉得企业提供的福利十分不错,但经过几年时间,随着企业的发展,员工对福利的需求也在不断发生变化,可能会不满意当前的企业福利。因此,要不断更新企业福利,才能让员工始终满意。

读 者 意 见 反 馈 表

亲爱的读者：

感谢您对中国铁道出版社有限公司的支持，您的建议是我们不断改进工作的信息来源，您的需求是我们不断开拓创新的基础。为了更好地服务读者，出版更多的精品图书，希望您能在百忙之中抽出时间填写这份意见反馈表发给我们。随书纸制表格请在填好后剪下寄到：北京市西城区右安门西街8号中国铁道出版社有限公司大众出版中心 王佩 收（邮编：100054）。或者采用传真（010-63549458）方式发送。此外，读者也可以直接通过电子邮件把意见反馈给我们，E-mail地址是：1958793918@qq.com。我们将选出意见中肯的热心读者，赠送本社的其他图书作为奖励。同时，我们将充分考虑您的意见和建议，并尽可能地给您满意的答复。谢谢！

所购书名：_____

个人资料：

姓名：_____ 性别：_____ 年龄：_____ 文化程度：_____

职业：_____ 电话：_____ E-mail：_____

通信地址：_____ 邮编：_____

您是如何得知本书的：

□书店宣传 □网络宣传 □展会促销 □出版社图书目录 □老师指定 □杂志、报纸等的介绍 □别人推荐
□其他（请指明）_____

您从何处得到本书的：

□书店 □邮购 □商场、超市等卖场 □图书销售的网站 □培训学校 □其他

影响您购买本书的因素（可多选）：

□内容实用 □价格合理 □装帧设计精美 □带多媒体教学光盘 □优惠促销 □书评广告 □出版社知名度
□作者名气 □工作、生活和学习的需要 □其他

您对本书封面设计的满意程度：

□很满意 □比较满意 □一般 □不满意 □改进建议

您对本书的总体满意程度：

从文字的角度 □很满意 □比较满意 □一般 □不满意
从技术的角度 □很满意 □比较满意 □一般 □不满意

您希望书中图的比例是多少：

□少量的图片辅以大量的文字 □图文比例相当 □大量的图片辅以少量的文字

您希望本书的定价是多少：

本书最令您满意的是：

1.

2.

您在使用本书时遇到哪些困难：

1.

2.

您希望本书在哪些方面进行改进：

1.

2.

您需要购买哪些方面的图书？对我社现有图书有什么好的建议？

您更喜欢阅读哪些类型和层次的书籍（可多选）？

□入门类 □精通类 □综合类 □问答类 □图解类 □查询手册类

您在学习计算机的过程中有什么困难？

您的其他要求：